Karl Bartsch

Die lateinischen Sequenzen des Mittelalters in musikalischer und rhythmischer Beziehung

Karl Bartsch

Die lateinischen Sequenzen des Mittelalters in musikalischer und rhythmischer Beziehung

ISBN/EAN: 9783743315822

Hergestellt in Europa, USA, Kanada, Australien, Japan

Cover: Foto ©ninafisch / pixelio.de

Manufactured and distributed by brebook publishing software (www.brebook.com)

Karl Bartsch

Die lateinischen Sequenzen des Mittelalters in musikalischer und rhythmischer Beziehung

DIE
LATEINISCHEN SEQUENZEN
DES
MITTELALTERS
IN MUSIKALISCHER UND RHYTHMISCHER BEZIEHUNG

DARGESTELLT

VON

DR. KARL BARTSCH,
ORDENTL. PROFESSOR DER DEUTSCHEN UND ROMANISCHEN PHILOLOGIE,
D. Z. RECTOR DER UNIVERSITAET ROSTOCK.

ROSTOCK.
DRUCK VON ADLER'S ERBEN.
1868.

Vorwort.

Die lateinischen Sequenzen sind wegen ihres Einflusses auf die Entwickelung der deutschen Leiche und romanischen lyrischen Lais von so grosser Wichtigkeit, dass eine eingehendere Darstellung ihrer musikalischen und rhythmischen Verhältnisse, als ihnen bisher zu Theil geworden, nothwendig erschien. Gern hätte ich ihr die Betrachtung der deutschen und romanischen Formen gleich angeschlossen, wenn dadurch der Umfang, der dieser Schrift gesteckt war, nicht beträchtlich überschritten worden wäre. Da ich zudem in anderen rhythmischen Arbeiten auf sie zurückkomme, konnte ich mich um so mehr auf die lateinischen Grundformen beschränken.

IV

Während des Druckes erschien von Morels lateinischen Hymnen des Mittelalters die zweite Hälfte (Einsiedeln 1868); ich konnte aus ihr auf den letzten Bogen noch einiges einschalten, namentlich eine Anzahl von Nachahmungen des *Laetabundus* (S. 223 ff.) und benutze dies Vorwort, um einige Ergänzungen zu älteren Sequenzen daraus zu geben. Die beiden Sequenzen nach der Melodie *Metensis major,* S. 7, nr. 2 (durch einen Druckfehler steht bei nr. 1 *Metensis major* für *minor*) sind bei Morel nr. 428. 469 gedruckt; nach der Melodie *Occidentana* (S. 8) gehen noch folgende zwei Sequenzen, ohne Angabe der Melodie in den Hss., *Beati martyris Viti dies celebris,* auf den h. Vitus. Morel nr. 564, und *Laudes Blandinae nunc pangat ecclesia,* auf die h. Blandina. Morel nr. 367. Die fünfte der von mir angeführten ist durch Morel nr. 419 veröffentlicht. Nach der Melodie *Vox exultationis,* zu der ich nur zwei Sequenzen anzuführen vermochte (S. 9), gehen die beiden ebenfalls nicht bestimmten *Hoc loco venerando merito gratulentur omnes inhabitantes,* auf die HH. Gallus und Othmar. Morel nr. 416 (die auf nr. 443 bezügliche Bemerkung des Herausgebers ist aber falsch) und *Immenso angelorum atque hominum regi laeti omnes incolae,* auf den h. Januarius. Morel nr. 439. Nach *Justus ut palma minor* (S. 10) geht noch *O Blasi dilecte regi regum summo,* auf den h. Blasius. Morel nr. 368; die Sequenz *Festa Stephani* steht bei Morel nr. 538. Nach *Filia matris* (S. 12) geht auch *Hac die veneranda merito gratulentur,* auf Johannes und Paulus. Morel nr. 443, dessen Bemerkung über die Melodie unrichtig ist; der Text ist lückenhaft. Zu der Melodie *Concordia* (S. 14) bemerke ich, dass die zuerst angeführte Sequenz mit etwas abweichendem Anfang bei Morel nr. 410 steht; die nach *Mater* (S. 15) gehende Sequenz *Omnis sexus et aetas* ist bei Morel nr. 508 gedruckt. Der Melodie *Trinitas* (S. 16) folgt noch eine zweite Sequenz: *Christo regi regum virgo canat ecclesia,* auf den h. Constantius. Morel nr. 383, ebenfalls ohne Bezeichnung. Nach *Justus ut palma major* (S. 16) geht noch eine dritte: *Tuba nostrae vocis elevetur,* auf den h. Martinus. Morel nr. 505, in der Hs. fälschlich mit der Bezeichnung der Melodie *Metensis minor.* Die nach der Melodie *Hypodiaconissa* gehende Sequenz *Protomartyr* (S. 17) steht bei Morel nr. 540. Auch zu den späteren Sequenzen gebe ich einige Nachträge. Nach Gotschalks Sequenz *Laus tibi Christe* (S. 106) gehen noch folgende drei, deren Melodie die Hss. ebenfalls nicht bezeichnen: *In Thebaeorum triumpho coetus angelorum gaudet et sanctorum,* auf den h. Mauritius und Genossen. Morel nr. 509; *Laudemus Christum qui est sanctorum verus splendor idem et creator,* auf den h. Hieronymus. Morel nr. 435; *Regi psalmistae cytharistae tibi Christe jubilo psallamus,* auf die h. Margareta. Morel nr. 490. Zu der berühmten Sequenz *Ave praeclara* (S. 107) kommt noch eine achte Nachahmung: *Salve beata Ka-*

therina de Senis, filia Acosti sic congrue dicta. Morel nr. 462. Wie hier, so ist in den meisten Fällen die Melodie der Nachahmungen nicht bezeichnet und musste durch die Kritik erst festgestellt werden.

Rostock, 3. April 1868.

K. B.

Inhalt.

Erste Abtheilung . . . . S. 1—169
  1. Ursprung der Sequenzen 1
  2. Notkers Sequenzen 6
  3. Anlage der älteren Sequenzen 18
  4. Nichtwiederholung der Melodien 20
  5. Wiederholung der Melodien 24
  6. Abweichung der wiederholten Melodie 32
  7. Übereinstimmung der verschiedenen Melodien 46
  8. Veränderte Reihenfolge der Versikel 62
  9. Rhythmus der Versikel 69
10. Vorherrschende Rhythmen 86
11. Nachahmung beliebter Sequenzen 105
12. Reim 129
13. Refrän 140
14. Unrhythmische Prosen 142
15. Weltliche Gedichte in Sequenzenform 145
Zweite Abtheilung . . . . S. 170—245
  1. Anlage der jüngeren Sequenzen 170
  2. Verschiedenheit der Stollen 177
  3. Dreitheilige Strophen 181
  4. Übereinstimmung der Melodienschlüsse 182
  5. Rhythmus der entsprechenden Stollen 184

6. Vorkommende Rhythmen und Strophenbildung . . . . S. 194
7. Rhythmische Gleichheit aller Strophen 209
8. Nachahmung beliebter Sequenzen 220
9. Reim 228
10. Alliteration 240
11. Refrän 241
12. Weltliche Gedichte in jüngeren Sequenzenformen 242
13. Untergang der Sequenzen 244

Erste Abtheilung.

1. Ursprung der Sequenzen.

Die mittelalterlichen Sequenzen haben ihren Ursprung in dem Alleluja, welches den Schluss des zwischen Epistel und Evangelium fallenden Graduale bildete. Das Alleluja wurde dabei nicht einfach, sondern mit mannichfachen Melismen, in langer Folge von Tönen gesungen, die namentlich auf die letzte Silbe *ja* sich erstreckten. Diese melismatische Art das Alleluja vorzutragen war schon in den ersten Jahrhunderten der Kirche üblich geworden: nicht bestimmen lässt sich die Zeit, in der es Sitte wurde, das so ausgedehnte Alleluja an den Schluss des Graduale zu setzen. Solche Folge von Tönen war, wie Rupert von Deuz [1]) sagt, mehr ein Jauchzen als ein eigentlicher Gesang. Wie das Mittelalter überall Symbolik liebte, so fand es auch in diesem als Jauchzen ausbrechenden Gesange der begeisterten Seele den symbolischen Ausdruck der Unfähigkeit, das Höchste und Heiligste anders als in Stammeln und endlosem Jubel kundzuthun [2]). Man nannte diese musikalische Verlängerung der Endsilbe des Alleluja *neuma* oder *pneuma*, ein Wort, welches verschiedenartig gedeutet, wahrscheinlich nichts anderes als eben das Ausströmen, den Erguss einer lebhaften feierlichen Freude bezeichnet [3]); und weil der Gesang mehr ein Jauchzen war, werden dafür auch die Ausdrücke

---

[1]) De offic. div. 1, 35 *dum vero psallimus Alleluja, .. jubilamus magis quam canimus.*

[2]) Durandus, rationale 5, 2: *est autem neuma seu jubilus ineffabile gaudium seu mentis exaltatio habita de aeternis.*

[3]) F. Wolf, über die Lais, Sequenzen und Leiche S. 30.

jubilus, jubilatio, cantus jubilus, cantus jubilationis gebraucht; verbal bezeichnete man es *jubilare, neumatizare* oder auch *protrahere alleluia* [1]). Die gewöhnliche Bezeichnung, *sequentia*, erklärt sich daraus, dass diese Reihen von Tönen auf das Alleluja des Graduale folgten, sich unmittelbar an dasselbe anschlossen [2]). Der Ausdruck war schon gebräuchlich, ehe man daran dachte, Sequenzentexte zu dichten, und hat daher ebenso wie die vorhergenannten ursprünglich bloss eine musikalische Bedeutung, während andere nachher zu erwähnende Bezeichnungen schon auf die Texte Bezug nehmen, mithin jüngeren Ursprungs sind.

Den grössten Theil des Jahres hindurch wurde an den grossen kirchlichen Festen wie an den Festtagen der Heiligen das Alleluja gesungen: nur in der Fastenzeit, genauer vom Sonntage Septuagesimae bis Ostern, trat an die Stelle des Alleluja der *tractus*, d. h. der Gesang von mehreren Psalmenversen, oder auch wohl eines ganzen Psalmes. Melodisch unterschied sich der Tractus von dem freudigen Gesange des Alleluja durch einen langsamen, traurigeren Charakter, und das war der Zeit, für welche er bestimmt war, durchaus angemessen. Erst mit dem Feste des erstandenen Heilands brach das Jauchzen und Jubeln der Seele wieder in Dank- und Lobliedern hervor. Es ist aus diesem Grunde begreiflich, warum wir unter den zahlreichen Sequenzen keine haben, die ein zwischen dem Sonntage Septuagesimae und Ostern liegendes Fest verherrlicht; wenn ganz vereinzelte Ausnahmen vorkommen, so gehören dieselben einer Zeit an, wo man sich der Entstehung der Sequenzen aus dem Alleluja nicht mehr bewusst war.

Für die verschiedenen Feste war aber der Jubilus nicht immer gleich; es bildeten sich allmälich verschiedene Melodien, nach welchen die letzte Silbe des Alleluja gesungen wurde. Zwei italienische Sänger, Petrus und Romanus, welche 790 auf Karls des Grossen Veranlassung von Hadrian I. nach Metz gesendet wurden, um den verwilderten deutschen Kirchengesang auf richtigere Bahnen zurückzuführen, sind die ersten, die als Erfinder von Jubelmelodien zum Alleluja angeführt werden. Zwei Melodien von jedem der beiden haben sich erhalten: Petrus nannte die seinigen nach der

---

[1]) Belegstellen für die verschiedenen Ausdrücke bei Gautier, oeuvres poétiques d'Adam de S. Victor I, p. CXXIX.
[2]) Durandus 4, 22: *sequentia vero dicta est, quia pneuma jubili sequitur*.

Kirche, an welcher er wirkte, *Metenses,* und wir besitzen von ihm die Melodien *Metensis major* und *Metensis minor.* Romanus war auf der Reise erkrankt und hatte in Sanct Gallen Aufnahme und Pflege gefunden; auch nach seiner Genesung blieb er auf Karls Anordnung in Sanct Gallen und trug hier zur musikalischen Ausbildung der Mönche Bedeutendes bei. Die zwei von ihm verfassten Melodien, die wir noch besitzen, führen die Namen *Romana* und *Amoena.* Ein edler Wetteifer begann nun zwischen den Sängerschulen von Sanct Gallen und Metz, ein Wetteifer, der für die kirchliche Musik die schönsten Früchte getragen hat[1]).

Die wachsende Zahl von Melodien zum Alleluja erhöhte die Schwierigkeit, sie dem Gedächtniss einzuprägen. Es war daher natürlich, dass man nach einem Mittel suchte, diese Schwierigkeit zu überwinden, und man fand es darin, dass man den Melodien Texte unterlegte. Frankreich gebührt das Verdienst, den Gedanken zuerst ausgeführt zu haben, und zwischen 830 und 840 sind die ersten derartigen Versuche gemacht worden[2]). Als den eigentlichen Schöpfer der Sequenzentexte hat man jedoch mit Recht von jeher den St. Galler Mönch Notker Balbulus angesehen, der, ein Alamanne aus edlem Geschlechte, zu Heiligöw (jetzt Elk) im Thurgau geboren, frühe ins Kloster St. Gallen kam, wo er nach einem langen, segensreichen Wirken im Jahre 912 starb. Durch ihn tritt die Sequenz aus dem musikalischen Gebiete in das der Literatur, der Poesie hinüber: sie wird eine reich ausgebildete, stehende Form der christlichen Dichtung des Mittelalters.

Schon als junger Mann, so berichtet Notker selbst in der Widmung seines Sequenzenbüchleins[3]), beschäftigte er sich, veranlasst durch die oben erwähnte Schwierigkeit für das Gedächtniss, mit dem Gedanken, auf welche Weise er die langen Melodien sich und andern leichter einprägen könnte. Während er damit umgieng, kam nach St. Gallen ein Priester aus dem Kloster Gimedia[4]), welches kurz vorher (851) von den Normannen verwüstet worden

---

[1]) Eine eingehende Darstellung von Romanus Wirken giebt Schubiger, die Sängerschule St. Gallens vom achten bis zwölften Jahrhundert (Einsiedeln 1858), S. 5—22.
[2]) Wolf a. a. O. Seite 288, Anm. 119.
[3]) Pez, thesaurus anecdotorum 1, 17, Gerbert, de musica sacra 1, 412, Nealius, epistola critica bei Daniel, thesaurus hymnologicus 5, 5.
[4]) Jetzt Jumièges an der Seine unterhalb Rouen.

war. Er führte ein Antiphonarium mit sich, in welchem den Sequenzenmelodien mehrfach Verse beigefügt waren. Die wenig genügende Art, in welcher das Antiphonar des französischen Mönches ein gutes Mittel zur Anwendung brachte, veranlasste Notker, eine mustergültigere Probe zu geben. Die erste von ihm in Nachahmung jener Versuche auf eine vorhandene Melodie gedichtete Sequenz war die auf die *feria quinta post pascha*, mit dem Anfang *Laudes deo concinat orbis universus*[1]). Er theilte die Dichtung seinem Lehrer Iso mit, der sich anerkennend darüber äusserte, aber auch die Fehler nicht verschwieg. Namentlich stellte er den von Notker nicht immer befolgten Grundsatz auf, dass jede Tonbewegung der Melodie auch ihre entsprechende Silbe im Texte haben müsse, oder: so viel Noten die Melodie, so viel Silben müsse auch der Text haben[2]). Die folgenden Worte der Dedication lauten: *Quod ego audiens ea quidem quae in ja veniebant ad liquidum correxi, quae vero in le vel lu quasi impossibilia vel attentare neglexi, cum et illud postea usu facillimum deprehenderim, ut testes sunt 'Dominus in Sina' et 'Mater'*. Er begann also seine Correcturen, die er auf Isos Bemerkungen vornahm, damit, dass er die Worte den Modulationen der Silbe *ja* nach dem von Iso aufgestellten Princip anpasste. Während ihm dies auch ohne Schwierigkeit gelang, schien es ihm anfangs unmöglich bei den Silben *le* und *lu* Melodie und Text in Harmonie zu bringen; nach einiger Übung brachte er es jedoch dahin, auch diese Schwierigkeit zu überwinden. Wir ersehen daraus, dass nicht nur die letzte, sondern auch die vor- und drittletzte Silbe des Alleluja melismatisch gesungen wurden.

Nun dichtete er die Sequenz *Psallat ecclesia mater illibata*[3]), welche er nebst anderen seinem Lehrer Marcellus, der ihn hauptsächlich in der Musik unterrichtet zu haben scheint, während er von Iso vorzugsweise in der Poesie unterwiesen worden war, zur Prüfung vorlegte. Marcellus, über die Leistungen seines Schülers hocherfreut, liess sie sammeln und durch den Knabenchor der Klosterschule musikalisch ausführen. Er war es auch, der ihn zuerst ermunterte, seine Sequenzen, in ein Buch vereinigt, einem hochstehenden Manne zu widmen. Den Dichter hielt Bescheidenheit ab,

---

[1]) Schubiger, Exempla nr. 14, Mone 1, 214, Daniel 5, 62.
[2]) 'Singulae motus cantilenae singulas syllabas debent habere.'
[3]) Schubiger, Exempla nr. 31, Mone 1, 323, Daniel 2, 23, Wackernagel, Kirchenlied 1, 100, Pez, cap. 22.

diesem Rathe zu folgen, bis er auf Andringen eines Klosterbruders, Othar oder Othmar, das Büchlein im Jahre 887 dem Kanzler Karls des Dicken, dem Erzbischof Liutward von Vercelli, zueignete.

Diese die wortlosen Neumen begleitenden Texte werden nun ebenso wie schon früher die Melodien selbst *sequentiae* genannt, weil auch sie, wie früher die *jubili,* dem Schluss-Alleluja des Graduale folgten. Ihren Zusammenhang mit den älteren *jubilationes* ohne Text bezeugen Notkers und der Späteren Sequenzen noch äusserlich dadurch, dass der Ausdruck *jubilare* in ihnen sehr häufig vorkommt, namentlich in den Eingängen[1]): so beginnen damit folgende Sequenzen *Eja jubilemus* (Mone 3, 425), *In deum exultet jubilando caro et cor nostrum* (Mone 3, 128), *Dulci corde jubilemus* (Morel, lateinische Hymnen S. 176), *Jubilemus cordis voce* (Daniel 5, 209), *Jubilemus deo trino* (Daniel 5, 246), *Jubilemus in hac die* (Mone 2, 59), *Jubilemus omnes* (Daniel 5, 174), *Jubilemus salvatori* (Adam von S. Victor 1, 32) und mit demselben Anfange 1, 328.

Neben *sequentia* der geläufigste Ausdruck ist *prosa,* den man wählte, weil man wenigstens die älteren wirklich als Prosa betrachtete, und der auch für die jüngeren streng rhythmisch gebauten in Gebrauch blieb[2]), z. B. *melodia gaudiosa praesens decantatur prosa* Mone 1067; *Gratulemur dulci prosa* Daniel 2, 157, und sehr häufig in den Überschriften. Seltener sind die Bezeichnungen *cantilena* oder *cantica: in voces erumpamus laudantes per cantica* Mone 785, 2; *concrepet organicis modulis et canticis laude digna* Hymni et sequentie (Colonie 1513) g iiij; *cantica nostra sonet musica vocum per discrimina* Morel 272, 1; *in hymnis et canticis* Wackernagel 1, 143, wodurch derselbe Gegensatz bezeichnet wird, den die deutsche Poesie des Mittelalters mit *liet* und *leich* ausdrückt.

Nicht auf die Form, sondern auf den Inhalt bezieht sich der Ausdruck *laus: laus sive sequentia* Mone nr. 1061; und namentlich im Plural wird der Ausdruck *laudes* gern angewendet: *proferat hec concio laudes* Hymni et sequentie g iiij; *Laudes deo concinat orbis* Mone 1, 214; *Christo laudes persolvat hic chorus psallens* Adam de S. Victor 1, 246; *deo laudes extollamus* 2, 270,

---

[1]) *praestet jubilorum odas.* Morel 110, 102.
[2]) Durandus 4, 22 *prosa est producta ratio a lege metri soluta*; vgl. auch Wolf, Anm. 124.

wo freilich *laudes* nicht ausdrücklich das **Gedicht** bezeichnet; aber schon das häufige Vorkommen des Wortes im Eingange von Sequenzen ist beachtenswerth. In diesem Sinne von Lobgesang wird auch *hymnus* von Sequenzen gesagt, ohne dass daraus eine Vermischung beider Dichtungsformen zu folgern wäre: *Laudantes triumphantem christum pangamus hymnum* Mone 1, 196; *Pangat hymnum Augiensis insula* 3, 342; *Decet hymnus cunctis horis* 2, 124; *hymnum demus dulciter* Daniel 2, 233; *hymnus laudis deo detur* 2, 247 [1]).

2. Notkers Sequenzen.

Notker beschränkte sich nicht darauf, schon vorhandenen Melodien Texte unterzulegen, sondern er dichtete selbst eine ziemliche Anzahl neuer Melodien. Es wird sich schwer entscheiden lassen, welche unter den 44 Tönen, die die St. Galler Handschrift 484 enthält und die mit ziemlicher Wahrscheinlichkeit von Notker selbst aufgezeichnet sind [2]), von ihm erfunden oder nur mit Texten versehen wurden: nachweislich ist letzteres nur bei den Melodien von Petrus und Romanus. Die Melodie war auch bei den von ihm componierten Sequenzen das ursprüngliche, der Text wurde dann ihr angepasst, nicht aber eine von ihm gedichtete Sequenz nachträglich mit Melodie versehen. Der Text ist bei der Sequenz das untergeordnete, die Musik die Hauptsache, während beim Hymnus das umgekehrte Verhältniss waltet.

Zur leichteren Orientierung gab Notker den Melodien Namen, die er verschiedenen Beziehungen entlehnte. So waren schon die Melodien *Metensis major* und *minor* so wie *Romana* mit Beziehung auf ihre Urheber Petrus von Metz und Romanus benannt; so wird auch *Graeca* als ein aus Griechenland stammender oder nach griechischem Muster gebildeter Ton zu betrachten, *Occidentana* im Gegensatz dazu als eine im Westen (Deutschlands) entstandene Melodie zu erklären sein (Schubiger S. 40).

Eine grössere Zahl von Benennungen entlehnte er den Anfängen der Verse, die auf das von ihm zu Grunde gelegte Alleluja folgten, wie deren Schubiger (S. 40) 22 angeführt hat. Am schwierigsten

---

[1]) Vgl. über die verschiedenen Bedeutungen von *hymnus* Wolf S. 276, Anm. 94.
[2]) Schubiger a. a. O. 41.

ist die Erklärung der dritten Klasse von Namen (Schubiger S. 41), weil sie Beziehungen enthält, die uns verloren gegangen; zum Theil scheinen es Anfänge von Liedern, die nicht auf uns gekommen sind.

Ich gebe nun das Verzeichniss der fünfzig von Notkers Biographen Ekkehard erwähnten Melodiennamen mit Anführung der Sequenzen, die nach jeder Melodie gehen: doch ist es mir nicht bei allen gelungen, die dazu gehörige Sequenz nachzuweisen.

1. *Metensis major* von Petrus in Metz erfunden: dieser Melodie folgen die Sequenzen:

   Laude dignum sanctum canat Othmarum Suevia mater, auf den h. Othmar. Schubiger, Exempla nr. 1, Mone 3, 471, Daniel 5, 120, Pez cap. 28.

   Pangat hymnum Augiensis insula martyrum plena, auf den h. Januarius. Mone 3, 342, Daniel 5, 107.

   Sancti belli celebremus triumphum laude debita, auf den h. Mauritius. Mone 3, 436, Daniel 5, 92.

2. *Metensis major*, von demselben Verfasser. Danach gehen:

   Nos Gordiani, auf die Heiligen Gordianus und Epimachus.

   Solemnitatem fratres charissimi, auf den h. Leodegar.

Beide Sequenzen sind mir nur aus den Anführungen von Schubiger (S. 24. 46) bekannt; sie stehen in der Einsiedler Handschrift 121 aus dem 10. Jahrhundert.

3. *Romana*, von Romanus erfunden. Ihr folgen fünf Sequenzen:

   Concentu veneremur cuncti fratres sollemni, auf den h. Agapitus. Mone 3, 173, Daniel 5, 296.

   Exultet omnis aetas sexus uterque, in purificatione S. Mariae. Morel, lateinische Hymnen S. 91.

   Johannes Jesu Christo multum dilecte virgo, auf den Evangelisten Johannes. Schubiger, Exempla nr. 2, Daniel 2, 7, Pez, cap. 5, Graduale Monasteriense von 1536 (Antony, Lehrbuch des gregorian. Kirchengesanges S. 92), Hymni et sequentie d ij.

   Laudantes triumphantem Christum pangamus hymnum. Dominica s. paschae ad vesperam. Mone 1, 196, Daniel 5, 54.

   Laurenti David magni martyr milesque fortis, auf den h. Laurentius. Pez, cap. 18, Daniel 2, 20, Hymni et sequentie f V.

4. *Amoena*, ebenfalls von Romanus. Nach dieser Melodie gehen:
Blandis vocibus laeti celebremus sollemnia salvatoris honore debito, auf die unschuldigen Kinder. Morel S. 141.
Carmen suo dilecto ecclesia Christi canat, ob quam patrem matremque deserens, Samstag nach Ostern. Schubiger nr. 3, Mone 1, 216, Daniel 5, 192.
Gaude semper serena felixque ecclesia u. s. w., auf die h. Margareta (oder die h. Wiborad). Mir nur aus den Anführungen bei Schubiger S. 24 und Daniel 5, 65 bekannt.

5. *Occidentana*, nach der Zahl der darauf gedichteten Sequenzen zu schliessen eine sehr beliebte Melodie, deren Originaldichtung *Sancti spiritus*, von Notker, bei der praeparatio ad missam häufig angewendet wurde (die vier ersten Zeilen: Daniel 2, 17). Ihr folgen nicht weniger als acht Sequenzen:
Celsa pueri concrepent melodia, Fest der unschuldigen Kinder. Daniel 5, 177.
Laus et gloria deo sit in saccula, auf den h. Nicolaus. Mone 3, 451, Daniel 5, 220.
Sancti merita Benedicti inclyta, auf den h. Benedict. Mone 3, 230, Daniel 5, 78, Pez, cap. 17.
Sancti spiritus adsit nobis gratia, auf das Pfingstfest. Das Original der übrigen und von grosser Verbreitung, selbst in Italien (Daniel 2, 17). Schubiger nr. 23, Mone 1, 254, Daniel 2, 16, Wackernagel 1, 97, Pez, cap. 14, Lossius p. 143, Graduale Monaster. von 1536, Hymni et sequentie c iiij.
Sancti spiritus adsit nobis gratia, Quae sanctos semper u. s. w., auf den h. Gebehard. Angeführt Daniel 5, 169.
Sancti spiritus adsit nobis gratia, Quae sanctos semper u. s. w., auf Notker. Angeführt Daniel 5, 171.
Sancti spiritus adsit nobis gratia, Quo foecundata u. s. w., in visitatione Mariae. Daniel 2, 185.
Summis hunc diem reneremur laudibus, eine Collectivsequenz auf die Apostel Philippus und Jacobus und auf die Heil. Sigismund und Walpurg. Morel S. 165.

6. *Graeca*, nach ihr gehen folgende drei Sequenzen, von denen die erste die ursprüngliche ist:
Agni paschalis esu potuque dignas, auf Ostermittwoch.

Schubiger nr. 12, Lossius 122, Mone 1, 207, Daniel 2, 14, Pez, cap. 11.
Magnum te Michahelem habentem pignus, auf den h. Michael. Mone 1, 454, Daniel 5, 94, Pez, cap. 23.
Martyr beate, tuum colentes festum, auf einen Märtyrer. Mone 3, 152, Daniel 5, 336.

7. *Deus judex justorum*, danach geht:
   Judicem nos inspicientem, auf den zweiten Sonntag nach Ostern. Schubiger nr. 16, Mone 1, 220.
8. *In te domine speravi:*
   Laus tibi sit o fidelis deus, auf den dritten Sonntag nach Ostern. Schubiger nr. 17, Mone 1, 221.
9. *Qui timent dominum:*
   En regnator coelestium et terrenorum, auf den vierten Sonntag nach Ostern. Schubiger nr. 18, Mone 1, 234.
10. *Exultate deo:*
    Laeta mente canamus deo nostro, auf den fünften Sonntag nach Ostern. Schubiger nr. 19, Mone 1, 222.
11. *Confitemini:*
    O quam mira sunt deus tua portenta, Sonntag nach Himmelfahrt. Schubiger nr. 22, Mone 1, 233.
12. *Adducentur:*
    Stirpe Maria regia procreata regem generans Jesum, auf Mariae Geburt. Schubiger nr. 28, Daniel 2, 22, Morel S. 79, Pez, cap. 20, Graduale Monast. von 1536, Hymni et sequentie f VIII.
13. *Laetatus sum:*
    Perpes laus et honor tibi summe pastor qui tui curae gregis clemens ac pius sic prospicis, auf den h. Nicolaus. Mone 3, 450.
    Psallat ecclesia mater illibata et virgo sine ruga honorem hujus ecclesiae, Fest der Kirchweihe, das Original. Schubiger nr. 31, Mone 1, 323, Daniel 2, 23, Wackernagel 1, 100, Pez, cap. 22, Graduale Monast. von 1536, Hymni et sequentie h.
14. *Vox exultationis:*
    Agone triumphali militum regis summi dies iste celebris, Fest der Märtyrer. Mone 3, 144, Daniel 5, 145, Wackernagel 1, 19, Pez, cap. 32, Graduale Monast. von 1536.

*Omnes sancti seraphim cherubim throni quoque dominationes-
que,* Fest Aller Heiligen. Schubiger nr. 32, Daniel 2,
26, Wackernagel 1, 99, Pez, cap. 26, Graduale Monast.
1536, Hymni et sequentie g ij.

15. *Te martyrum:*
Laus tibi Christe, Fest der unschuldigen Kinder. Schubiger
nr. 6, Mone 3, 34.

16. *Justus ut palma minor:* eine beliebte Melodie, nach welcher
folgende fünf Sequenzen gehen:

Dilecte deo Galle perenni, auf den h. Gallus. Schubiger
nr. 30, Mone 3, 311, Daniel 2, 25[1]), Pez, cap. 25.

Festa Stephani protomartyris, auf den h. Stephanus. Mir
nur aus den Anführungen bei Schubiger S. 46 und Daniel 5, 42 bekannt.

Rex regum deus noster colende, auf einen Bekenner. Mone
3, 154, Daniel 5, 148, Pez, cap. 34.

Salvete agni electa turba, Fest der unschuldigen Kinder.
Morel S. 140.

Summa laude diem nunc patris Findani celebremus[2]), auf
den h. Findanus. Daniel 5, 322.

17. *Dies sanctificatus:*
Christe sanctis unica spes salus vita atque gloria perpetua,
auf den h. Gallus. Mone 3, 310, Daniel 5, 99.

Laude condignissimus dies annua reddit gaudia praesentia,
auf den h. Nicolaus. Den Anfang führt Daniel 2, 56 an:
ohne Zweifel geht die Sequenz nach dieser Melodie, statt
condignissimus wird aber *condignissima* zu lesen sein.

Natus ante secula dei filius invisibilis interminus, auf das
Weihnachtsfest. Das Original der übrigen. Schubiger
nr. 5, Wolf, über die Lais Facsim. II, Lossius 18, Daniel 2, 5, Wackernagel 1, 95, Pez, cap. 3, Graduale
Monast. von 1536, Sequentie d.

18. *Beatus vir qui suffert:* danach gehen folgende vier Sequenzen:

---

[1]) Mit dem abweichenden Anfange *O dilecte domine,* der sich aber auch
der Melodie fügt, indem bei dem gewöhnlichen Texte drei Noten auf die
mittlere Silbe von *dilecte* fallen.

[2]) Der Text dieses Eingangs ist um vier Silben zu lang: Daniel schlägt
vor, *Summa laude* zu streichen.

A solis occasu usque ad exortum, auf den h. Columban. Von Ekkehard I. Schubiger nr. 43, Mone 3, 256, Daniel 5, 121, Pez, cap. 29.

Melodum dulcedo resonet in altum, auf den h. Pirminius. Mone 3, 482.

O Blasi dilecte regi regum summo, auf den h. Blasius. Angeführt bei Daniel 5, 50.

Romana Quirinus stirpe procreatus, auf den h. Quirinus. Mone 3, 488, Daniel 5, 262.

19. *Dominus regnavit:*
Is qui prius, auf den Ostermontag. Mone 1, 205, Daniel 5, 191.

20. *Obtulerunt:*
Christe domine laetifica, auf den Osterdienstag. Mone 1, 210.

21. *Justus germinabit sicut lilium:*
O qui perenne residens potestatis solio omnia ordinas, sator, ab aevo, auf das Osterfest. Mone 1, 199, Daniel 5, 61.

Qui benedici cupitis huc festini currite, Benedicti patris opem quaerite, auf den h. Benedict. Verfasser ist Ekkehard I. Mone 3, 227, Daniel 5, 79.

22. *Beatus vir qui timet;* danach gehen folgende vier Sequenzen:
Ave summa (l. summe) praesulum eia o Christi gemma meritis inclyta virtute lucida, auf die Translatio Martini. Hymni et sequentie f iij.

Diem festum Bartholomaei Christi amici fratres excolite dignis praeconiis, auf den h. Bartholomaeus. Mone 3, 122, Daniel 5, 85.

Juramenti poenitens nunquam regum rex summum sibi sacerdotem statuit perpetuum, auf den h. Thomas von Canterbury. Angeführt von Daniel 5, 46.

Sacerdotem Christi Martinum cuncta per orbem canat ecclesia pacis catholicae, auf den h. Martinus. Schubiger nr. 33, Mone 3, 432, Daniel 2, 27, Du Méril, poésies populaires latines antérieures au douzième siècle S. 166, Pez, cap. 27, Hymni et sequentie g iij. Diese Sequenz ist das Original der übrigen.

23. *Nimis honorati sunt:*

Deus in tua virtute sanctus Andreas, auf den h. Andreas. Daniel 2, 28, Pez, cap. 30, Hymni et sequentie g iiij.

24. *Adorabo:*
Tu civium deus conditor, auf das Fest der Kirchweihe. Morel nr. 105, vgl. Schubiger S. 46.

25. *Dominus in Syna:*
Christus hunc diem jocundum cunctis concedat esse Christianis amatoribus suis, auf das Himmelfahrtsfest. Schubiger nr. 21, Mone 1, 233, Daniel 5, 65.

26. *Laudate dominum:*
Angelorum ordo sacer, auf die Engel. Angeführt von Schubiger S. 46.

27. *Pretiosa est:* eine nach dieser Melodie gehende Sequenz ist mir nicht bekannt.

28. *Mirabilis:*
Laus tibi Christe, pacis arbiter summae, rex aeternae monarchiae, auf den h. Findanus. Mone 3, 301, Daniel 4, 191, von Daniel irrthümlich unter die Hymnen gestellt. Das Original ist die folgende Sequenz.
Laus tibi Christe, patris optimi nate, deus omnipotentiae, auf das Fest der unschuldigen Kinder. Schubiger nr. 38, Mone 3, 36, Daniel 2, 8.

29. *Cignea:*
Gaude Maria virgo dei genitrix, Octav vor Weihnacht. Schubiger nr. 7, Mone 2, 89, Daniel 5, 46.

30. *Filia matris:*
Cantemus Christo regi terrae, maris atque poli sceptrum sine fine tenenti, auf den Evangelisten Johannes. Morel S. 164, vgl. Schubiger S. 46.
Virginis venerandae de numero sapientum festa celebremus socii, de virginibus. Schubiger nr. 35, Daniel 2, 30, Pez, cap. 35, Sequentie h iij.

31. *Symphonia:*
Concentu parili hic te, Maria, veneratur populus teque piis colit cordibus, auf Lichtmess. Schubiger nr. 10, Lossius 199, Daniel 2, 10, Wackernagel 1, 96, Pez, cap. 8, Graduale Monast. von 1536, Hymni et sequentie d iiij. Der von H. Bonnus corrigierte Text bei Wackernagel 1, 274.

Gaudens ecclesia hanc dieculam venerando celebret atque canat altis vocibus, auf den h. Emmerammus, eine offenbare Nachahmung der vorigen. Mone 3, 389, Daniel 5, 309, Pez, cap. 21.

Hunc diem celebret omnis mundus ob honorem domini atque plasmatoris omnium, Epiphanieoctave. Morel nr. 24.

Laudum quis carmine unquam praevalet, regum summe, typica majestatis tuae promere, Sonntag nach Ostern. Mone 1, 198, Daniel 5, 52.

Sollemni carmine tuos, Oswalde rex et martyr u. s. w., auf den h. Oswald. Angeführt von Daniel 5, 83.

Summis conatibus nunc deo nostro modulemur seduli ob militis ejus merita, auf den h. Desiderius. Von Ekkehard II. verfasst. Mone 3, 264, vgl. Schubiger S. 76. Die Originalsequenz ist die erste.

32. *Duo tres:*

Grates salvatori ac regi Christo deo solvant, Donnerstag nach Ostern. Schubiger nr. 13, Mone 1, 212, Daniel 5, 53, Pez, cap. 12.

Tubam bellicosam quam dei non verentes servi, auf die Märtyrer. Morel S. 173.

33. *Organa:*

Laudes deo concinat orbis ubique totus qui gratis est liberatus, Sonnabend nach Ostern. Schubiger nr. 14, Mone 1, 214, Daniel 5, 62.

34. *Frigdola:*

Laudes salvatori voce modulemur supplici, auf das Osterfest. Schubiger nr. 11, Lossius 108, Mone 1, 200, Daniel 2, 12, Wackernagel 1, 113 (anonym und ins 11. Jahrhundert gesetzt), Pez, cap. 9, Graduale Monast. von 1536, Hymni et sequentie e.

Pater da per verbum nobis septiformem spiritum, Octav nach Pfingsten. Morel S. 50, ohne Angabe der Melodie; es kann aber, wie die Vergleichung lehrt, nur diese sein. Der Anfang auch bei Mone 1, 256.

35. *Aurea:*

Clare sanctorum senatus apostolorum princeps orbis terrarum rectorque regnorum, auf die Apostel. Schubiger nr. 34, Lossius 242, Daniel 2, 29, Wackernagel 1, 103,

Pez, cap. 31, Graduale Monast. 1536, Sequentie h, von H. Bonnus umgearbeitet: Wackernagel 1, 273.

36. *Concordia*, eine beliebte Melodie, nach welcher gehen:
Haec concordes nos Florine (l. Florini) colamus festa beati, auf den h. Florinus. Angeführt bei Daniel 5, 154; ergibt sich als unzweifelhafte Nachahmung der folgenden Sequenz.
Hanc concordi famulatu colamus sollemnitatem, auf den h. Stephanus. Mone 3, 509, Daniel 2, 6, Lachmann im rhein. Museum für Philologie 1829, S. 434, Wolf, über die Lais S. 297, Pez, cap. 4, Graduale Monast. 1536, Hymni et sequentie d.
Laudes domino concinamus. Diesen Anfang citiert Daniel 5, 64, mit dem Beisatz *concordia*. Wahrscheinlich ist *deo* für *domino* zu lesen.
O Materne, pastor alme Christique clare hierarcha, auf den h. Maternus. Mone 3, 435, Daniel 5, 305.
Petre summe Christi pastor et Paule gentium doctor, auf Petrus und Paulus. Schubiger nr. 26, Daniel 2, 19, Pez, cap. 16, Graduale Monast. 1536, Hymni et sequentie f ij.

37. *Eja turma*, eine der beliebtesten Sequenzenmelodien, nach welcher folgende acht Sequenzen gehen:
Alleluia Christo decantet omnis lingua, auf den h. Erhard. Neale, Sequent. pag. 91, Daniel 5, 227.
Celsa lux Sion arc, martyr Pantaleon, auf den h. Pantaleon. Mone 3, 475, Daniel 5, 279.
Dignis extollamus laudibus carissimi, auf den h. Sebastian. Mone 3, 498, Daniel 5, 160.
Eja fratres cari festivitatem sancti, auf den h. Otmar. Mone 3, 471, Daniel 5, 120.
Eja harmoniis, socii, laudum resonis, Mittwoch nach Ostern. Mone 1, 211, Daniel 5, 55.
Eja jubilemus carmina deo digna, auf die h. Martha. Mone 3, 425, Daniel 5, 280.
Eja recolamus laudibus piis digna, auf das Weihnachtsfest. Das Original der übrigen und von grosser Verbreitung. Schubiger nr. 36, Lossius 20, Daniel 2, 1, Wackernagel 1, 95, Morel S. 5, Pez, cap. 1, Graduale Monast. 1536, Hymni et sequentie d.

Speciosus forma prae natis hominum Jesus, auf die Verklärung Christi. Neale pag. 149, Daniel 5, 286. Der Text des Eingangs hat eine Silbe mehr, was sich daraus erklärt, dass auf die letzte Silbe von *laudibus* in der Originalsequenz zwei Noten fallen.

38. *Captiva:* danach gehen folgende vier Sequenzen:

    Omnes devota mente veneremur digne, auf den h. Pelagius. Mone 3, 477, Daniel 5, 86.

    Regi coelorum nostra pangat armonia, auf die Kreuzerfindung. Morel S. 35.

    Summi triumphum regis prosequamur laude, auf die Himmelfahrt. Schubiger nr. 20, Lossius 134, Daniel 2, 15, Pez, cap. 13, Graduale Monast. 1536, Hymni et sequentie e iiij. Das Original der übrigen Sequenzen.

    Summum praeconem Christi conlaudemus laeti, auf Johannes den Täufer. Von Ekkehard I. verfasst. Mone 3, 46, Daniel 5, 87.

39. *Mater:* ebenfalls eine der beliebtesten Melodien, nach der folgende sieben Sequenzen gehen:

    Ad laudes salvatoris ut mens incitetur humilis, auf die Bekenner. Wackernagel 1, 158, Daniel 5, 149, Graduale Monast. 1536, Hymni et sequentie h. ij. Von H. Bonnus umgearbeitet: Wackernagel 1, 275.

    Christe genitoris et spiritus sancti gloria, auf den h. Rupertus. Mone 3, 493, Daniel 5, 255.

    Congaudent angelorum chori gloriosae virgini, Mariae Himmelfahrt. Schubiger nr. 27, Daniel 2, 21, Wackernagel 1, 98, Pez, cap. 19, Graduale Monast. 1536, Hymni et sequentie f V.

    Fulget dies praeclarus cunctis memorandus seculis, auf den h. Willibald. Daniel 2, 156: die Melodie ist nicht benannt, aber unzweifelhaft *Mater.*

    Laudes Christo redempti voce modulemur supplici, auf das Osterfest. Lossius 117, Daniel 2, 178, Graduale Monast. 1536.

    Omnis sexus et aetas festa Thebaeorum martyrum, auf den h. Mauritius. Angeführt von Schubiger S. 46 und Daniel 5, 167.

    Pangamus creatoris atque redemptoris gloriam, auf das Osterfest. Mone 1, 206, Daniel 5, 52, Pez, cap. 10.

40. *Trinitas:*
> *Festa Christi omnis christianitas celebret,* auf Epiphania. Schubiger nr. 8, Lossius 18, Daniel 2, 9, Wackernagel 1, 97, Pez, cap. 7, Graduale Monast. 1536, Hymni et sequentie d ij.

41. *Puella turbata,* in folgenden vier Sequenzen angewendet:
> *Cantemus cuncti melodum nunc alleluja,* Samstag vor Septuagesima. Das Original der übrigen. Schubiger nr. 9, Wolf's Lais, facsimile I, Mone 1, 88, Daniel 2, 52.
> *Ecce solemni hac die canamus festa,* auf Mariae Geburt. Mone 2, 28, vgl. Daniel 5, 88.
> *Sanctam praesentis diei sollemnitatem,* auf den h. Leodegar. Mone 3, 393, ohne Angabe der Melodie.
> *Scalam ad coelos subrectam tormentis cinctam,* auf eine Märtyrerin. Mone 3, 157, Daniel 5, 151.

42. *Virgo plorans:*
> *Haec est sancta sollemnitas sollemnitatum,* Osteroctave. Schubiger nr. 15, Mone 1, 219, Daniel 5, 56.
> *Quid tu virgo mater ploras,* auf einen Märtyrer. Mone 3, 151, Daniel 5, 147, Pez, cap 33. Das Original zu der vorigen Sequenz.

43. *Justus ut palma major:*
> *Laus tibi Christe,* auf die unschuldigen Kinder. Mone 3, 33, Daniel 2, 180, Lossius 223, Pez, cap. 6, Graduale Monast. 1536, Hymni et sequentie d ij. Obige fünf Silben entsprechen den zehn Silben der zweiten Sequenz: vielleicht wurden die Worte zweimal gesungen oder musikalisch ausgedehnt.
> *Sancti Baptistae Christi praeconis,* auf Johannes den Täufer. Schubiger nr. 25, Mone 3, 49, Daniel 2, 18, Pez, cap. 15, Graduale Monast. 1536, Hymni et sequentie f ij.

44. *Planctus sterilis:*
> *Benedicto gratias deo,* Pfingstoctav. Mone 1, 256.
> *Iste dies celebris constat,* Epiphanieoctav. Mone 1, 81.

45. *Fidicula:*
> *Laudes deo perenni,* auf die h. Afra, ist nach Schubiger S. 46 in der Melodie *fidicula.* Mone 3, 169.
> *Sollemnitatem hujus devoti filii ecclesiae,* auf das Fest der

Kirchweihe, von Waltram verfasst, nach Schubiger S. 63 in dieser Melodie, was durch Mone 1, 322, Daniel 5, 101 bestätigt wird. Beide Sequenzen decken sich aber durchaus nicht, und die Angabe über die erste ist wohl fehlerhaft; vgl. zu 48.

46. *Virguncula clara:*
Laus tibi Christe, patris optimi nate, deus omnipotentiae, auf die unschuldigen Kinder. Schubiger nr. 37, Morel S. 140.

47. *Nostra tuba:*
Nostra tuba regatur fortissima, Samstag vor Septuagesimae. Angeführt von Schubiger S. 45 und Daniel 5, 51.

48. *Pascha:*
Laudes deo perenni, auf die heilige Afra, Mone 3, 169, ist nach Daniel 5, 83 in der Melodie *Pascha*. Worauf diese Angabe beruht ist nicht ersichtlich, aber vermuthlich trifft sie das rechte; denn die Melodie *fidicula* kann es nicht sein, vgl. zu 45.

49. *Te martyrum minor:* eine danach gehende Sequenz ist mir nicht bekannt.

50. *Hypodiaconissa:* nach ihr gehen folgende vier Sequenzen:
Christi domini militis martyrisque fortissimi proelia voce pari canamus, *extollentes ad sidera,* auf den h. Stephan. Mone 3, 507.
Ecce vocibus carmina comparibus ecclesia dilecto pangat suo, illius gaudens reditus triumpho, Osterdienstag. Mone 1, 209.
Ibant pariter animis et ducibus imparibus agmina dominica et hostis atrocissimae phalanges, auf den h. Mauritius. Mone 3, 435, Daniel 5, 93.
Protomartyr domini Stephane, *nos pius audi, colimus festa tua sincero qui pectore et fideli,* auf den h. Stephan. Angeführt bei Daniel 5, 42, der Anfang um eine Silbe zu kurz.

Zu diesen kommt noch eine nicht von Ekkehard angeführte Melodie *vitellia,* nach welcher die Sequenz auf den h. Celsus *Sancto Celso canat praedulciter caterva* (Mone 3, 247, Daniel 5, 246) geht, welche sicherlich nicht von Notker herrührt: gleichwohl könnte die Melodie aus S. Gallen stammen, da anderwärtsher dergleichen Namen für die Melodien nicht bekannt sind.

In manchen Fällen ist schwer zu entscheiden, welche von den verschiedenen auf eine Melodie gedichteten Sequenzen die notkerische ist; es könnte auch recht wohl gedacht werden, dass Notker auf eine Melodie mehrere Sequenzen dichtete, sicherlich dann aber auf verschiedene Anlässe, so dass schon aus dem Grunde z. B. die Sequenzen auf den h. Stephan nach der 50. Melodie nicht beide von ihm herrühren können [1]).

3. Anlage der älteren Sequenzen.

Die Anlage der notkerischen Sequenzen ist in der Regel und vorherrschend die, dass nach einem musikalischen Eingange eine Anzahl von Absätzen folgt, von denen je zwei und zwei auf einander folgende nach derselben Melodie gesungen werden [2]), und dass dem letzten Paare noch ein musikalischer Schluss sich anreiht, der ebensowenig wie der Eingang eine Wiederholung der Melodie zeigt. Die Absätze, in welche die Sequenz zerfällt, werden *versiculi* [3]) oder *versus* (Wolf S. 104), auch *clausulae* genannt. Ich werde im folgenden für die einleitenden und schliessenden Versikel die Bezeichnungen Eingang und Schluss oder Schlusssatz gebrauchen und Versikel oder Doppelversikel nur für die repetierten Absätze anwenden.

An und für sich lag die Nothwendigkeit einer Wiederholung nicht vor, und wir besitzen auch wirklich eine Anzahl nachher zu besprechender Sequenzen, bei denen sie nicht stattfindet. Allein abgesehen von dem bei allen musikalisch gebildeten Völkern zu bemerkenden Zuge zu solcher Wiederholung, die dem Ohre die Melodie deutlicher und vernehmlicher erscheinen lässt, ist bei den Sequenzen ein doppelter Anlass dazu nachzuweisen. Einmal ist es der Zusammenhang mit der Psalmodie, bei der wir im Parallelismus der Psalmverse die Wiederholung bereits finden [4]). Sodann die Art und Weise wie die Sequenzen beim Gottesdienste musi-

---

[1]) Grundsätze für die Unterscheidung stellen Schubiger S. 44 und Daniel 5, 40 auf; doch verdienen die des ersteren mehr Beachtung.

[2]) Durandus, rationale 6, 21, *postremo considerandum est quod versus sequentiarum bini et bini sub eadem cantu dicuntur, quod contingit quia (ut plurimum) bini et bini per rithmos sub paribus syllabis componuntur.*

[3]) Notker in der praefatio ad libr. sequent.

[4]) Wolf, über die Lais S. 108. 294, Anm. 131.

kalisch ausgeführt wurden. Ein fester Gebrauch herrschte zwar
in dieser Beziehung nicht, indem je nach der Stärke der mitwirkenden
musikalischen Kräfte entweder der Gesammtchor die Sequenz
sang, oder eine Theilung in mehrere Chöre stattfand; aber
schon zu Notkers Zeiten war es in S. Gallen üblich, dass sich mehrere
Chöre betheiligten. Die Stelle des Durandus (rationale 4, 22)
*cantatur autem sequentia ab omnibus simul in choro, ut notetur
concordia charitatis* bezeichnet keineswegs den allein herrschenden
Gebrauch. Sie wird allerdings durch zahlreiche Sequenzentexte
unterstützt, in denen des gemeinsamen Gesanges durch den Chor
Erwähnung geschieht, wie die folgenden *cantemus cuncti melodum
nunc* Schubiger nr. 9; *alma cohors una laudum sonora nunc prome
praeconia* Mone 3, 205; *Christo laudes persolvat hic chorus* Adam
1, 246; *Clara chorus dulce pangat voce* 1, 174; *concentu parili
hic te Maria veneratur populus* Schubiger nr. 10; *concentu veneremur
cuncti fratres sollemni* Mone 3, 173; *concinamus pariter*
Daniel 2, 201; *dulce melos in concentu modulemur in conventu
totius ecclesiae* Mone 3, 558; *laetabunda nostri chori plebs jocunda
psallat* Mone nr. 808, 1—3; *decantavit chorus iste* Adam 2, 22;
plausu chorus laetabundo hos attollat 2, 417 etc. Daher das Subject
der Sequenz wie der deutschen Leiche immer 'wir', niemals
'ich' ist. So zahlreich sind die Stellen, die eines Zusammenwirkens
mehrerer Chöre erwähnen, nicht; der Grund dafür wird sich sogleich
ergeben. In der zuerst erwähnten Sequenz heisst es im letzten
Doppelversikel:

    Nunc vos, o socii,
    cantate laetantes
    alleluja.
    Et vos, pueruli,
    respondete semper
    alleluja,

worauf der Schlusssatz folgt:

    Nunc omnes canite
    simul alleluja,
    domino alleluja,
    Christo pneumatique alleluja.

 Daraus ergibt sich, **dass die** gleichen Hälften, in welche der
Doppelversikel rhythmisch und musikalisch zerfällt, an die beiden
Chöre, hier der Mönche (*socii*) und der Knaben, vertheilt waren.
Denn es ist zu beachten, dass die Aufforderung an die *socii* in dem

einen, die an die *pueruli* in dem andern Stollen des Doppelabsatzes enthalten ist; die Mahnung, dass alle insgesammt singen sollen, ist im Schlusssatz enthalten, dieser also wurde, ebenso wie der Eingang *(Cantemus cuncti melodum* heisst es daher, wie *Nunc omnes canite)* von der Gesammtheit, die Hälften der Doppelversikel abwechselnd von beiden Chören gesungen. Daher erklärt es sich auch, dass wir die Erwähnung des gemeinsamen Gesanges so häufig im Eingang der Sequenzen finden, denn dieser wurde eben von allen gesungen. Der Chorknaben erwähnt auch die Sequenz *Celsa pueri concrepent melodia* (Daniel 5, 177); ebenso *Romana Quirinus* (Mone 3, 488), wo neben der Gemeinde *(communi voce plebis concinite* 29) der *popellus,* d. h. die Chorknaben (31) und *cunctus clerus* und *monachi* (31. 32) erwähnt werden, also eine dreifache Theilung. Ohne besondere Bestimmung heisst es bei Adam (2, 19) *Choris concinentibus una sit in moribus nostris modulatio* mit beigefügter allegorischer Deutung. Entscheidend ist namentlich die erste Stelle: wo ein Knabenchor nicht vorhanden war, konnten auch ein paar oder ein einzelner Sänger die Stelle eines Chors vertreten. In einer ganz dramatisch angelegten Sequenz (Morel nr. 69) auf das Osterfest, die ein Gespräch zwischen *Pater* und *Filius* ist, wird beim Beginn des Schlusssatzes *Populus* d. h. die Gemeinde als mitwirkend genannt, und zweifellos wurde der Eingang (V. 1—4), bei dem keine Bezeichnung steht, ebenso gesungen. Wechselgesang des Chors mit einzelnen zeigen zwei andere Sequenzen, von denen die eine Nachahmung der anderen ist (Daniel 5, 314, nr. 631, Morel nr. 124), in der einen wechseln zwei Sänger *(duo),* in der andern drei Chorschüler *(tres scholares bene vociferati)* mit dem Chor ab, und singen was dem h. Franciscus, beziehungsweise Maria in den Mund gelegt ist, beide enden mit dem Uebergang in die berühmte Ostersequenz *Victimae paschali.*

4. Nichtwiederholung der Melodien.

Wenn sich nun Sequenzen finden, die keine Wiederholung der Melodie zeigen, so sind dieselben offenbar nicht zum Wechselgesange eingerichtet. Dass sie die älteren und der Gebrauch der Wiederholung jünger sei, lässt sich durch nichts erweisen. Wir beginnen unsere Betrachtung des Einzelnen mit ihnen; vorher jedoch ist eine allgemeine Bemerkung nicht überflüssig. Für die richtige Beurtheilung der Sequenzenformen ist die Herbeiziehung der Musik ganz unentbehrlich; auf die Misslichkeit kritischer Behandlung ohne dieses wesentliche Hülfsmittel ist schon mehrfach hingewiesen worden. Mone und Neale haben vielfach geirrt, weil sie diese Rücksicht ausser Acht liessen. Ich habe für die musikalische Betrachtung hauptsächlich die Exempla bei Schubiger zu Grunde gelegt, die die Musik der Sequenzen nach jüngeren Handschriften in moderne Notierung übertragen geben: da erweislich die Melodien bis ins 16. Jahrhundert sich unverändert erhalten haben (Wolf, Anm. 126), so ist das Zurückgehen auf nicht neumierte Handschriften gerechtfertigt. Wo die Musik nicht zugänglich ist oder sich nicht erhalten hat, müssen wir uns an die in den Handschriften der Texte gegebenen Abtheilungen halten. Dabei ist jedoch zu beachten, dass die Abtheilung der Handschriften keineswegs immer richtig ist. So ist, um nur ein Beispiel anzuführen, Morel nr. 278, der Einsiedler Hs. 366 des 12. Jahrhunderts entnommen, mehrfach falsch abgetheilt, wie die Vergleichung mit der ebenso gebauten Sequenz (Mone 3, 252) ergibt. Der erste Absatz (*Sancti-gratulabundus*) muss in zwei Theile zerlegt werden

    Sancti martyris
    festum et evangelistae

    Circumquaque veneretur
    populus gratulabundus.
    Et prae cunctis laetabunda
    Suevia canat patronum;

ebenso sind die Zeilen 7—9 bei Morel falsch geordnet. Am häufigsten aber findet sich unrichtige Abtheilung in dem reichhaltigen Codex Branders, S. Gallen 546, aus welchem Morel und alle Hymnologen viel geschöpft haben. So ist nr. 56 folgendermassen zu gliedern: 1 Eingang; $2.3 = 4.5$, erster Doppelvers; $6.7 = 8.9$, zweiter; $10.11 = 12—15$, dritter; $16.17 = 18—20$, vierter; $21.22 = 23.24$, fünfter; $25—28 = 29—35$[1]), sechster Doppelabsatz, der Rest der Sequenz ist richtig abgetheilt. Hätte der Herausgeber die Angabe der Melodie beachtet, so würde er darin einen bestimmten 'Anhaltspunkt zur Theilung der Sequenz in Zeilen' gefunden haben. Morel nr. 82 müssen V. 35.36 einen Doppelvers bilden, daher *mundet* mit einem grossen Anfangsbuchstaben bezeichnet sein; ebenso *In* V. 38; umgekehrt müssen Z. 9.10 in nr. 219 nur eine Zeile

---

[1]) *demus* V. 29 ist eine unnöthige Ergänzung.

bilden, und der grosse Anfangsbuchstabe von *Sed* ist unrichtig. Solche aus Vergleichung mit anderen Sequenzen sichergestellte Abweichungen von den Handschriften berechtigen auch in andern Fällen, wo eine Vergleichung nicht möglich ist, wenigstens zum Misstrauen. Je älter die Handschriften sind, desto sorgfältiger ist auch ihre Bezeichnung der Abschnitte durch grosse Buchstaben.

Im Vergleich zu der grossen Menge von Sequenzen, in denen die Absätze paarweise sich gliedern, ist die Zahl derer, in denen die Melodien nicht wiederholt werden, sehr gering, und alle haben einen geringen Umfang. So besteht die Sequenz *Grates nunc omnes* (Schubiger nr. 54) aus zwei Versikeln, *O decus mundi* (Schubiger nr. 51), als *sequentia brevis* ausdrücklich bezeichnet, aus drei, *Laus tibi sit* (nr. 17) und *En regnator* (nr. 18), aus fünf, *O quam mira* (nr. 22), aus sechs Absätzen; eine ungewöhnliche Ausdehnung ist es schon, wenn eine solche Sequenz sieben Versikel zählt, wie *Laeta mente* (nr. 19). Dass diese Art nicht beliebt und verbreitet war, ergibt sich schon daraus, dass auf keine der erwähnten Melodien mehrere Sequenzen gehen.

Zwischen den Melodien der einzelnen Absätze herrscht in diesem Falle insofern eine gewisse Verwandtschaft, als der musikalische Schluss fast immer harmoniert. So ist in nr. 54 die aus drei Tönen bestehende Schlusscadenz der beiden Versikel gleich, und auch sonst zeigt die Melodie Ähnlichkeit. Rhythmisch sind einzelne Theile ganz gleich, ohne dass die Melodie sich deckt: so kann man mit Wackernagel (1, 69) den Anfang schreiben

> Grates nunc omnes reddamus
> domino deo,
> Qui sua nativitate
> nos liberavit,

was wie ein Doppelvers aussieht, es aber nicht ist. Auch die weitere Abtheilung bei Wackernagel (in vier Absätze) ist nicht richtig, an Gregor den Grossen als Verfasser aber darf man nicht denken. — In 54 ist die Schlussnote aller drei Versikel dieselbe; in anderen beschränkt sich die Übereinstimmung auf einzelne Versikel der Sequenz, wie in nr. 27 die Schlussnote des 5. und 6. Absatzes übereinstimmt, die beiden letzten Noten in 17, 3. 4. 18, 4. 5. und ebenso 18, 1. 3. 19, 4. 5. Grössere Übereinstimmung zeigt sich im 1. und 2. Absatz von nr. 19, und noch grössere zwischen dem zweiten und dritten, wo sie sich auf die letzten zwölf Noten erstreckt. Aber auch mehr als zwei Versikel werden dadurch verbunden: so ist die Schlussnote gleich im 1. 2. und 3. Absatz von nr. 18; und fünf Versikel werden auf diese Weise verbunden in nr. 19. Diese Sequenz, die längste unter den angeführten, nähert sich in der Bildung ihrer Absätze bereits dem Doppelsystem, indem grössere Reihen von Noten in je zwei auf einander folgenden Versikeln harmonieren.

So sind nun auch mehrere Sequenzen zu betrachten, deren Musik nicht zu Gebote stand. *Inviolata intacta* (Mone 2, 435) besteht aus vier Absätzen, die keine rhythmische Harmonie haben, daher auch eine Wiederholung der Melodien nicht wahrscheinlich. *Qui regis sceptra* (Daniel 5, 174) hat sechs, *Placatus quaesimus* (Daniel 5, 205) sieben Absätze: in beiden schliesst jeder Versikel mit einer *a*-Assonanz, die zweite fügt am Schlusse noch *Alleluia* hinzu. Eine ganz kurze Sequenz aus zwei unverhältnissmässig langen Absätzen steht bei Morel nr. 107; da sie jedoch der S. Galler Handschrift 546 entnommen ist, so ist die Abtheilung der Versikel durchaus unsicher (vgl. S. 21).

Warum derartige Sequenzen insgemein kürzer sind als die andern, ist leicht begreiflich. Bei dem Wechselgesange ruhten die Chöre einer um den andern; wenn die Sänger fortwährend beschäftigt waren, mussten sie leichter ermüden; denn es ist zu bedenken, dass die Sequenz ja nur einen Theil des liturgischen Gesanges ausmachte.

Sequenzen, die aus einer grösseren Anzahl von Versikeln bestehen, zeigen daher durchgängig wiederholte Melodien. Mitunter scheint allerdings auch bei längeren Sequenzen kein regelmässiger Bau stattzufinden: so in *Grates deo et honor sint per saecula* (Mone 3, 172, Daniel 5, 83, vgl. 5, 380). Die Angaben der Hss. in Bezug auf die Absätze weichen ab und vermindern dadurch die Sicherheit der Erkenntniss. Die Verse 1—6 scheinen den Eingang zu bilden oder den ersten Doppelsatz; den zweiten bilden dann 7 . 8 = 9 . 10; den dritten 11 . 12 = 13 . 14, wobei, wie nicht selten, Unterschied einer Silbe; den vierten 15—17 = 18—20, auch diese sind nicht ganz gleich; den fünften 21—23 = 24—26; den sechsten 28—32 = 33—36, wobei anzunehmen, dass die dem ersten Stollen vorausgehenden Worte als Überschuss über den zweiten zu betrachten, wovon nachher Beispiele gegeben werden sollen. In einander geschoben scheinen die beiden folgenden Doppelverse:

37 . 38 = 45 . 46; 39—41 = 47 . 48.

Mehr als einmalige Repetition ist, wenn man die Gleichheit des Rhythmus erwägt, nicht unwahrscheinlich bei 15—17 = 21--23 24—26, 42—44; doch haben wir bereits gesehen, dass Gleichheit des Rhythmus nicht gleiche Melodie bedingt (S. 22). Auch *Gaude coelestis sponsa* (Daniel 2, 175) sieht ungepaart aus: doch sind 3.4 einander gleich und sonach wohl 1.2 entweder als zwei Eingänge oder als das erste Paar aufzufassen, dessen vordere Hälfte, wie nicht selten, vorn einen Überschuss hat, also

    Gaude coelestis sponsa summi regis
        jam templum ingressa,
        Ad regale quoque
        convivium ducta.

Der dritte und vierte Doppelvers besteht aus 5—7 und ist nach Anleitung der Reime so zu zerlegen:

    3 Huic sponso venienti virgines
       Omnes obviate, ferte lampades
    4 Jam ardentes,
       in vasis oleum simul deferentes
       Et regium
       festinanter adornate thalamium.

Auch hier ist also die Überlieferung der Abtheilung unrichtig.

Wohl zu unterscheiden von den Sequenzen ohne wiederholte Melodien sind die ganz unrhythmisch gebauten, wie sie zum Theil im 12. Jahrhundert begegnen: wir werden auf sie später zu sprechen kommen.

5. Wiederholung der Melodien.

In den Sequenzen, deren Melodien in zwei auf einander folgenden Absätzen wiederholt werden, ist die Zahl der Versikel eine sehr verschiedene: das mindeste was vorkommt, sind ausser dem Eingang und Schlusse drei Doppelversikel: so in der Sequenz *Salve crux sancta, arbor digna* (Schubiger nr. 55); und so steigt die Zahl aufwärts, immer bei vorausgehendem Eingang und nachfolgendem Schlusssatz. Vier Doppelverse: *Laudes deo perenni* (Mone 3, 169, wo die erste Melodie dreimal wiederholt wird) und *Laudibus nunc devotis* (Morel nr. 245), wiederum aus der S. Galler Handschrift 546 und in der Abtheilung zu berichtigen: V. 1 ist Eingang, der erste Doppelvers ist zu schreiben

       Qui corda peccatorum mundans
          sibi vasa efficit;
       Qui Saulum persequentem terrens
          luce stravit tenebras,

der zweite
        Ut castris suis tutorem
          cautum prospiceret.
        Hic judaicos furores
          sedat verbo dei,

der dritte
        Hostium propugnator,
          plebem Christi munit monitis,
        Et palmam de hoste
          certam asportare invido,

mit einer Silbe mehr in der vorderen Hälfte. Der vierte Doppelvers und der Schluss sind richtig abgetheilt.

Viel häufiger sind schon fünf Doppelversikel: so die Exempla bei Schubiger nr. 6, 12, 16, 21, 35, 37; die Sequenz bei Mone nr. 356, wo aber der Eingang nur V. 1, 2, der erste Stollen des Anfangsversikels V. 3—5, der zweite V. 6—8 umfasst; ferner Morel nr. 69 in dramatischer Form (vgl. S. 20); *Deus in tua virtute* Daniel 2, 28 (Pez, cap. 30, Hymni et sequentie g iiij); und die Sequenz *Trinitatem* von Adam de S. Victore (1, 252).

Die am häufigsten vorkommende Zahl sind sechs Doppelverse: so bei Schubiger nr. 2, 8, 31; in den nach der Melodie *Planctus sterilis* gehenden Sequenzen bei Mone 1, 81. 256, die bei Mone ganz verschieden eingetheilt sind und die Gleichheit der Melodie nicht ahnen lassen: beide Sequenzen enthält dieselbe Hs. des 11. Jahrhunderts, und wenn der Herausgeber die Absätze nach ihr gegeben, sind sie schon in der Überlieferung fehlerhaft. Die Doppelverse 2 und 3 in beiden sind so zu schreiben:

    2 Fit patris vox ad filium
      baptizatum
      Et spiritus in specie
      corporali
      hunc invisit ut columba.
    3 Mansurus super eum
      uncturus
      et praeconsortibus.
      Res ista natos dei
      baptismo   nos creari capacesque ipsius
      testatur spiritus.
    2 Qui perditos terrigenas
      recreasti
      Per unicum natum tuum,
      sancte pater,
      veram vitam dans ad mortem;

3 Natura qui te nostra
 vestire,
 Christus, dignatus es,
 Et eam pro peccatis
 humanis   patri tuo obtulisti acceptum
 in sacrificium.

In beiden Doppelversen sind die Stollen nicht gleich, der zweite hat einmal am Schlusse einen Zusatz von acht, das andere Mal in der Mitte von elf Silben. Ferner Mone 3, 205. Daniel 2, 172. 5, 175. 179. 209. Morel nr. 189, wiederum aus S. Gallen 546 und mit mangelhafter Bezeichnung der Abschnitte: es fehlen grosse Buchstaben am Anfang von Z. 2, 4, 8, 15, 25, V. 12 ist in zwei Zeilen zu zerlegen, es ist der andere Stollen zu V. 10, 11. Endlich ist noch als Spätling die Sequenz auf den h. Wenceslaus (Mone 3, 557) nach diesem Schema gebildet.

Sieben Doppelverse sind ebenfalls nicht selten: bei Schubiger nr. 10, wohl die älteste Mariensequenz, 25, 26, 46, bei Sch. allerdings nur sechs Doppelversikel ohne Schluss, das fehlende hat der Text Mone's 1, 148; so auch nr. 56, das berühmte *Ave praeclara* mit seinen zahlreichen Nachahmungen. Mone 3, 159, und nach gleicher Melodie 3, 312; Mone 3, 252, und ebenso Morel nr. 278.

Auch acht Doppelversikel kommen oft vor: bei Schubiger nr. 20, 27[1]), 30, 50, Mone 1, 181. 199 (= 3, 227). 2, 352. 3, 135. 390. Mone 1, 84 ist der Schlusssatz nicht bezeichnet: er umfasst die letzte Zeile (45); der Eingang besteht aus zwei rhythmisch gleichen Theilen, wenn sie auch musikalisch sich decken, hat die Sequenz neun Doppelversikel ohne Eingang. Mone 3, 102 ist die Eintheilung in Versikel und Halbversikel ungenügend bezeichnet; es bilden V. 1—4 den Eingang, V. 5—8 den ersten, V. 9—16 den zweiten, V. 17—20 den dritten, V. 21—24 den vierten, V. 25—28 den fünften, V. 29—40 den sechsten (wahrscheinlich aber zwei in einander geschobene), V. 41—46 den siebenten (achten) Doppelvers und V. 47—49 den Schlusssatz: demnach fehlen grosse Anfangsbuchstaben bei V. 7, 19, 23, 27, 44, wahrscheinlich auch bei 31 und 37.

Neun Doppelversikel mit Eingang und Schluss: Schubiger nr. 7,

---

[1]) Bei Wackernagel 1, 98 ist der letzte Absatz unrichtig abgetheilt: der Doppelversikel umfasst die Worte *Ecclesia* bis *implorans*.

wo der Schluss mit *nos tuorum* beginnen muss, aber keine Pause
bezeichnet ist[1]). 24, wo Neale's Besserungsvorschläge (Daniel 5,
15) zu verwerfen sind, weil sie die Musik nicht berücksichtigen.
36, wo ebenso Neale's Bemerkungen (5, 11) zurückzuweisen. Mone
1, 147. 3, 109. Daniel 5, 196.

Zehn Doppelversikel: Schubiger nr. 58. Lossius 228[b] (ich citiere nach der Wittenberger Ausgabe der Psalmodia von 1561).
Mone 3, 128. 167, wo die Versikeleintheilung folgendermassen zu
machen ist: Eingang 1.2, erster Doppelvers 3.4, zweiter 5—10,
dritter 11—14, vierter 15.16, fünfter 17—20, sechster 21.22, sie-
benter 23.24, achter 25.26, neunter 27—30, zehnter 31—34, und
Schlusssatz 35.36: demnach fehlen grosse Buchstaben bei 4, 16,
22, 24, 26; der zweite Doppelabsatz ist zu schreiben

    Ut catulus leonis
    ascenderat ad praedam
    alligans ad vitem
    asinam suam.
    Cum per virtutum scalam
    Sorech quaerens vineam
    se suamque Christo
    junxerat sponsam.

Endlich die zwischen 1391—1474 in Schweden entstandene Sequenz
bei Daniel 5, 327, in der aber Daniel's V. 6—8 in zwei Doppelverse, wie häufig in einander geschoben, aufzulösen sind:

    3 a Jam illic ascendit
       victrix tribus inclyta;
    4 a Jam jus apprehendit
       triumphans ecclesia;
       militat in terris filia.
    3 b Quam dulci amore
       vernans suscipitur
    4 b Quae tanto fervore
       ruinae restaurandae
       ad ventura concupiscitur.

Was über zehn Doppelverse hinausgeht, ist schon wegen des
grossen Umfanges eine Seltenheit: elf finden sich bei Schubiger nr.
23. 57; von zwölf ist mir kein Beispiel bekannt; dreizehn in einer
Sequenz des Hermannus Contractus bei Daniel 5, 66, wenn man die
Zeilen 24—27 als zwei verschobene Doppelversikel ansieht: da aber
22.23 = 25.26 sind und zudem jene beiden des Reimes auf *a*

---

[1]) Die Worte *Te flagitamus — nos* bilden den zweiten Stollen des letzten
Doppelverses.

entbehren, der die Schlüsse aller Versikel verbindet, so sind wohl die Verse 22—27 als ein Doppelversikel zu betrachten, der in zwei gleiche Stollen (22—24 = 25—27) zerfällt. Wahrscheinlich dreizehn hat die Sequenz bei Morel nr. 221, wieder aus Branders Handschrift: auch hier muss die Abtheilung öfters verändert werden, so ist V. 16 ein ganzer Doppelversikel und so zu schreiben

> Praecellit patriarchos
> nec non et prophetas,
> Angelis consimilis
> dignitate summa.

Statt eines Einganges findet man deren auch zwei, mit andern Worten: manchmal haben die beiden ersten Absätze jeder seine besondere Melodie (Wolf S. 292 [1]). So bei vier Doppelversikeln in der Sequenz Waltrams bei Mone 1, 322, wo vielleicht aber dem entsprechend zwei Schlusssätze anzunehmen, indem der eine unverhältnissmässig lang ist.

Bei fünf Doppelversen: Mone 3, 507 und in den andern nach der gleichen Melodie gehenden (Mone 1, 209. 3, 435), wo aber Mone's Eintheilung durchaus nicht harmoniert und conform gemacht werden muss. Ferner Daniel 5, 172 und Morel nr. 280, wo die neunte Zeile in zwei Stollen zu zerlegen ist und den vierten Doppelvers bildet:

> Ridens lubrica
> haec mundi gaudia,
> Gaudet laurea
> pro serto roseo.

Bei sechs Doppelversikeln: Schubiger nr. 32. Daniel 5, 176 (nr. 391) unterscheiden sich beide Eingänge nur um eine Silbe; der sechste Doppelvers besteht aus Z. 13 und dem ersten Theil von 14, wahrscheinlich ist *et* vor *lampas* zu streichen.

Bei sieben Doppelversen: in der Sequenz *Nato canunt omnia* (Wolf, Facsim. IV) sind die beiden Eingänge rhythmisch gleich, aber musikalisch verschieden. Daniel 5, 337 (nr. 682) ist nur eine Silbe Unterschied zwischen ihnen.

Wie zwei Eingänge, so haben manche Sequenzen auch zwei Schlusssätze: so nach vier Doppelversikeln bei Schubiger nr. 34, die Eintheilung bei Wackernagel 1, 103 (nr. 156) ist ganz fehlerhaft, er zerlegt den Eingang und ebenso die beiden Schlusssätze

---

[1] Das von ihm angeführte Beispiel ist jedoch anders zu betrachten.

jeden in zwei Stollen und verändert in seinem 5. Absatz gegen die Quellen die Stolleneintheilung: es ist ganz richtig überliefert
   4 ª Thoma Bartholomaee
    Johannes, Philippe,
    Simon Jacobique pariles
   4 ᵇ Andrea, Thadaee,
    dei bellatores inclyti.
das herausgerückte ist Überschuss des ersten Stollens. So noch Mone 2, 68 die Sequenz *Salve porta.*

Bei fünf Doppelversikeln: Daniel 5, 173; bei sieben: Schubiger nr. 43 und in den andern danach gehenden Sequenzen; und endlich bei neun: Morel nr. 243.

Beides, Eingang und Schlusssatz, findet sich verdoppelt in der Sequenz *Quem non praevalent* (Daniel 5, 180) bei der verhältnissmässig kleinen Anzahl von vier Doppelversikeln.

Einmal kommt es auch vor, dass eine Sequenz aus einem Eingang, neun Doppelversikeln und drei Schlusssätzen besteht (Schubiger nr. 9), wenn man das jeden Versikel beschliessende *Alleluja* als Theilungsgrund ansieht: dann ist der Schluss, der bei Schubiger aus zwei Theilen besteht, bei Wolf (Facsim. I) gar keine Theilung zeigt, zu zerlegen:
   Nunc omnes canite simul alleluja,
   Domino alleluja,
   Christo pneumatique alleluja.

Der Grund, warum hier drei Schlusssätze stehen, liegt in dem am Schlusse der Sequenz gesungenen Lobe der Dreieinigkeit. Die Nachbildungen dieser Sequenz weichen in den Schlüssen ab, weil der Grund von der Regel abzugehen in ihnen weggefallen ist.

Bei allen bisher angeführten war der vorausgehende Eingang und nachfolgende **Schluss Regel.** Es gibt jedoch nicht wenig Fälle, wo eines von beiden oder beides, Eingang und Schluss, fehlt.

Sequenzen ohne Schlusssatz, also mit einem Doppelversikel schliessend. Hierher gehört wohl die nach der Melodie *Obtulerunt* gedichtete Sequenz (Mone 1, 210), die nach einem Eingang zwei Doppelversikel enthält, wobei jedoch die Stollen des ersten sich nicht genau decken. Bei vier Doppelversen in der berühmten Ostersequenz Wipos (Schubiger nr. 60[1]), hier werden jedoch die Absätze 2 und 3 (*Dic nobis* bis *Galilea*) besser als einer aufgefasst

---

[1]) Nach Schubiger S. 93 war Wipo der erste, der die Sequenz mit einem Doppelversikel schloss.

in der Anordnung 2ᵃ 2ᵇ 2ᵃ 2ᵇ. Bei fünf Doppelversen in der Sequenz des Hermannus Contractus (Schubiger nr. 47), wo aber der Eingang nur bis *magne* geht und die Worte *Cruce* bis *gloriae* den ersten Stollen des ersten Doppelabsatzes bilden. So noch Schubiger nr. 48.

Bei sechs Doppelversikeln: Schubiger nr. 13. Mone 3, 238. Daniel 5, 174 (nr. 383). Bei zehn: Schubiger nr. 11, und bei elf Doppelversikeln: Mone 3, 384.

Sequenzen ohne Eingang, also mit einem Doppelversikel anhebend: ein häufigerer Fall. Bei drei Doppelversen: Mone 2, 200; bei vieren: Schubiger nr. 3; und ebenso Daniel 2, 185 (nr. 167), wo aber die Versikelabtheilung nicht überall richtig ist. Der 5. Absatz bei Daniel ist wahrscheinlich ein Doppelversikel und zu zerlegen:

   Mox tua spontanea gratia
   assumens humana
   Quae perdita fuerant omnia
   salvasti terrea,
    ferens mundo gaudia,

wo das eingerückte einen Überschuss des zweiten Stollen bezeichnet. Auch der sechste ist zu zerlegen:

   Tu animas et corpora
   nostra Christe expia,
   Ut possideas lucida
   nosmet habitacula.

Demnach sind also fünf Doppelversikel anzusetzen, wie bei Schubiger nr. 1. 28. Sechs bei Schubiger nr. 38. Lossius 236. Mone 3, 392, und wahrscheinlich auch in der Melodie Hypodiaconissa (Mone 3, 507 und den übrigen); vgl. oben S. 17.

Sieben: bei Daniel 5, 197, und ebenso acht: Mone 3, 207, wo aber zum Theil anders zu zerlegen ist: V. 8—11, und so auch V. 32—37, 38—41, 42—45 sind immer Doppelversikel und daher müssen bei V. 10, 35, 40, 43 grosse Buchstaben gesetzt werden, während sie bei V. 13, 14, 17, 18, 21, 22, 24, 25 zu entbehren sind. Neun Doppelversikel: Schubiger nr. 49. Daniel 5, 179. Elf: Daniel 5, 341, und ein paarmal dreizehn: Mone 3, 331 und Morel nr. 30, wo aber die Eintheilung der Versikel mehrfach zu ändern ist: V. 39, 40 bilden einen Doppelvers, dessen erster Stollen um zwei Silben länger ist: der Reim (*gloria : secula*) macht diese Trennung wahrscheinlich.

Auch das kommt vor, dass bei fehlendem Eingang die Sequenz

zwei Schlusssätze hat: bei fünf Doppelversikeln: Schubiger nr. 15, bei sieben: Mone 3, 63, und bei acht: Schubiger nr. 29. Wenn man jedoch in letzterer Ineinanderschiebung mehrere Versikel annimmt, sind es zehn.

Beides, Eingang und Schluss, fehlt. Ein vereinzelt stehender Fall ist es, dass die ganze Sequenz nur aus zwei Versikelpaaren besteht: Mone 3, 155, wo aber im ersten Paare Mone's Abtheilung der Verse falsch und ungleichmässig ist; am Schlusse des zweiten ist vielleicht *semper* zu streichen. Auch drei Doppelversikel ist etwas höchst seltenes: Mone 3, 357, wo jeder Stollen aus vier Zeilen besteht. Ebenso kommen vier nur einmal vor: in der Melodie *Dominus regnavit* Mone 1, 205, wenn hier überhaupt die Melodien wiederholt wurden. Die Handschriften weichen in der Bezeichnung der Absätze ab: wahrscheinlich ist zu ordnen

   1 ᵃ Is qui prius habitum mortalem induit
   1 ᵇ Pugnaturus immortale jam nunc
   1 ᵃ Resurgens et impassibile corpus sumpsit
   1 ᵇ Imperaturusque coelis terris
   2 Et mari, qui ad consessum
      patris ejus exaltatus
      Manu dextra inde cursum
      fluminibus dat et vocem,
   3 Et christianum orbem firmat semper
      et marinos fluctus compescit sic
      Ut stabile fundamen ecclesiae
      suae potenter componat,

wo die zweite Hälfte um zwei Silben kürzer ist.

Fünf Doppelversikel: Mone 1, 9; sechs sind häufiger: Schubiger nr. 5, wo aber die Abtheilung des Absatzes *Hic corpus* nicht ganz richtig ist: entweder muss nach *fragile* keine Pause, oder eine Pause nach *loquitur* im zweiten Stollen sein. Ferner Mone 3, 247. 3, 254, wo die beiden letzten Absätze in je zwei Hälften zu zerlegen sind. Daniel 5, 211 fehlt dem vierten Versikel der zweite Stollen, oder er steht ungepaart da (davon unten). Endlich Morel nr. 219 und 268.

Sieben Doppelverse: Daniel 5, 343 und Morel nr. 116, mit Hinzuziehung des in der Anmerkung mitgetheilten Textes.

Acht: Schubiger nr. 14. Daniel 5, 175 (nr. 389). Mehr als acht gehören auch hier zu den Seltenheiten: je einmal neun (Schubiger nr. 33), elf (Daniel 5, 319), und einmal sogar neunzehn (Daniel 5, 187, nr. 410) in einer schon in jüngere Formen übergehenden Sequenz.

6. Abweichungen der wiederholten Melodie.

Wenn im bisherigen von Wiederholung der Melodien die Rede war, so ist damit nicht ausgeschlossen, dass die Melodie der beiden Stollen eines Doppelversikels sich irgendwie unterscheide: nur die Übereinstimmung im Ganzen ist gemeint. Denn in der That kommen eine Menge kleiner Abweichungen von regelmässiger Wiederholung vor.

Eine sehr häufige nicht bedeutende Verschiedenheit der Stollen besteht darin, dass bei gleicher Silbenzahl und gleichem Rhythmus in einzelnen Noten eine Abweichung in der Tonhöhe stattfindet. Gewöhnlich ist es nur ein Unterschied um einen Ton. In der Sequenz *Sancti spiritus* (Schubiger nr. 23) schliessen die Stollen des sechsten Doppelverses:

6ª praecinuissent inclyta.
6ᵇ per totum mundum veherent;

ci- ist a, *to-* dagegen um einen Ton höher, h. Derselbe Fall im siebenten Doppelverse bei der neunten Note von hinten: *deus* und *tuum*, *de* ist a, *tu* aber h. Ebenso in *Sancti baptistae* (nr. 25) im zweiten Doppelverse, und im fünften (die drittletzte Silbe) wieder der Unterschied von a und h. Andere Belege sind: nr. 29 in den Absätzen *Per vos* und *Vices* die fünfte Silbe von hinten; nr. 30, 4 die viertletzte Note; nr. 37, 5 die achte Note von hinten; nr. 47, 3ᵇ ebenfalls eine Note; nr. 49, 1 die vierte Silbe von hinten; nr. 50, 3 die vorletzte Note; 50, 6 die neunte u. s. w.

Seltener ist schon eine Verschiedenheit um zwei Töne: in *Eja recolamus* (nr. 36) lautet der Anfang des dritten Doppelverses:

Gemit capta pestis antiqua . . .
Homo lapsus ovis abducta . . .

hier ist die drittletzte Silbe von *antiqua* ein h, die entsprechende von *abducta* ein d. In 46, 4 ist die sechste Note g, in dem zweiten Stollen aber h. So noch derselbe Unterschied in 48, 5. 56, 1. 56, 2. 56, 4.

Zuweilen erstreckt sich die Verschiedenheit auch auf mehrere Silben: in dem Exemplum nr. 6 lautet der Anfang der Stollen des ersten Doppelversikels:

Qui humilis . . .
Qui gratiam;

diese vier Silben haben in 1ª die musikalische Form g a a h, in

1ᵇ dagegen g g g h. Ähnlich 23, 9 *Tu divisum = Idolatras*, dort sind die Töne g h g f, hier g h a g.

Ein vereinzelter Fall ist es, dass eine ganze Notenreihe in dem einen Stollen um zwei Töne höher liegt als in dem andern: dies findet in 38, 5 statt, wo der erste Stollen mit h, der zweite mit g beginnt, und so bei übereinstimmender Melodie die ersten fünfzehn Noten von 5ᵃ jede um zwei Töne höher liegen.

Zuweilen verändern einzelne Noten ihre Stellung, wie auch in Bezug auf den Rhythmus, z. B. bei einem Dactylus, solche veränderte Stellung vorkommt. So 30, 8 wo der Schluss *debitam honorificentiam = semper mercantur solvere* im ersten Stollen mit f e f g, im zweiten mit f f e g beginnt. Es hängt die Verschiedenheit einzelner Noten manchmal mit der Verschiedenheit des Wortrhythmus oder Wortaccentes zusammen: so sind in dem siebenten Doppelversikel von *Coeli enarrant* (Schubiger nr. 57) die sieben letzten Noten zum Theil verschieden, nämlich die dritte, vierte und fünfte; dort g f g, hier f g a: sie sind auch rhythmisch verschieden: *praedicantium pacem = regnabit deus tuus*.

Vier Noten weichen ab in 49, 8 nach der achten Silbe; drei noch häufiger, so 57, 11; vgl. noch 46, 2. 47, 3. 5. 48, 4, in den letzten sechs Silben; auf ziemlich viele Noten erstreckt sich die Verschiedenheit in 10, 4, ohne dass jedoch der Grundcharakter der Melodie verändert würde. Auch hier ist die Verschiedenheit des Wortrhythmus theilweise Ursache der Abweichung.

In den angeführten Fällen ist die Silbenzahl beider Hälften eines Doppelsatzes keine verschiedene: auch dann nicht, wenn in der einen Hälfte eine Note einfach, in der andern eine Ligatur ist. Schubiger 20, 5 schliessen die Stollen *duxit secum = et amicis, se* ist eine Ligatur (cf), *mi* einfaches f. Derselbe Fall findet sich 23, 2ᵇ, 3ᵇ, 6ᵇ, 7ᵇ; und so stehen Ligaturen einfachen Noten gegenüber noch 36, 8. 49, 1. 3. 56, 2. 4. 57, 1. In 23, 10 findet sich in beiden Stollen eine Ligatur, aber an verschiedenen Stellen. In 25 ist bei sonst gleicher Schlusscadenz der Versikel die vorletzte Note eine Ligatur, nur in den Absätzen 4, 6 und 7 eine einfache Note. Dieser Fall wiederholt sich in 30 im Eingange, dessen vorletzte Note eine Ligatur statt der einfachen in den übrigen Absätzen ist.

Wo mehrere Noten in dem einen Stollen auf eine Silbe fallen, in dem andern nur eine auf jede Silbe, findet bereits eine Verschiedenheit des begleitenden Textes statt. Man könnte auch sagen, die Verschiedenheit des Textes werde auf diese Weise musikalisch ausgeglichen, wenn nicht eben die Musik bei den Sequenzen das ursprüngliche und zuerst vorhandene wäre. Z. B. Schubiger nr. 32 beginnt der erste Doppelversikel

1ª Archangeli, angeli . . .
1ᵇ Ordines noveni . . .

dort sieben, hier sechs Silben; es fallen aber auf die mittlere Silbe von *noveni* die beiden Noten, die auf die beiden ersten Silben von *angeli* fallen. Eine vollständig zutreffende Analogie hiefür finden wir in der deutschen Poesie, wo der klingende Ausgang metrisch und musikalisch dem stumpfen mit einer Hebung mehr gleichgerechnet wird: *veni* = *angeli*, wie *Uote* = *Sigebant*. In der Nachahmung jener Sequenz *Agone triumphali* ist die Verschiedenheit der Silbenzahl vermieden, indem in beiden Stollen die betreffenden Verse nur sechs Silben haben. In derselben Sequenz, wo der zweite und vierte Doppelversikel ganz gleich sind, sind diese beiden wiederum den letzten 14 Silben von 5 gleich, nur dass in 2 und 4 die beiden ersten Noten auf eine Silbe fallen, in 5 auf zwei Silben vertheilt sind.

49, 9 entsprechen sich musikalisch *clemens* und *spes*, indem auf *spes* die beiden Noten fallen, die in 9ª auf *clemens* vertheilt sind. Ebenso fallen 50, 8 zwei Noten auf die letzte Silbe von *docente*, wofür in 8ᵇ zwei Silben. 47, 3 derselbe Fall.

Die Verschiedenheit in der Silbenzahl wird ausgeglichen, wenn in dem Stollen, in welchem zwei Noten auf eine Silbe fallen, an anderer Stelle eine Note eingeschoben wird. So 29, 7, wo sich entsprechen:

Cui estis administrantia duo millia millium sacra.
Verbigena drachmamque decimam vestra duxit ad agalmata;

hier fallen auf *ad* zwei Noten, dafür wird das d, das in den beiden letzten Silben von *administrantia* verdoppelt erscheint, in -*cimam res*- verdreifacht: wenn hier trotzdem 7ª eine Silbe mehr hat, so hat dies seinen Grund in der Einschiebung einer Note an anderer Stelle. Ein Beispiel vollständiger Ausgleichung der Verschiedenheit bietet *Eja recolamus* (nr. 36), Vers. 6

6ª Mirabilis natura,
mirifice induta,
assumens quod non erat,
manens quod erat

> 6 ᵇ Induitur natura
> divinitas humana:
> quis audivit talia,
> die rogo, facta?

Hier fallen auf *die* die beiden Noten von *nuncns*, dafür ist die Note, welche auf die zweite Silbe von *rogo* fällt, eine eingeschobene, der in 6ᵃ nichts entspricht. 49, 3 beginnt

> Patris summi quam elegit . . .
> 3 ᵇ Celsus nunciat Gabriel . . .

Auf die erste Silbe von *summi* fallen zwei Noten (= *nunci-*), dafür ist die auf *quam* fallende Note eine eingeschobene. In dem folgenden Versikel:

> 4 ᵃ Ave Maria = 4 ᵇ Tu benedicta

fallen auf die mittlere Silbe von *Maria* die zwei Noten von *be-nedic-ta*, dafür ist das beginnende d von 4ᵇ (*Tu*) in 4ᵃ verdoppelt (*Ave*). Dasselbe Mittel finden wir in 57, 7 angewendet, wo auf die dritte Silbe von *dicentium* zwei Noten fallen, und zur Ausgleichung der Silbenzahl die letzte Note des Versikels verdreifacht, statt in 7ᵃ verdoppelt, wird. Auch bei übereinstimmenden Schlusscadenzen mehrerer Versikel finden wir diesen Unterschied von Ligatur und einzelnen Noten: so in 1, wo die Schlusscadenz von drei Noten sich in Versikel 1 und 4 auf drei Silben vertheilt, während in 2 die beiden ersten Noten auf eine Silbe kommen: *prece-mur* = *de-o*, oder *mi-cat*. Ein ähnlicher Fall ist nr. 58, wo die letzten siebzehn Noten der Absätze 3, 4 und 6, wenn man die Verdoppelung einer Note in 4 und 6 abrechnet, einander gleich sind: nur fallen mehrfach zwei Noten bald auf zwei, bald auf eine Silbe z. B. 3ᵇ und 4ᵃ:

> gra- ti- a   qui tuos   ornas co-   ronis   splendide.
> sa-   cris de- le pre- camur pie   nostrae crimina vitae.

Die Wiederholung einer Note in dem einen Stollen gegenüber einer einfachen in dem andern ist ein sehr häufiger Unterschied, von dem gelegentlich schon Beispiele angeführt wurden. Nicht selten wird die erste Note wiederholt. Schubiger 12, 4ᵃ beginnt

> Baculosque spiritales,
> 4 ᵇ Ut pascha Jesu mereantur,

der zweite Stollen hat also, nach deutscher Weise gesprochen, einen Auftakt, der dem ersten fehlt: daher ist das anfangende g in 4ᵇ verdoppelt zu gg. Genau derselbe Fall 20, 2:

> 2 ᵃ Hu- ic nomen extat . . .
> 2 ᵇ   Nam transilivit . . .

3*

auf *huic* fällt dd, auf *Nam* nur einfaches d. Ebenso noch 28, 2. 30, 4. 49, 4. 57, 5 (bei Schubiger ist der fünfte Doppelversikel unrichtig abgetheilt).

Ebenso wird auch die letzte Note des Versikels wiederholt: 49, 8 schliessen die Stollen

stellata = in secula,

die beiden g, die auf *cula* fallen, entsprechen dem einen auf die letzte Silbe von *stellata* fallenden. Ebenso entsprechen sich in 57, 8 die Versikelschlüsse:

saeculorum = in coelis.

Viel häufiger aber ist die Wiederholung im Innern der Versikel: 26, 2 entsprechen sich die Schlüsse:

2 a tibi claves dono de- dit
2 b te scit suum vasque elec- tum;

d. h. auf *elec-* fällt aa, auf *de-* bloss a. In der nach derselben Melodie gedichteten Sequenz *Hanc concordi* (Mone 3, 511) ist die Silbenzahl gleich, mithin fällt auch der Grund einer musikalischen Verschiedenheit weg. In der Sequenz des Hermannus Contractus (nr. 46) lautet der Schluss des ersten Doppelversikels

1 a eu- lo- gumene
1 b sta- yros in ara;

auf *yros* fällt ee, auf *lo* nur einfaches e. 46, 6 b findet ebenfalls eine Wiederholung statt, und so noch 47, 3 b. 47, 5 b. 48, 5 b (zweimal). 49, 3 b. 49, 5 b. 49, 6 a. 50, 4 a. 50, 8 b. 56, 4 b (zweimal). 57, 2 b. 57, 3 b. 57, 4 b. 58, 1 a. 58, 4 b. Lossius 236, 5 b. 6 b.

Mitunter wird in beiden Stollen je eine Note an verschiedener Stelle wiederholt, wodurch der entstandene Unterschied wieder ausgeglichen wird. So 27, 4:

4 a Qua glo- ria in coelis i- sta . . .
4 b Quae do- mi- no coeli praebu- it . . .

Die Silbenzahl der beiden Versstücke ist gleich (im weiteren Verlauf tritt grössere Verschiedenheit hervor): die beiden letzten Silben von *gloria* zeigen Verdoppelung des d, wofür in *praebuit* Verdoppelung des f. Der Grund dieser musikalischen Abweichung liegt hier wie öfter in der Verschiedenheit des Wortrhythmus. Die Sequenz bei Lossius 117 *Laudes Christo redempti* hat die Abweichung nicht, weil in ihr der Rhythmus beider Stollen an dieser Stelle gleich ist. Den Zusammenhang zwischen Rhythmus und Melodie erkennen wir schon hier und werden noch öfter Gelegenheit haben. Schubiger 46, 3 b wiederholt eine Note, dafür 3 a an anderer Stelle; nochmals wiederholt 3ᵇ, wofür 3ᵃ vorher eine Note eingeschoben hat, also eine doppelte Ausgleichung. 49, 4ᵇ derselbe Fall, aber später wiederholt 4ᵃ nochmals eine Note, und dafür hat 4ᵇ drei, nicht eine, eingeschobene Noten.

Mehr als einmalige Wiederholung findet sich mitunter, dann aber findet in beiden Stollen Wiederholung statt, aber in verschiedenem Grade: 29, 7 haben wir schon oben angeführt und die Ausgleichung erwähnt. 47, 3 schliessen die Stollen:

    3ᵃ ede a- grestibus,
    3ᵇ pedibus vora:

3ᵃ schliesst mit drei, 3ᵇ mit zwei g. Ebenso 49, 5 (*Fecundata*), wo in 5ᵃ eine Note dreimal, in 5ᵇ zweimal wiederholt wird; da gleich darauf in 5ᵇ eine Note wiederholt wird, so gleicht sich die Verschiedenheit aus. Auch 49, 6. 57, 4 kehrt diese Art von Wiederholung wieder.

Drei- und viermalige Wiederholung einer Note in 40, 7:

    7ᵃ Huic ipse veritatis hostis
    7ᵇ Testatur quod hic veritatis,

hier fallen auf die Silben *se verita-* vier c, auf *quod hic ve-* nur drei.

Der Unterschied beträgt zwei Silben bei zwei- und viermaliger Wiederholung: so nr. 16, 4:

    4ᵃ   Redempti . . .
    4ᵇ Rex regum Christe . . .

in 4ᵃ die Figur c c a, in 4ᵇ c c c c a.

Ebenso bei vier- und sechsmaliger Wiederholung derselben Note: 47, 5

    5ᵃ lampas vino lac   -te
    5ᵇ ul- timae per jusjuran- dum,

dort die Figur a h h h h g, hier a h h h h h g.

Auch Wiederholung von Notenfiguren kommt mehrfach vor. So einer aus zwei Noten bestehenden Figur: 13, 6

    Tu resurgens   imperitas . .
    Tu mortalem nostram et terream . .

hier beginnt 6ᵃ mit g f g f, 6ᵇ aber mit g f g f g f. Derselbe Fall, aber nicht am Anfang des Versikels 57, 11.

Figur aus drei Noten: 30, 1

    1ᵃ et coetibus   angelorum.
    1ᵇ obediens   arduae suasioni;

arduae wiederholt die drei vorhergehenden Noten (c a g), wofür in 1ᵃ nichts entsprechendes. Einmal am Anfang: 25, 5, doch ist hier die dritte in der Wiederholung um zwei Töne höher.

Figuren aus vier Noten bestehend werden gern am Anfang der Versikel wiederholt: so 20, 3

   3ᵃ   Saltum de coe- lo ..
   3ᵇ Postquam illud suo miti- gavit ..

hier beginnt 3ᵃ mit a g a c, 3ᵇ aber mit a g a c a g a c. Derselbe Fall 22, 1:

   1ᵃ   Terras deus ...
   1ᵇ officiis te angeli ...

und

   3ᵃ Tu hodie terrestribus ...
   3ᵇ   Te hominem ...

Die Wiederholung macht auch zwischen zwei sonst gleichen Doppelversikeln den ganzen Unterschied aus: 24, 1. 2.

Sie beruht auf der Einschiebung, nur dass das eingeschobene dem vorausgehenden identisch ist. Aber auch wo dies nicht der Fall, findet Einschiebung statt: am häufigsten einer Note, wie auch die Wiederholung einer Note am häufigsten vorkommt. So nr. 5:

   1ᵃ Na- tus ante saecula ...
   Per   quem fit machina ...

Die Melodie deckt sich mit Ausnahme des eingeschobenen f auf *tus:* Neale, epist. p. 12 will *fuit* für *fit* lesen, um den Rhythmus gleich zu machen, allein die Musik widerstreitet einer solchen Besserung. Auch Mones Schreibung *Cuius* (3, 310) in der nachgeahmten Sequenz ist daher hier (wie anderwärts) falsch. So wird eine Note noch eingeschoben 7, 9ᵃ. **12, 2.** 13, 4. 26, 6ᵇ (die andere nach dieser Melodie gehende Sequenz *Hanc concordi* hat den Unterschied der Silbenzahl nicht). **27**, 2ᵇ. **28**, 1ᵇ. **36**, 5ᵃ. **46**, 5ᵃ. **57**, 2ᵇ. **57**, 4ᵃ. **57**, 5ᵇ. Lossius 236, 6ᵇ.

Statt einer Note werden auch zwei oder drei eingeschoben: so 35, 5:

   5ᵃ Tute jam dulcibus ple- na de- liciis.
   5ᵇ Christo miserias sug-   gerito.

Der gleiche Fall 55, 2ᵇ. Drei Noten werden eingeschoben 28, 2:

   2ᵃ Salamonis   in ...
   2ᵇ apud deum correctum sed ...

Und ebenso 55, 4ᵇ.

Bei Sequenzen, deren Melodie nicht bekannt ist, muss man sich daher vor vorschnellem Bessern hüten. Finden sich Verschiedenheiten der Stollen um eine oder ein paar Silben, so ist nicht zu entscheiden, ob eine Wiederholung oder Einfügung von Noten in der Musik stattfindet. Ich will einige derartige Fälle zusammenstellen. In der Sequenz *Gaudete justi* (Mone 3, 312) ist V. 11 und 13, die sich entsprechen, ein Unterschied um eine Silbe; in der nach gleicher Melodie gehenden *Exultent filiae* (Mone 3, 159) sind beide Stollenzeilen wie 13 gebildet, der Unterschied also weggefallen: wir haben das schon mehrfach gefunden.

Mone 2, 48 lautet der zweite Doppelversikel
   Mediatrix mediatoris
   tu genitrix,
   In qua deo junctus est homo,
   deus homini;

in der letzten Stollenzeile also ein Unterschied um eine Silbe. Ebenso in 4 die letzte Zeile: *redemptus quia vivit homo = quem strangulat ventris tui fructus,* hier ist, wie der Rhythmus wahrscheinlich macht, die Silbe *empt* entweder mit einer Ligatur bedacht, oder in 4^b findet Wiederholung oder Einschiebung statt. Auch in der ersten Zeile von 5 hat der zweite Stollen eine Silbe mehr. So noch Mone nr. 719, 13 und 17, 20 und 22, 39 und 42, 43 und 45; nr. 725, 5 und 8, wo Mone *Cuius* schreibt, um auszugleichen, 18 und 22, 50 und 55; Daniel 5, 196 (nr. 419), 2 und 3, 4 und 5; Daniel 2, 172 (nr. 148), 12 und 13, wenn man nicht *vincta* für *vincula* schreiben will; Daniel 5, 175 (nr. 389), 5 und 6, 7 und 8, 13 und 14; Morel nr. 280, 5 und 6; Daniel 5, 341 (nr. 690) 1 und 2 u. s. w.

Eine Differenz von zwei Silben: Mone nr. 938, 23.24 und 27.28; nr. 818, 27 und 30, wo aber erst Mone gegen die Hss. diese Verschiedenheit veranlasst hat, 34 und 37; nr. 151, 19—22 und 23—25; nr. 764, 9 und 11; Daniel 2, 172 (nr. 148), 6 und 7; Morel nr. 243, 8 und 9 u. s. w.

Ein Unterschied von drei Silben findet sich Daniel 5, 209 (nr. 436), 4 und 5; von vier Silben Daniel 2, 28 (nr. 30), 7 und 8, wo Daniel daher *virtutibus* einklammert.

Bei der Wiederholung von Noten fanden wir, dass mitunter beide Stollen an verschiedener Stelle Noten wiederholen und dadurch die entstandene Ungleichheit beseitigen: dasselbe findet auch bei der Einschiebung statt. In der ersten von Notker gedichteten Sequenz (Schubiger nr. 14) entsprechen sich die Stollen des dritten Doppelversikels so:

Hic ergo genitus il- liba- tae   ma-   tris utero
Hic vixit solus ho-   mo abs- que nae- vo et sine dolo,

wo trotz der Ausgleichung noch ein Unterschied von einer Silbe zurückbleibt. Dagegen in 35 findet völlige Ausgleichung statt:

4ᵃ Haec sponsum ab aula coeli
   sese in- vi- sentem alacris.
4ᵇ Corde jucundo secuta
   est   ejus in-   gressa thalamum.

Die Verschiedenheit der rhythmischen Bewegung ist hier offenbar Ursache der musikalischen Verschiedenheit. In 57, 4ᵇ sind fünf Noten eingeschoben, wofür in 4ᵃ an anderer Stelle vier, so dass ein Unterschied von einer Note bleibt.

Beide Stollen harmonieren bis auf ein in der Mitte liegendes Stück, dessen Umfang in beiden verschieden ist. So in 20, 4:

4ᵃ Principis illi- [us disturbata]   imperio.
4ᵇ Maniplis pluri- [mis inde crutis mundum illustrans su-] o jubare.

Die eingeklammerten Stücke bezeichnen den Unterschied: sie ähneln sich jedoch musikalisch. Ein ähnlicher Fall in dem sechsten Doppelverse:

6ᵃ Denique saltum dederat hodie maximum nu-
          bes polosque cursu [praepe-]   ti transvolans.
6ᵇ Celebret ergo populus hunc diem credulus, cu- [jus morbida Idithun
   corpora in] semet ipso altis [sedibus coeli invexit de-] i filius;

nur dass hier in 6ᵇ ausserdem noch ein längeres Stück eingeschoben ist, welches aber musikalisch lediglich Wiederholung der vorausgehenden elf Noten (= *saltum* bis *nu-*) ist; es findet also ein nochmaliges Zurückgreifen in der Melodie statt. 27, 8 lautet der Schluss beider Stollen:

8ᵃ . . te cordibus te- [que car-]
      minibus celebrans.
8ᵇ . . devotionem   [precatu te supplici]
      implorans, Maria.

29, 3 lautet in beiden Hälften:

3ᵃ Novi- [es distincta pneumata sunt]
   agmina per te facta.
3ᵇ Sed cum [vis facis hace flammea per an-]
   gelicas officinas.

Unmittelbar vor dem Schluss zeigt sich dieser Unterschied 14, 8

8ᵃ Gratias nunc et in [saccu-]   la.
8ᵇ Omnipotenti re- [demptori cana-] mus;

und der gleiche Fall 21, 1. 37, 1 (die Melodien in beiden Sequenzen decken sich fast ganz). 48, 5.

Eine Verschiedenheit findet sich zuweilen in Bezug auf den Versausgang im Innern der Stollen, am Schluss der kleineren Abschnitte, in welche rhythmisch die Stollen sich zerlegen. Während im einen Stollen der Ausgang stumpf, ist er im andern klingend. So Mone nr. 752, 45.56 = 49.50

> Nam inter virgines adducta
> post eam quae mater est intacta =
> Te agnum sine macula
> jam sequitur stola candida,

und so auch in der andern nach derselben Melodie gehenden Sequenz, Mone nr. 938, 33.34 = 37.38. Derselbe Fall begegnet nr. 962, 19.20, verglichen mit 22.23, ferner nr. 864, 2 = 4, wo Mone, um auszugleichen, wieder *eius* lesen will. Am Schluss der Versikel Daniel 2, 28 (nr. 30), 11.12.

Etwas anderer Art ist der Wechsel zwischen stumpfem und klingendem Ausgange, wenn der stumpf ausgehende Vers eine Silbe mehr hat, also der Schluss, um es metrisch zu bezeichnen, $\_\cup\_$ gleich mit $\_\_$ gesetzt ist. Dies beruht auf der Bedeutung des klingenden Ausganges in der deutschen Poesie, in der er bis tief ins Mittelalter hinein und zum Theil noch heut zwei Hebungen vertritt (vgl. oben S. 34). Daher entsprechen sich die Stollen bei Daniel 5, 341 (nr. 690), 9. 10:

> Confessorum virginumque turba
> Nova dulci voce promunt cantica;

hier ist der Schluss *turba* = *cantica* d. h. auf *tur-* fallen die beiden Noten von *canti-*. Derselbe Fall 13.14, wo *con-viva* und *gloria* sich entsprechen; Daniel 5, 211 (nr. 440) entsprechen sich, aber nicht am Schlusse der Stollen:

> Tu fidelibus   horis omnibus
> Casto corde   sine sorde.

Neben der Einschiebung einzelner Noten (Silben), die dem einen Stollen fehlen, findet sich aber auch die von längeren Tonsätzen. So z. B. Schubiger 13, 4:

4ᵃ O Christe consan-
   guinee naturae nostrae nos fove,
4ᵇ Atque per divi- [nam potentiam tuere ab omni]
   incursu inimici et insidiis,

wo die eingeklammerten Worte das in 4ᵇ eingeschobene Stück bezeichnen.

Ebenso 14, 2:

2ᵃ Mi- sit huc natum suum in terras.
2ᵇ Ut [sua dextra jacentes coeno levaret polo] restitueretque patriae.

Ebenso 27, 5:

5ᵃ Quam splendida polo stella maris rutilat,
5ᵇ Quae omnium lumen as- [trorum et hominum atque spi-]
  rituum genuit.

28, 4:

4ᵃ Sed quid nos istos recense- mus heroas.
4ᵇ Cum tuus natus omnes prae- [cellat illos atque cunc-] tos per orbem,

wo das eingeschobene Tonstück das vorausgegangene wiederholt, daher man dies auch unter die Fälle von Wiederholung stellen kann.

So sind auch grössere Unterschiede in Sequenzen, deren Melodie nicht bekannt oder nicht veröffentlicht ist, zu betrachten, z. B. Daniel 5, 327 (nr. 658), 19 und 20:

Ecclesia nunc Succorum te exorat
te collaudat coeli curia.
Interventu patronorum o piissi- [ma precatio te]
supplici implorat, Maria.

Daniel 5, 174 (nr. 383), 10 und 11:

Qui pro salute
nostra prolem unicam
Pati in terram [misisti sine culpa]
sed ob nostra delicta;

wenn man aber schreibt *unicam in terram Pati misisti*, beschränkt sich der Unterschied auf eine Silbe. Vgl. noch Morel nr. 268, 12.13; Daniel 5, 341 (nr. 690), 21.22; 5, 180 (nr. 398), 9.10; 5, 319 (nr. 639), 17.18.

Die Verschiedenheit kann sich aber auch am Anfange oder am Schlusse der Melodie zeigen: es wird dem einen Stollen am Anfange oder Ende ein musikalischer Satz, mithin auch eine entsprechende Zahl von Silben, hinzugefügt, den der andere Stollen nicht hat.

Am Anfang: Schubiger 7, 2:

2ᵃ [Numine tu sancti spiritus reple-]
  ta gignis clausa filium,
2ᵇ Qui mundi regit machinam.

Schubiger 12, 2:

2ᵃ [Quarum frons in postis est modum ejus illita]
 sacrosancto cruore et tuta a clade canopica.
2ᵇ Quarum crudeles hostes in mari rubro sunt obruti;

wo die Worte *Quarum — illita* aber fast ganz nach der Melodie des ersten Doppelverses gehen. Ein anderes Beispiel ist 13, 3:

3ᵃ
 Et per fidem quos Abrahae
3ᵇ [Natos fecit et cognatos]
 propter deum per sanguinem;

hier sind die vier ersten Noten des Anfanges in 3ᵇ gleich den vier ersten des gemeinsamen Stückes, also auch eine Art Wiederholung. Derselbe Fall in dem übereinstimmenden Doppelversikel 5. Ferner 34, 4

4ᵃ [Thoma, Bartholomaee],
 Johannes, Philippe,
 Symon Jacobique pariles,
4ᵇ Andrea, Thadace,
 dei bellatores inclyti.

Am häufigsten kommt dies beim ersten Doppelverse vor; so 37, 1:

1ᵃ Qui hodie dant flosculi primitivi
1ᵇ Quos impius persecutor;

hier ist der Zusatz in 1ᵃ eine Wiederholung der ersten vier gemeinsamen Noten. Ebenso 37, 3.

Wenn in diesem Falle dem ersten Doppelversikel kein Eingang vorausgeht, so kann der Zusatz der ersten Hälfte als der sonst fehlende Eingang angesehen werden: so Schubiger 1, 1:

1ᵃ Laude dignum sanctum canat Othmarum
 Suevia mater.
1ᵇ Talis nati profectu
 gratulans semper.

Ebenso 3, 1:

1ᵃ [Carmen suo dilecto]
 ecclesia Christi canat, ob quam patrem matremque deserens
1ᵇ Deus nostra se vestit natura et synagogam respuit.

Ferner 15, 1:

1ᵃ Haec est sancta solemnitas solemnitatum.
1ᵇ Insignita triumpho Christi.

Ebenso 28, 1:

1ᵃ [Stirpe Maria regia] procreata regem generans Jesum,
1ᵇ Laude digna angelorum sanctorum.

Endlich 33, 1:
1ª [Sacerdotem Christi Mar-]
    tinum cuncta per orbem canat ecclesia pacis catholicae.
1ᵇ Atque illius nomen omnis haereticus fugiat pallidus.

Auf diese Art unterscheiden sich auch mehrere sonst gleiche Doppelversikel von einander: so 38, 6 von 38, 4, indem ersterer vorn drei Noten mehr hat. Die beiden Doppelverse 55, 1.2 sind, eine Note abgerechnet, einander gleich, doch hat 2 vorn fünf Noten mehr.

Von diesem Gesichtspunkte sind auch zu betrachten: Mone nr. 764, 12—15, wo zu schreiben:
3ª [Quam sordibus erutam fecerat munda]
    sibi offerre thymiamata
3ᵇ Carnis ac suae sacrificia;

Die Hs. hat ganz richtig die letzte Zeile als besonderen Absatz. Mone nr. 113, 4—9 ist zu schreiben:
2ª Quoniam benignus est
    dominus per cuncta saecula,
2ᵇ [Qui morte sua a morte nos salvans]
    a trucis diaboli
    servitute dira liberat;

da alle Absätze in *a* reimen, so deutet schon der Reim darauf hin, dass bei *saecula* ein Versikel schliesst.

Der Zusatz findet sich am Schlusse des Versikels: Schubiger 7, 3:
3ª In tuo partu ad turrim gregis
    canunt angeli,
    Quippe jacente suo rectore
    in praesepio [urbis Bethlemiticae.]

Der Zusatz schliesst sich hier aber genau an den Schluss des vorhergehenden Versikels an, von dem er sich nur in Folge des verschiedenen Rhythmus ein wenig unterscheidet. In derselben Sequenz 7, 5:
5ª Qui scit solus nostra crimina.
5ᵇ Cum patre sanctoque spiritu
    [rite circumcidere];

die drei letzten Noten des Zusatzes wiederholen aber die drei letzten des gemeinschaftlichen Theiles (*cidere* = *crimina, spiritu*). Derselbe Fall 25, 6:
6ª Et agni vellere
    quem tuo digito
6ᵇ Mundi monstraveras
    tollere crimina [nos velit inducere].

Der Zusatz ist musikalisch und rhythmisch gleich dem Schlusse von 4^b *studeas absolvere*. Vgl. noch 21, 5. 37, 5. Lossius 236, 6.

Wie der erste Doppelversikel am Anfang des ersten Stollen, hat der letzte am Schluss des zweiten Stollen einen Zusatz: Schubiger 11.

    11 ^{a} schliesst: patefecit Jesus,
    11 ^{b} spiritales chori tonanti.

Da die Sequenz keinen Schlusssatz hat, so müssen hier die drei Silben *tonanti* ihn ebenso vertreten wie dort den Eingang.

Schubiger 13, 2^b hat die ersten zehn Noten übereinstimmend mit 2^a, dann bleiben in 2^a noch vier, in 2^b noch dreizehn übrig: von diesen dreizehn wiederholen die neun letzten den ersten Doppelversikel, der überhaupt nur aus neun Silben besteht; mehr noch, die letzten zehn wiederholen die letzten zehn von 13, 4. Ein ähnlicher Fall 13, 6, wo die ersten dreizehn Noten (mit Ausnahme einer wiederholten Note in 6^b) gleich sind: dann bleiben in 6^a noch drei, in 6^b noch achtzehn: jene drei stimmen mit dem Schluss der andern Versikel.

Nach Analogie dieser Belege sind zu betrachten: Mone nr. 871, 40—44

    6 ^{a} Quem manus impia
       mersit in mare,
    6 ^{b} Obviabant ei
       angeli dei
       [parantes mansionem.]

Daniel 2, 185 (nr. 176), wo 5 so zu zerlegen ist:
    Mox tua spontanea gratia
    assumens humana
    Quae perdita fuerant omnia
    salvasti terrea
    [ferens mundo gaudia.]

Auch in einem Schlussversikel, wie Schubiger nr. 11, bei Mone nr. 6, 36; die Schlüsse des letzten Doppelverses lauten hier:

    5 ^{a} perduc nos ad thronos
       superos,
       ad vitae gaudia.
    5 ^{b} tu sanctus, tu summus
       dominus,
       tibi sit gloria
       [in excelsis.]

Schon der Reim *gaudia : gloria* führt jedoch darauf mit *gloria* zu schliessen und *in excelsis* als Zusatz zu betrachten.

Einschiebung und Hinzufügung am Anfang zugleich kommt nur Schubiger 14, 1 vor: hier hat 1ᵃ am Anfang einen Zusatz von vier Silben, 1ᵇ dagegen ein Stück von zwölf Noten eingeschoben, dessen letzte drei aber wiederum gleich den letzten drei des vorausgehenden gemeinsamen Stückes sind:

1ᵃ Laudes deo concinat orbis ubique totus
    qui gratis est . . . . liberatus.
1ᵇ   Per summi patris indulgentiam,
    qui miserans [quod genus humanum casu succubuit] veterano.

Bisher haben wir immer gepaarte Melodien gefunden: selten kommt es vor, dass zwischen die gepaarten eine nicht wiederholte eingeschoben wird: so Schubiger 3 zwischen den zweiten und dritten Doppelsatz ein einfacher:
                   Quem lapillo prosternens unico,
der aber rhythmisch vollständig und musikalisch fast ganz dem Schlusse des vorausgehenden Versikels gleicht. Ein solcher nicht wiederholter Absatz findet sich auch nr. 16 nach dem ersten Doppelverse (*Proprias — exhibere*). So kann man auch folgende Fälle betrachten: Mone 764, 6.7, ebenfalls nach dem ersten Doppelverse; da jedoch hier die rhythmische Abweichung von diesem sich auf eine Silbe beschränkt, so kann man auch annehmen, dass die Melodie des ersten Versikels (V. 2.3) dreimal statt zweimal gesungen wurde. Denn dass Verdreifachung neben Verdoppelung vorkam, lehrt eine Anweisung in dem Missale Sarisburiense (Daniel 5, 172, nr. 395), zu einem einzeln stehenden Versikel '*iste sequens versus ter dicatur*'. So ist auch wohl Morel nr. 268 eine dreimal wiederholte Melodie anzunehmen, indem V 3—5 rhythmisch einander ganz gleich sind. In der Sequenz bei Daniel 5, 234 stehen zwischen den verdoppelten mehrere einfache Versikel, die musikalisch wahrscheinlich mehrere der verdoppelten wiederholen. So ist V. 8 gleich der Hälfte der Doppelversikel 19.20 und 24.25, ebenso 9 = 14.15; dagegen stehen allein 10, 18, 23, 28, die aber unter sich gleich sind.

7. Übereinstimmung der verschiedenen Melodien.

Die Melodien der Doppelverse, ebenso wie die des Einganges und des Schlusssatzes, sind zwar von einander verschieden: in der Regel aber findet eine theilweise Übereinstimmung statt, und zwar zeigt sich dieselbe am Schlusse der Versikel, indem ein oder mehrere Schlusstöne durch die verschiedenen Versikel hindurchgehen. Auf alle Theile der Sequenz braucht die Übereinstimmung sich nicht auszudehnen: es gibt eine bedeutende Anzahl von Sequenzen, in denen kein gemeinsamer musikalischer Schluss für alle Theile sich findet. So bei Schubiger nr. 7, 9, 16, 34, 38. Lossius 236 u. s. w. In andern ist wenigstens die letzte Note aller Versikel, den Eingang und Schluss inbegriffen, durchgängig dieselbe: so schliessen bei Schubiger nr. 2 (Melodie Romana) alle Versikel mit g, nr. 3 alle mit d; vgl. noch nr. 10, 11, 13, 14, 23, 31, 35, 48.

Auf mehrere Silben erstreckt sich der allen Versikeln gemeinsame Schluss selten: auf die beiden letzten in der kurzen Sequenz nr. 55, und in Wipos Ostersequenz *Victimae paschali* (nr. 60), wo alle Versikel mit den Noten f d schliessen.

Auf vier Noten: Schubiger nr. 5, wo alle Versikel mit der Notenfigur a g a a enden. In nr. 8 alle mit Ausnahme des Schlusssatzes zeigen die Schlusscadenz g f g g, also um einen Ton tiefer gerückt als in 5.

Diese Schlussfigur von den vier Tönen g f g g ist eine sehr beliebte und findet sich, wenn auch nicht durch alle Versikel hindurchgehend, als die vorherrschende in verschiedenen Sequenzen; so in den Exempla bei Schubiger nr. 8, 10, 11, 13, 14, 23, 24, 27, 35; und auf die fünf letzten Noten ausgedehnt (a g f g g) in den Melodien *Symphonia* (nr. 10), *Frigdola* (nr. 11), *Occidentana* (nr. 23) und der nicht benannten (nr. 24). Auch auf sechs Noten erstreckt sich die Gemeinsamkeit der Schlusscadenz verschiedener Sequenzen bei dieser Figur: in der Form g a g f g g, in den Melodien *Symphonia* (nr. 10), *Duo tres* (nr. 13) und *Organa* (nr. 14).

In manchen Sequenzen theilen die übereinstimmenden Schlüsse der Versikel sich in zwei Gruppen: so in nr. 7, wo die Doppelversikel 1, 2 und der Stollen 3[a] unter sich in Bezug auf die letzte Note übereinstimmen, die übrigen ebenso unter sich. Derselbe Fall in 11, wo 5 und 6 mit gemeinsamem Schlusse sich von den andern sondern. Ebenso 12, wo die Schlussnote allen Versikeln mit Ausnahme des fünften Doppel- und des Schlussabsatzes, die unter sich harmonieren, gemeinsam ist. In 20 stehen 4 und 6 auf diese Weise den andern gegenüber; in 26 sind es 5 und 7; in 43 sind es 4 und 5; in 46 wieder 4 und 6; in 56 wieder 5 und 6; bei Lossius 228[b] aber 7 und 8, die unter einander die vier letzten

Noten gemein haben. In diesen Fällen ist die Vertheilung eine ungleiche: gleichmässiger in 27, wo der Eingang und die drei ersten Doppelversikel auf der einen, die fünf letzten und der Schluss auf der andern Seite stehen; in 29 stehen 6, 7ª, 7ᵈ, 8ª und 8ᶜ den andern gegenüber; in 36 ist es ähnlich wie in 27: der Eingang und die drei ersten Doppelverse bilden den einen, die sechs letzten und der Schlusssatz den andern Schluss; in 49 stehen 4, 5 und 6 den andern gegenüber; in 57 bilden der Eingang, die vier ersten und die drei letzten Doppelverse so wie der Schluss die eine Reihe, die Doppelverse 5—8 die zweite; in 58 harmonieren der Eingang und die fünf ersten Doppelverse in der Schlussnote, die fünf letzten aber und der Schlusssatz in ihren beiden letzten Noten.

Mitunter ist von der Gemeinsamkeit des Schlusstones oder der Schlusstöne nur ein oder ein paar Versikel ausgenommen, die aber unter sich nicht harmonieren, was bei den eben angeführten der Fall war.

Ausgenommen ist der erste Doppelvers, der allein steht in nr. 15. 28; der zweite in nr. 30; der dritte in nr. 33; der vierte in nr. 1. 47; der sechste in nr. 24. Der Eingang in nr. 50, und der Schlusssatz in nr. 32.

Ausgenommen sind der Eingang und der Schluss, so wie ein Versikel, in nr. 37, und ebenso Eingang, Schluss und ein Doppelvers in 21, wo aber der Doppelvers und der unmittelbar darauf folgende Schlusssatz die letzte Note gemeinsam haben, so dass nur der Eingang allein steht.

Die beiden letzten Noten aller Versikel sind übereinstimmend mit Ausnahme des fünften Doppelverses in nr. 25.

Viel häufiger als der durch alle Theile der Sequenz hindurchgehende gemeinsame musikalische Schluss ist die gleiche Schlusscadenz, die auf einzelne Theile sich erstreckt: sie kann zwei oder mehrere Versikel (Doppelversikel) mit einander verbinden. Wir ordnen die Beispiele von der geringeren zu der grösseren Übereinstimmung ansteigend.

Die Schlusscadenz zweier Doppelversikel ist gleich: dieselbe besteht aus den beiden letzten Noten. So in nr. 28: hier schliessen die Versikel 2ª, 2ᵇ, 3ª, 3ᵇ mit e e; ebenso 43, 2, 7 mit f g.

Sie besteht aus den letzten drei Noten: 2, 4 und 5 schliessen:

4ª . . suae dedit custodem,
4ᵇ . . curam suppeditares.

5ᵃ . . pro Christi es gavisus.
5ᵇ . . venenum forte vincis,

also auch der rhythmische Schluss ist gleich. Ebenso sind gleich die Schlusscadenzen in 9, 4 und 6; 47, 1ᵇ und 3ᵇ; 50, 4 und 8ᵇ; 58, 9 und 10; 60, 1 und 3.

Die letzten vier Noten: 9, 8 und 9, den Schluss aller Versikel bildet *Alleluja*, dessen drei letzte Silben (auf *tu* fallen zwei Noten) harmonieren. Ferner 16, 1 und 2:

1ᵃ   Cripta cordis rimantem.
1ᵇ   In commune precemur,
2ᵃ . . clemens atque tremende.
2ᵇ . . poenitenti quam plecti;

auch hier Gleichheit des Rhythmus in den Schlusscadenzen. Vgl. noch 20, 4 und 6ᵃ. 30, 4 und 5. 43, 1 und 3.

Die letzten fünf Noten: 6, 1 und 2:

1ᵃ . . abjecta mundi colligis.
1ᵇ . . vilissimaque porrigis.
2ᵃ . . ad bella nova militem.
2ᵇ . . a statu mentis molliant;

ebenfalls rhythmische Übereinstimmung. Vgl. noch 36, 2 und 3. 49, 2 und 3. 50, 5 und 6. 56, 2 und 4, jedoch in 2 zweimal Ligaturen. 57, 6 und 7ᵃ. 58, 7 und 8, in 8 jedoch eine Ligatur.

Die letzten sechs Noten: 15, 4 und 5:

4ᵃ . . . nostro redemptori.
4ᵇ . . . juge famulantur.
5ᵃ . . . pius intuere.
5ᵇ . . . ut mortem subires,

bei übereinstimmendem Versrhythmus. Dieselbe Schlussform in 14, 4 und 8ᵃ bei gleicher rhythmischer Bewegung, nur in 8ᵃ schliesst *nunc et in saecula*. Vgl. noch 49, 4 und 5.

Die letzten sieben Noten: 25, 4ᵇ und 6ᵇ:

4ᵇ . . in eis inveniat.
6ᵇ . . nos velit induere,

ebenfalls rhythmische Gleichheit. Vgl. noch 46, 2 und 3, wobei jedoch ein kleiner Unterschied stattfindet.

Die letzten acht Noten: 10, 3 und 6:

3ᵃ . . semine nato floridam.
3ᵇ . . pervia esse crederis,
6ᵃ . . que piae matris Máriaé.
6ᵇ . . sit nobis ejus genitrix,

bei gleichem Rhythmus (denn die Betonung *Máriaé* ist sehr gewöhnlich). Vgl. noch 31, 5 und 6. 38, 3 und 5. 42, 8 und 9. 50, 1 und 3ᵇ, doch in 3ᵇ eine Ligatur von zwei Noten.

Die letzten neun Noten: 2, 1 und 2:

    1ᵃ . . ejus amore carmalem.
    1ᵇ . . navi parentem liquisti.
    2ᵃ respu- isti messiam secutus.
    2ᵇ meru- isses fluenta potare.

wiederum rhythmische Gleichheit. In derselben Sequenz nochmals bei 4 und 6, ebenfalls bei gleichem Rhythmus. Vgl. noch 9, 1 und 2. 11, 1 und 3. 13, 1 und 4, auch 2ᵇ (der Versikel 1 hat überhaupt nur neun Silben: also ein ganzer Versikel ist dem Schluss eines andern gleich). 23, 2 und 3, auch 8, wo jedoch eine Note abweicht.

Die letzten zehn Noten: 25, 4 und 7:

    4ᵃ lubri- cum deus in eis inveniat.
    4ᵇ continu- a prece studens absolvere.
    7ᵃ me- reamur angelis associi.
    7ᵇ ves- te sequi per portam clarissimam,

auch hier ist der Rhythmus, wenn man die Accentfreiheiten der rhythmischen Verse in Anschlag bringt, derselbe. Vgl. noch 33, 2 und 6. 13, 2ᵇ und 4. Lossins 228ᵇ, 3 und 4. In 48, 1 und 2 hat 1 eine Note eingeschoben, im übrigen gleichen sich die Schlüsse völlig; vgl. auch 21, 2 und 3.

Die letzten elf Noten: 36, 4 und 5ᵃ, in 5ᵇ ist eine Note weniger:

    4ᵃ agmina angelorum coelestia.
    4ᵇ decima perdita et est inventa.
    5ᵃ beata qua redempta est natura.
    5ᵇ omnia, nascitur ex femina;

der Rhythmus ist in 4ᵇ und 5ᵃ gleich, aber auch in 4ᵃ, denn die Betonung cóelestia und ähnliche werden wir noch oft finden.

Die letzten zwölf Noten: 5, 1 und 2:

    1ᵃ filius invisibilis interminus.
    1ᵇ ac terrae maris et in his degentium.
    2ᵃ ho- rae labant et se iterum reciprocant.
    2ᵇ ar- ce poli voce consona semper canunt;

in den ersten drei bei gleichem Rhythmus, beim letzten weicht die Betonung am Schlusse ab. Vgl. noch 29, 2 und 3. 35, 2 und 5ᵃ, d. h. der ganze Versikel 5ᵃ, denn er zählt nur zwölf Silben.

Die letzten dreizehn Noten: 5, 3 und 4:

    3ᵃ lu- ce quod magorum oculos
        terruit scios.
    3ᵇ lu- men quos perstrinxit claritas
        militum dei.

    4ᵃ vi- ce concinentes angeli
       gloriam deo.
    4ᵇ for- mam assumsisti, refove
       supplices tuos,
mit vollständig harmonischem Rhythmus.

 Die letzten vierzehn Noten: 3, 1 und 2:

    1ᵃ Christi canat ob quam patrem
      matremque deserens
    1ᵇ se vestit natura et syn-
      agogam respuit.
    2ᵃ sa- cro latere sacramenta
      manarunt illius.
    2ᵇ ad- miniculo conservatur
      in salo sacculi;

auch hier im Wesentlichen übereinstimmender Rhythmus. Vgl. noch 20, 4ᵇ und 6ᵇ. 26, 2ᵃ und 3. 58, 3 und 5ᵇ.

 Die letzten fünfzehn Noten: 26, 4 und 6:

    4ᵃ philoso- phos te Paule Christus
      dat vincere sua voce.
    4ᵇ victori- as tu Paule Christo
      per populos acquisisti.
    6ᵃ discor- des sub jugum Christi
      peccatos jam coacturi.
    6ᵇ diver- se te Petre et Paule[1])
      addixerat poenae mortis;

also wiederum völlige Übereinstimmung des Rhythmus. Vgl. noch 27, 5 ᵇ und 8. 33, 3 und 5. 58, 1 und 3 (d. h. der ganze Versikel 1 hat nur fünfzehn Silben); wenn man einige kleine Unterschiede abrechnet, sind auch die letzten fünfzehn von 58, 4 gleich.

 Die letzten siebenzehn Noten: 8, 3 und 4:

    3ᵃ parvulo offerunt
      ut regi coeli
      quem sidus praedicat.
    3ᵇ principis lectulo
      transito Christi
      praesepe quaeritant.
    4ᵃ Bethlehem parvulos
      praecipit ense
      crudeli perdere.
    4ᵇ populis praedicans
      colligis sugens
      cum tantis miseris;

ebenfalls bei ganz gleichem Rhythmus.

---

[1]) 6ᵇ hat hier eine wiederholte Note.

Die letzten achtzehn Noten: 11, 2 und 4:

 2 a praecep- ti transgressorem,
     pulsum patria
     paradisi nudulum.
 2 b munda- tur ut peccator
     nostra qui solét
     relaxare crimina.
 4 a   quivit latere
     signis variis
     et doctrinis prodita.
 4 b lu- mine vestivit
     lepram luridam
     tactu fugat placido;

mit geringen Abweichungen volle Harmonie.

Endlich die letzten neunzehn Noten: 8, 5 und 6:

 5 a de- us consecrans nobis baptisma
     in absolutionem criminum.
 5 b omni- bus visitat semper ipsius
     contentus mansione pectoris.
 6 a   veteris obliti sermonis:
     poenitet me fecisse hominem.
 6 b   placitus in quó sum placatus,
     hodie te, mi fili. genui;

wo nur in den ersten Silben der Rhythmus ein wenig abweicht.

Diese Übereinstimmung zwischen Melodie und Versrhythmus, auf die wir schon hier aufmerksam machen, ist keine zufällige: sie lehrt uns auch in den Sequenzen schon der ältesten Zeit das rhythmische Element würdigen und sie von bloss silbenzählenden Texten ohne Rücksicht auf den Accent unterscheiden.

Wie zwischen zwei, so findet auch zwischen mehreren Doppelversikeln eine Übereinstimmung der Schlusscadenz in höherem oder geringerem Masse statt, allerdings verhältnissmässig seltener. Die Übereinstimmung erstreckt sich auf drei Doppelverse: und zwar in den letzten drei Noten: 14, 2.3 und 6. 21, 2.3 und 4. 29, 1—3. 46, 1—3. 57, 6.7 a und 8 b; auch 1, 1.2 und 5 kann man hierher zählen, wiewohl hier in 2 eine Ligatur stattfindet. In den letzten vier Noten: 36, 4 a.5 und 7. Fünf Noten: 20, 1—3. 49, 4—6, jedoch in 6 eine Ligatur. Sechs Noten: 49, 7—9, wo 8 b die letzte Note wiederholt; ebenso sechs in 5, 3—5. 33, 3.5 und 8, die auch im Übrigen sich sehr ähnlich sind. 50, 1.2.3 b, jedoch in 3 b eine Ligatur. 58, 1.3 und 4 erstreckt sich die Übereinstimmung sogar auf acht Noten, wenn man eine wiederholte Note in 1 abrechnet.

Sieben Noten: Lossius 236, 1—3. Acht Noten: Lossius 228, 1.5 und 10. Neun Noten: 25, 1—3. Zehn Noten: 30, 3.7 und 8. 58, 3.4 und 5^b. Elf Noten: 3, 1—3. Zwölf: 20, 5^b.7 und 8. Vierzehn: 27, 5^b.7 und 8^a. 32, 2.4 und 5, d. h. die letzten vierzehn Noten von 5 sind gleich den ganzen Versikeln 2 und 4, mit Ausnahme einer Ligatur: ich will dies Beispiel hersetzen.

2^a		Quos in dei laudibus firmavit charitas.
2^b		Nos fragiles homines firmate precibus.
4^a		Vos quos dei gratia vincere terrena
4^b		Et angelos socios fecit esse polo.
5^a	aposto-	li confessores martyres monachi virgines.
5^b	omnium-	que placentium populus supremo domino.

Der Rhythmus der entsprechenden Stücke ist in 2 und 5 gleich, er weicht ab in der letzten Zeile von 4, die den entgegengesetzten Rhythmus hat.

Die Übereinstimmung erstreckt sich auf vier Doppelversikel: bei den letzten drei Noten in 7, 3—6. 31, 3—6. 50, 3^a.5.6 und 7. Bei den letzten vier Noten: 26, 2.3.4 und 6, wo jedoch 2^b ausgenommen ist. Die letzten fünf Noten bilden die übereinstimmende Schlusscadenz: 31, 3—6, wo 4^a ausgenommen. Sechs Noten: 38, 3—6. Lossius 228, 1.3.4 und 5. Sieben: 9, 1.2.3 und 7. 13, 1.2^b.4 und 6^a; auch 48, 1.2.3 und 4^b, wo jedoch eine Note theilweise abweicht. Neun Noten: 32, 2—5; diese will ich als Beleg anführen:

2^a	laudibus	firmavit charitas.
2^b	homines	firmate precibus,
3^a ju-	vamine	vincentes fortiter.
3^b so-	lemniis	interesse sacris.
4^a	gratia	vincere terrena.
4^b	socios	fecit esse polo.
5^a	martyres	monachi virgines.
5^b	populus	supremo domino;

wir haben bei geringerer Zahl übereinstimmender Stollen diese Sequenz eben erwähnt: der Rhythmus der entsprechenden Theile ist derselbe mit Ausnahme der Schlüsse in 3^b und 4.

Auf fünf Doppelversikel erstreckt sich die Harmonie der Schlusscadenz, namentlich bei einer grösseren Zahl von Noten, sehr selten. Es kommt vor bei den letzten drei Noten: 37, 1^b. 2^b. 3. 4 und 5^a; ebenso 38, 2—6. Bei vier Noten: 58, 1—5. Lossius 236, 1—5. Bei fünf: 33, 2.3.5.6 und 8. Bei sechs Noten: 48, 1.2.3.4^b und 5^a. Lossius 236, 1.2.3.4 und 6; auch Schubiger 57, 1.2.3.4 und 9, wo jedoch bei 4 nicht völlige Übereinstimmung. Fast völlige Gleichheit der letzten sechs Noten auch 36, 4^a.5.7.8^a und 9. Darüber hinaus geht es kaum: doch vgl. 57, 1.2.3.4.10, wo 4 wenigstens sehr ähnlich ist, und die Übereinstimmung der übrigen sich auf die letzten zehn Noten erstreckt. Auf 12 Noten in 27, 4^b.5^b.6.7 und 8^a.

Die Schlusscadenz von sechs Doppelversikeln ist gleich und besteht aus den letzten drei Noten in 13, 1—6, d. h. den sämmtlichen mit Ausnahme von 2^a und dem Eingang. Aus den letzten vier Noten: 25, 1.2.3.4.6^b und 7, nur dass in mehreren eine Ligatur statt einer einfachen Note steht:

1^a ip-	sum sequamur;	1^b su-	os perducat.
2^a per-	cipiamus;	2^b na-	tivitatem.
3^a a-	dipiscamur;	3^b lae-	ti congaudent.
4^a	inveniat;	4^b	absolvere.
		6^b	inducre.
7^a	associi;	7^b	clarissimam.

Die rhythmisch harmonierenden (1—3) stimmen auch darin überein, dass sie auf der vorletzten Silbe eine Ligatur von zwei Noten (ei statt e der übrigen) haben.

Auf sieben Doppelverse ausgedehnt, ist die Schluscadenz bei den letzten drei Noten: Lossius 228, 1—6 und 9:

1^a cithara; 1^b sterilis; 2^a domini; 2^b vivendo; 3^a docendo; 3^b deserto; 4^a corrigit; 4^b restitit; 5^a dominus; 5^b carcere; 6^a omni- potentis; 6^b perdi- tionis; 9^a et morte; 9^b tur- pissima,

wo der rhythmische Tonfall der Schlüsse nicht harmoniert, indem er theils die Form —⌣— (überwiegend), theils die entgegengesetzte ⌣—⌣ hat.

Die Übereinstimmung, die wir zwischen je zwei Doppelversen, selten zwischen mehreren, auf ganz lange Notenreihen ausgedehnt finden, wird manchmal zur vollständigen Gleichheit, so dass dann ein und dieselbe Melodie nicht nur einmal wiederholt wird (in den gleichen Stollen eines Doppelversikels), sondern eine Wiederaufnahme derselben stattfindet. So bei Schubiger 7, 4 und 6:

> 4ª Te nomen Jesu edocuit
> coelestis nuntius.
> 4ᵇ Quod circumciso imponeres
> intacta filio.
> 6ª Ad tuas manus magi tria
> munera deferunt.
> 6ᵇ Quae vitam nostram et fidei
> figurant regulam;

auch rhythmisch sind, mit Ausnahme des Schlusses der ersten Zeile in 6ª, die beiden Doppelverse gleich gebaut. Derselbe Fall 24, 3 und 5:

> 3ª Proprietas in personis,
> unitas est et in essentia.
> 3ᵇ Majestas par et potestas
> decus honor aeque per omnia.
> 5ª Nunc omnis vox atque lingua
> fateatur hunc laude debita.
> 5ᵇ Quem laudat sol atque luna,
> dignitas adorat angelica.

Vgl. noch 26, 5 und 7. 30, 3 und 7. 32, 2 und 4. 13, 3 und 5.

Fast völlige Gleichheit zweier Doppelversikel in musikalischer Beziehung findet sich 24, 1 und 2:

> 1ª Pater filius
> sanctus spiritus
> tria sunt nomina,
> omnia eadem substantia (= 1ᵇ).
> 2ª Non tres tamen di sunt,
> deus verus unus est,
> sic pater dominus,
> filius spiritusque dominus (= 2ᵇ).

Die ausgerückten Worte in 2 sind Wiederholung von Noten. Ganz ähnlich 35, 3 und 4:

> 3ª Istaec contra [cunc-] tos
> mortis dimicavit impetus.
> 4ª Haec sponsum ab [aula coe-] li
> sese invisentem alacris;

wo nur das in Klammern eingeschlossene abweicht. Vgl. noch 38, 4 und 6. 50, 5 und 7. Auch 55, 1 und 2:

> 1ª Cujus robur pretiosum
> mundi ferret talentum.
> 2ª Quodque exortu mortis primis terrigenis
> paradyso propulsis.

2 hat einen Zusatz am Anfang, und ausserdem weicht die vierte Note ab.

Grosse Ähnlichkeit zeigt sich in den Melodien 33, 2.3 und 4; ebenso 47, 1 und 2, wo ganze Reihen von Tönen gleich sind. Die rhythmische Gleichheit bedingt keineswegs immer eine musikalische: so sind 43, 4 und 6 in der Zahl der Silben und auch im Rhythmus gleich, die Melodien aber verschieden. Sonach kann man, wo die Melodie nicht bekannt ist, aus gleichem rhythmischem Bau nicht auf gleiche Melodien schliessen. Namentlich haben wir gefunden, dass zwei unmittelbar auf einander folgende Doppelversikel in ihrer Melodie zwar sehr verwandt, aber nicht völlig gleich sind. In der Sequenz *Gaude Maria* (Wackernagel nr. 420) sind der zweite und dritte Absatz in Zahl und Rhythmus ganz gleich (in der Zahl der Silben auch der erste), es ist aber, weil sie unmittelbar auf einander folgen, nicht Gleichheit der Melodie für beide anzunehmen. In der schon ziemlich regelmässig gebauten und gereimten Sequenz bei Mone 3, 390 sind die beiden Doppelstrophen 17—22 und 23—28 einander gleich, in der Form der bekannten sechszeiligen Strophe. Ebenso sind gleich zwei auf einander folgende Doppelversikel bei Daniel 2, 28 (nr. 30), 3.4 und 5.6; bei Mone nr. 137, 7—12 und 13—18. In allen diesen Fällen ist völlige Gleichheit unwahrscheinlich. Wo aber die Versikel durch einen dazwischen stehenden getrennt sind, ist bei gleichem Rhythmus Gleichheit der Melodie nicht unwahrscheinlich, wenn auch nicht nothwendig. So entsprechen sich bei Mone nr. 252, die Abschnitte 6—9 und 28—31:

    1 a Quae vosmet   ex alvo
        spiritali genuit,
    1 b Qui partus   terrenos
        coeli heredes facit.
    4 a O sancti,   haec domus
        quorum artus continet,
    4 b Salvator   hoc nobis
        precibus nostris donet.

Derselbe Fall in der ganz jungen, aber nach altem Styl gebauten Sequenz nr. 1207, 9—12 und 19—22, wo Mones Abtheilung die Gleichheit nicht erkennen lässt:

    2 a Hic summus ecclesiae
       gentis Bohemiae
    2 b Martyrii fulgida
       donatur gratia.
    4 a Quem protinus carneis
       solutum vinculis

> 4 b Coronas victoriae
> decorans hodie;

und diesen Versikeln entsprechen genau die Schlusszeilen des fünften Doppelverses:

> 5 a quas primitus credulis
> parasti populis.
> 5 b hunc martyrem optime
> collocas domine,

so dass auch die Melodie dieser beiden Schlusszeilen der von 2 und 4 gleich war.

Seltener als am Schlusse der Versikel · findet sich theilweise Übereinstimmung der Melodie am Anfange derselben. So beginnen mit g die Doppelverse 3.4.6.7.9 und 11 in der Sequenz *Sancti spiritus* (Schubiger nr. 23); mit f in *Ave praeclara* (nr. 56) 2—7 und der Schlusssatz; mit g alle, mit Ausnahme des vierten und sechsten so wie des Schlusses, in nr. 31.

Auf die ersten zwei Noten erstreckt sich die Übereinstimmung des Anfangs 29, 3 und 4. 32, 2.4 und 6. 56, 3.4 und Schlusssatz; auf drei Noten: 23, 4 und 6. 56, 2 und 6, und ebenso 5 und 7; auf vier: 29, 3 a und 4 a; auf fünf: 37, 3 b und 5; 35, 5 und Schlusssatz; und auf sechs: 49, 6 und 8, oder auf acht, wenn man eine eingeschobene Note abrechnet. Die ersten fünf Noten eines Versikels sind gleich den letzten fünf, der gemeinsamen Schlusscadenz, in 23, 4.

Der Eingang und der Schluss der Sequenz wird, wie wir eben an einigen Beispielen sahen, in die Übereinstimmung mit den Doppelversikeln hineingezogen. Die Gleichheit der Schlusscadenz findet sich, was den Eingang betrifft, nicht selten zwischen ihm und dem ersten Doppelversikel. So bei den letzten beiden Noten in 31; bei sechs Noten in 36, wo jedoch im Eingang zwei Noten auf eine Silbe fallen, während 1 dafür zwei Silben hat:

> Eingang:
> . . laudi- bus   piis digna.
> 1 a . . o- ritur gratissima.
> 1 b . . cri- minis umbracula;

auf *bus* fallen zwei Noten (a g); auch im übrigen sind hier Eingang und erster Versikel musikalisch sich sehr ähnlich. Derselbe Umfang von sechs Noten in *Ave praeclare* (nr. 56):

> Eingang:
> . . divinitus orta.
> 1 a . . car- ne ducis in orbem.
> 1 b . . om- nes te diligentes,

auch bei rhythmischer Gleichheit. Bei acht Noten: 11.

Eingang:
.. vo- ce modulemur supplici.
1ª.. domi- no jubilemus méssiáe.
1ᵇ.. perdi- tos liberaret homines.

Bei den letzten neun Noten in 26; bei sechszehn Noten in 10; ebenso in 35, wo die letzten sechszehn Noten des Eingangs dem ganzen ersten Versikel gleich sind. Aber auch mit einem andern Versikel stimmt die Schlusscadenz des Eingangs überein: so in den letzten vier Noten mit dem zweiten (Schubiger nr. 60); in fünf Noten mit dem vierten (48), wo jedoch im Eingang eine Ligatur, mit dem sechsten (30); in neun Noten mit dem zweiten (27); in zehn mit dem dritten (7). Wie mehr als zwei Doppelversikel in den Schlusscadenzen harmonieren, so auch der Eingang mit mehr als einem Doppelverse. In den beiden letzten Noten stimmt der Eingang mit den ersten beiden Doppelversikeln in 2; und mit denselben in den letzten fünf Noten in 8:

Eingang:
.. christia- nitas celebret.
1ª.. vene- randa populis.
1ᵇ.. vocati- onem gentium.
2ª.. visa lucida.
2ᵇ.. signi gloriam.

In den letzten sechs in 11; in acht Noten: 27; in dreizehn: 10; und sogar in den letzten achtzehn Noten in 24:

Eingang:
.. tri- nitas deitas, scilicet unica
        coaequalis gloria.
1ª.. spi- ritus tria sunt nomina omnia
        eadem substantia.
1ᵇ.. ge- nitus in utroque sacer spiritus
        deitate socius.
2ª.. u- nus est sic pater dominus filius
        spiritusque dominus.
2ᵇ..essen- tia immensus dominus Sabaoth
        secla regnat per cuncta.

Doch auch mit zwei andern als den ersten beiden Doppelversikeln stimmt die Schlusscadenz des Eingangs. In den letzten drei Noten stimmen Eingang, 1. und 3. Versikel in 56; in den letzten sieben: Eingang, 2 und 5: in 8; in den letzten neun: Eingang, 1 und 6: in 23; ebenso mit drei Doppelversikeln: in den letzten sechs Noten 27, 1—3, also wiederum den ersten der Sequenz; in den letzten zwölf 24, 1.2 und 4; mit vier Doppelversikeln: in den letzten sechs Noten 10, 1—3 und 6, ebenso 24, 1—3 und 5; in den letzten acht 23, 1.4.7 und 11:

Eingang:
        ... Spiri- tus adsit nobis gratia.
1ᵃ   faciat habitaculum.
1ᵇ   viciis spiritalibus.
4ᵃ   flagitiorum spiritus.
4ᵇ   interioris hominis.
7ᵃ   de- ns coeli terrae marium.
7ᵇ   tu- um expandisti spiritus.
11ᵃ   tu amplectendo spiritus.
11ᵇ   cun- ctis inaudito saeculis,

mit voller rhythmischer Übereinstimmung. Mit fünf Doppelversikeln in den letzten fünf Noten: 10, 1—5; mit sechs in den letzten drei Noten 24, 1—5 und 7, und ebenso mit sieben, Lossius 228, 1—6 und 9. Endlich sogar mit neun Doppelversikeln in den letzten fünf Noten: 23, 1—4, 6—9 und 11.

Wie die Schlusscadenz des Eingangs mit dem ersten Doppelversikel, so harmoniert die des Schlusssatzes mit dem letzten in 24, auf die letzten zwölf Noten ausgedehnt:

9ᵃ salva libera, eripe et emunda.
9ᵇ tibi canimus, tibi laus et gloria.

Schluss:
      Per infinita saecula saeculorum:

also der ganze Schluss ist gleich den Schlussnoten des vorausgehenden Absatzes. Wahrscheinlich ist *saeculorum saecula* zu schreiben, da alle Halbstrophen in *a* reimen. Auf die letzten beiden Noten beschränkt in 16, und auf drei in 50, wo aber 8ᵇ Wiederholung einer Note hat. Statt des letzten Doppelversikels ist es der erste, mit dem der Schlusssatz in den drei letzten Noten übereinstimmt in 30.

Gleichheit der Schlusscadenz zwischen mehreren Versikeln und dem Schlusssatz findet sich nur selten: mit den beiden letzten Noten zweier Doppelversikel stimmt der Schluss 28, 2 und 5; und mit den letzten vier 2, 4 und 6. Der zweite Schlusssatz und ein Doppelversikel harmonieren in den letzten zwölf Noten (34, 2); mit zwei Doppelversikeln in den beiden letzten Noten (15, 4.5)

Zwischen Eingang und Schluss findet verhältnissmässig selten eine Übereinstimmung der Schlusscadenz statt: mit Ausschluss der übrigen Versikel gar nicht, mit Einschluss des ersten Doppelverses in 34, mit Einschluss dreier Doppelverse in 30 (1.4 und 5), in beiden Fällen beschränkt sich die Übereinstimmung auf die letzten beiden Noten.

Die beiden Eingänge stimmen in den letzten sieben Noten überein (32), und zugleich mit dem sechsten Doppelversikel in den letzten sechs Noten (32).

Was im übrigen das Verhältniss von Eingang und Schlusssatz zu einander und zu den andern Theilen der Sequenz betrifft, so ist zunächst zu bemerken, dass die Anfangsnote des Eingangs oft zugleich die Schlussnote der Sequenz ist: so beginnt und schliesst die Sequenz mit g (mixolydische Tonart) in 8, und bei derselben Tonart noch 10.11.13.19.24.26.29.31.43.48; bei dorischer Tonart mit d: 9.18.32.60; bei phrygischer mit e in 50.

Der Eingang unterscheidet sich musikalisch häufig von den übrigen Theilen der Sequenz durch Melismen: so fallen in nr. 6 bei Schubiger auf den aus fünf Silben bestehenden Eingang nicht weniger als vierzehn Noten, indem jede Silbe eine Ligatur oder ein Melisma hat: *Laus* trägt drei Noten, *bi* deren zwei, *ti-* und *Chris-* aber je vier, und nur die letzte Silbe *te* eine Note. In der Regel findet dies bei kurzen Eingängen statt: die Melismen suchen ihn zu verlängern. So fallen Ligaturen auf die zweite Silbe des Eingangs, von drei Noten in 19 und 30, von vier Noten in 25; bei langem Eingange hat die erste Silbe ein Melisma von fünf Noten in 37. In 14, bei langem ersten Versikel, fallen zwei Noten auf die erste Silbe, sechs auf die dritte: wahrscheinlich sind hier die Worte *Laudes deo* (vgl. in 6 *Laus tibi Christe*) als Eingang der Sequenz abzulösen, die sonst keinen Eingang haben würde. Derselbe Fall in 28, wo die ersten acht Silben als Eingang abzulösen sind, der mehrere Ligaturen hat: so fallen auf die erste Silbe drei, auf die zweite zwei, auf die sechste vier Noten.

Bei langem Eingange finden sich mehrere Melismen in 38, wo auf die erste Silbe vier Noten, auf die dritte zwei, auf die vierte aber sieben Noten fallen.

Seltener als den Eingang treffen wir den Schluss durch Melismen und Ligaturen ausgedehnt: die vorletzte Silbe trägt vier Noten in 49, wo die Sequenz mit *alleluja* schliesst, und ebenso vier Noten in 56. Die beiden letzten Silben des Schlusssatzes sind Ligaturen von je zwei Noten in 32. In den übrigen Theilen der Sequenz, den Doppelversikeln, trifft man Ligaturen von mehr als zwei Noten selten, zwei allerdings häufig. Eine Ausnahme macht die berühmte Sequenz *Ave praeclara* (nr. 56), in der die Ligaturen der Doppelversikel sich auf vier Noten ausdehnen.

In Bezug auf den Umfang ist durchschnittlich der Eingang wie der Schluss kürzer als die gedoppelten Versikel, d. h. als jeder Stollen eines Doppelversikels: in der Regel gehen beide über ein oder zwei Zeilen nicht hinaus. Ungewöhnlich lange Eingänge haben die Sequenzen bei Schubiger nr. 31. 34, in letzterer sind auch die beiden Schlusssätze sehr lang. Einen sehr langen Schluss hat *Ave praeclara* (nr. 56); auch bei Lossius 228 derselbe Fall. Ebenso in der Sequenz bei Mone 1, 322, wo der Schluss vielleicht in zwei Hälften zu zerlegen ist. Ein ziemlich langer Eingang bei sehr kurzen Doppelversikeln und kurzem Schluss findet sich in nr. 35 bei Schubiger. Wenn die Doppelverse grossen Umfang haben, ist ein langer Eingang nicht auffallend: so in nr. 37, 38, 46; derselbe Fall in 57, wo nur der Schluss durch Kürze sich unterscheidet.

Der Umfang der Doppelversikel ist ein sehr verschiedener, nicht nur in verschiedenen Sequenzen, sondern auch in ein und derselben Sequenz. So hat, um nur ein paar Beispiele anzuführen, in der Notkerischen Sequenz *Laus tibi Christe* (nr. 6) der fünfte Doppelabsatz nur zehn Silben in jedem Stollen, der vorausgehende (vierte) aber fünfunddreissig. In *Ave praeclara* unterscheiden sich der vierte und fünfte Doppelvers durch ihre Länge von den übrigen (nr. 56). Von sehr verschiedenem Umfange sind die Versikel in Gottschalks Sequenz *Coeli enarrant* (nr. 57). Sehr kurz sind alle Versikel in der Sequenz bei Mone 2, 352, die meisten bestehen nur aus zwei Zeilen. Auch bei Mone 3, 247 hat ein Stollen jedes Absatzes nur zwei Zeilen, der eine (5) sogar nur eine Zeile in jedem Stollen. Einzeilige Stollen, vereinzelt in Sequenzen vorkommend, finden sich manchmal: vgl. Wolf, über die Lais S. 292. In der Sequenz bei Mone 3, 167 kehren die einzeiligen Stollen ziemlich oft wieder, allerdings sind die Zeilen von verschiedener, zum Theil ziemlich beträchtlicher Länge.

Die Sequenzen des Hermannus Contractus, die auch von Seiten des Inhalts durch die Einmischung griechischer Worte und theologischer Gelehrsamkeit von denen anderer Dichter abstechen, sind in formeller Beziehung durch ihre umfangreichen rhythmisch schlecht gegliederten Versikel wie Eingänge und Schlüsse bemerkenswerth.

8. Veränderte Reihenfolge der Versikel.

In allen bisherigen Fällen war die stehende Anordnung die, dass die durch gleiche Melodie gebundenen Absätze unmittelbar auf einander folgten. Auch von dieser Anordnung gibt es Ausnahmen, indem zuweilen mehrere Doppelversikel in einander geschoben werden. Wir wollen ein Beispiel voranschicken: Schubiger 11, 2:

2ᵃ Carne gloriam
   deitatis occulens.
3ᵃ Pannis tegitur
   in praesepi miseraus
   praecepti transgressorem,
   pulsum patria,
   paradisi nudulum.
2ᵇ Joseph Mariae,
   Simeoni subditur.
3ᵇ Circumciditur
   et legali hostia
   mundatur ut peccator,
   nostra qui solet
   relaxare crimina.

Hier sind rhythmisch wie musikalisch die beiden letzten Zeilen von 3 gleich dem ganzen 2 und zugleich auch die beiden ersten Zeilen von 3 gleich den beiden letzten. Da hier der Schluss von 2 auch mit dem Schlusse anderer Versikel übereinstimmt, so ist aus diesem Grunde 2 als ein selbständiger Versikel zu betrachten, dessen Stollen durch den ersten Stollen des folgenden Doppelverses (3) von einander getrennt sind. Der Fall wiederholt sich in dieser Sequenz noch einmal:

5ᵃ Sed tamen inter
   haec abjecta corporis
6ᵃ Ejus deitas
   nequaquam nequivit latere,
   signis variis
   et doctrinis prodita.
5ᵇ Aquam nuptiis
   dat saporis vinci,
6ᵇ Caecos oculos
   claro lumine vestivit,
   lepram luridam
   tactu fugat placido,

nur dass hier die musikalische Übereinstimmung sich auf die letzte Zeile beschränkt.

Nochmals in derselben Sequenz:
a Favent igitur
resurgenti Christo cuncta gaudiis.
b Flores segetes
redivivo fructu vernant,
et volucres
gelu tristi terso dulce jubilant.
a Lucent clarius
sol et luna morte Christi turbida.
b Tellus herbida
resurgenti plaudit Christo,
quae tremula
ejus morte se casuram minitat.

Hier ist die erste Zeile von a gleich der ersten von b, und ebenso entsprechen sich musikalisch wie rhythmisch die Schlusszeilen, deren Ende wiederum in allen vier Stücken mit der fast durch alle Versikel hindurchgehenden Schlusscadenz stimmt. Letzteres ist nicht der Fall im siebenten Doppelverse dieser Sequenz, der sich so darstellt:

a Putres suscitat
mortuos membraque curat
debilia.
b Fluxus sanguinis
constrinxit et saturavit
quinque de panibus
quinque millia.
a Stagnum peragrat
fluctuans ceu siccum litus,
ventos sedat.
b Linguam reserat
constrictam, reclusit aures
privatas vocibus,
febres depulit.

Die Gleichheit zeigt sich hier nicht am Schluss, sondern am Anfange: a entspricht musikalisch den ersten siebzehn Noten von b, worauf in b noch acht Noten folgen. Da hier keine Gemeinsamkeit der Schlusscadenz zwischen diesem und den übrigen Doppelversikeln stattfindet, so thut man besser, den ganzen Abschnitt (*Putres—depulit*) als éinen Doppelversikel, nicht als zwei ineinander geschobene zu betrachten. Die Handschrift setzt bei *Fluxus* und *linguam* grosse Anfangsbuchstaben: damit ist aber in diesem und ähnlichen Fällen nichts anderes bezeichnet, als dass ein Theil der Melodie innerhalb desselben Stollens wiederholt wird.

In dem letzteren Falle besteht demnach jeder Stollen aus zwei Theilen, der ganze Doppelvers aus vieren: das gleiche finden wir 21, 1:

<blockquote>
a Christo Jesu,
  fili dei mediator
  naturae nostrae ac divinae,
b Terras, deus, visitasti
  aeternus, aethera
  novus homo transvolans.
a Officiis
  te angeli atque nubes
  stipant ad patrem reversurum.
b Sed quid mirum cum lactanti
  adhuc stella tibi
  serviret et angeli?
</blockquote>

Die Übereinstimmung zeigt sich hier auch am Anfang: abgerechnet die vier ersten Noten in a, die den vier nächsten gleich sind (also eine Wiederholung) entsprechen sich die ersten vierzehn Noten (Silben) der beiden Stollentheile; am Schluss harmoniert nur eine Note. Dass aber nur *transvolans* = *angeli* die Schlüsse der Stollen sind, nicht auch *divinae* = *reversurum*, zeigt die mit andern Versikeln übereinstimmende Schlusscadenz. Derselbe Fall 23, 11:

<blockquote>
a Tu qui omnium
  saeculorum sanctos
b Tui numinis
  docuisti instinctu
  amplectendo spiritus.
a Ipse hodie
  apostolos Christi
b Donans munere
  insolito et cunctis
  inaudito saeculis;
</blockquote>

es stimmt überein a mit den ersten elf Silben von b; die Schlusscadenz von b aber harmonirt mit der anderer Versikel und bezeichnet daher den eigentlichen Versikelschluss. Auch in 25 (*Tu qui* bis *absolvere*), in 29 (*Vos per* bis *thymiamata*), in 37 (*Qui hodie* bis *haerentibus*) und in 60 (*Dic nobis* bis *Galilea*) finden wir ganz analoge Anordnung; in der letzteren Sequenz kann man jedoch die bezeichneten Worte ebensogut wirklich in zwei verschiedene Doppelversikel zerlegen:

<blockquote>
2 a Dic nobis, Maria,
  quid vidisti in via?
</blockquote>

3 ᵃ Sepulchrum Christi viventis
et gloriam vidi resurgentis,
2 ᵇ Angelicos testes,
sudarium et vestes.
3 ᵇ Surrexit Christus, spes mea,
praecedet suos in Galilea;

eine Verwandtschaft zwischen den beiden Theilen desselben Stollen findet hier nämlich nicht statt, dagegen ist die Schlussnote aller vier Theile denen der übrigen Versikel gleich, so dass doch wohl auch *via* und *vestes* als Schlüsse von Versikeln zu betrachten sind.

Wirkliche Ineinanderschiebung zweier Doppelversikel wie in dem letzt erwähnten Beispiele findet sich noch in nr. 14, 5 und 6:

5 ᵃ Igitur omnes,
quibus princeps hujus saeculi,
6 ᵃ Quae sibi placita sunt, inflixit,
quosque perdidit:
5 ᵇ Huic haerete,
in quo suum nihil invenit,
6 ᵇ Nam ipsi adhaerentes nequaquam
potest perdere.

Die Schlusscadenz aller vier Stücke ist gleich und harmoniert mit der anderer Versikel. Ebenso 27, 4 und 5:

4 ᵃ Quae gloria in coelis
ista virgo colitur:
5 ᵃ Quae domino coeli
praebuit hospitium
sui sanctissimi corporis.
4 ᵇ Quam splendida polo
stella maris rutilat,
5 ᵇ Quae omnium lumen
astrorum et hominum
atque spirituum genuit.

Der Anfang der vier Theile (sieben Silben) und der Schluss (sechs Silben) ist gleich [1]); der Schluss harmoniert mit dem Schlusse anderer Versikel.

Eine seltene Folge der Theile ist die, dass zwei gleiche Theile von einem Paar eingeschlossen werden, also nicht die abwechselnde Folge a b a b, sondern a b b a: dies findet sich in den Exemplis bei Schubiger nur einmal, 26, 6 und 7:

6 ᵃ Germanos discordes
sub jugum Christi
pacatos jam coacturi.

---

[1]) Nur in 4 ᵃ Wiederholung einer Note (letzte Silbe von *gloria*).

7 ᵃ Ibi Neronis
　feritas principis
7 ᵇ Apostolorum
　preliis plurimis
6 ᵇ Victores diverse
　te, Petre et Paule¹),
　addixerat poenae mortis.

Die Schlusscadenz des einen Doppelversikels (6ᵃ und 6ᵇ) stimmt mit der der meisten übrigen überein; die des andern (7ᵃ und 7ᵇ) mit der des vorhergehenden (5ᵃ und 5ᵇ), dem dieser siebente rhythmisch und musikalisch vollständig gleich ist. Daher kann man die ungewöhnliche Folge beseitigen, wenn man 5—7 als einen sechstheiligen Doppelversikel nimmt²):

5 ᵃ Postremo　 =　 7 ᵃ Ibi
5 ᵇ Ad arcem　 =　 7 ᵇ Apostolorum
6 ᵃ Germanos　 =　 6 ᵇ Victores.

Solche sechsfache Theilung eines Absatzes oder auch Ineinanderschieben dreier Doppelversikel findet sich bei Schubiger nr. 29, wo die Worte *Per vos* bis *agalmata* folgendermassen zu ordnen sind:

ᵃ Per vos patris cuncta
　complentur mandata quae dat
ᵇ Ejusdem sophia
　compar quoque pneuma
　una permanens in usia,
ᶜ Cui estis administrantia
　duo millia millium sacra.
ᵃ Vices per bis quinas
　bis atque quingenta dena
ᵇ Centena millena
　assistunt in aula
　ad quam rex ovem centesimam
ᶜ Verbigena drachmamque decimam
　vestra duxit ad agalmata.

Kleine auch sonst häufig vorkommende Abweichungen ausgenommen, entsprechen sich hier die durch gleiche Buchstaben bezeichneten Theile. Dass diese ganze Reihe nur als ein langer Doppelversikel zu betrachten ist, dessen Stollen mit *sacra* und *agalmata* schliessen, lehrt auch hier die Betrachtung der Schlusscadenz. Im einzelnen haben die Theile viele Ähnlichkeit und es findet Wieder-

---

¹) Wiederholung einer Note, wo in 6ᵃ eine Note steht.
²) Wie Wolf S. 297 thut.

holung der Melodie statt; so stimmt in a und b die Melodie der ersten vierzehn Silben, d. h. ganz a mit den ersten vierzehn Silben von b, überein.

Nach Analogie dieser sind auch die folgenden Fälle zu betrachten, nur dass sich im einzelnen nicht entscheiden lässt, ob eine wirkliche Ineinanderschiebung mehrerer Doppelversikel Statt hat oder nicht. Mone nr. 816, 10—19:

^a Is nam sophiae mystica
ornavit mire dogmata,
^b Qua fulsit nitida
luculenter per ampla
orbis spatia;
^a Verbi nec non fructifera
sevit divini semina
^b Mentium per arva,
pellendo quoque cuncta
noctis nubila.

Derselbe Fall bei Mone nr. 871, 26—35 und in der ebenso gebauten Sequenz bei Morel nr. 278, 7—9, wo so abzutheilen ist:

^a Et inde missus
jussu patris pii
^b Alexandrine
verbo salutari
illustravit populos.
^a Ibique Christus
carceri inclusum
^b Evangelistam
visitando suum
salutavit dulciter.

Nach dem Rhythmus zu schliessen, war hier in allen vier Theilen eine Wiederholung der Melodie auf den ersten elf Silben.

Ferner bei Daniel 5, 327 (nr. 658), wo 6—8 so zu ordnen sind:

^a Jam illic ascendit
victrix tribus inclyta:
^b Jam jus apprehendit
triumphans ecclesia;
militat in terris filia.
^a Quam dulci amore
vernans suscipiatur
^b Quae tanto fervore
ruinae restaurandae
ad ventura concupiscitur;

nur bei dem zweiten *Jam* fehlt der grosse Anfangsbuchstabe. In Bezug auf **Wiederholung** der Melodie ist der Fall dem vorigen ganz entsprechend. Sodann bei Daniel 5, 337 (nr. 682) die Absätze 7—10, die sich rhythmisch ebenso wie die beiden eben erwähnten Beispiele verhalten: d. h. die beiden ersten Zeilen aller vier Theile werden wiederholt:

   a Aeterni regis
    adeptus es regna.
   b Jam gratularis
    in domo superna
    possidens sedes almas.
   a Te postulamus
    et poscimus una,
   b Adjuva tuo
    sancto suffragio
    fragilem vitam nostram.

Genau so wie in den beiden vorhin erwähnten Sequenzen (Mone nr. 871. Morel nr. 278), daher ich trotz des abweichenden Anfangs diese Sequenz als nach derselben Melodie wie jene beiden gehend betrachte. Wahrscheinlich ist auch so zu fassen Daniel 5, 174 (nr. 383), 6—9, wo jedoch 8 und 9 je eine Silbe mehr haben als die entsprechenden Theile 6 und 7. In der schwierigen Sequenz (Mone 3, 172) scheinen auch ein paar Versikel ineinandergeschoben: es entsprechen sich 37—38 = 45—46, und ebenso 39—41 = 47—48.

Dreifaches Ineinanderschieben kommt vor in der Sequenz bei Mone 3, 63 (nr. 667), v. 37—50:

   a Plaudat ergo tellus,
    plaudant coelorum agmina,
   b Et hae die sacra
    pangat praesens familia
   c Honorando sacrosancta
    apostolorum merita,
   a Hi sunt candelabra
    ante deum lucentia,
   b Hi praelati celsi
    summi regis in curia,
   c Hi sal terrae, hi lux mundi,
    hi clari coeli lumina.

Eine Wiederholung der Melodie hat hier vermuthlich in den Schlusszeilen aller sechs Theile stattgefunden, die rhythmisch gleich sind; und da diese Schlusszeilen mit denen anderer Versikel harmoniren, so hat vielleicht eine Schlusscadenz alle diese gleichgebauten Zeilen verbunden.

Auch bei Daniel 5, 66 (nr. 79) finden wir in 22—27 den Fall eines sechstheiligen Absatzes:

> ᵃ Sanguine proprio
> quem redemisti, deus,
> ᵇ Illum et revehis
> unde prius corruit
> ᶜ Paradisi gaudia:
> ᵃ Iudex cum veneris
> judicare saecula
> ᵇ Da nobis, petimus,
> sempiterna gaudia
> ᶜ In sanctorum patria.

Die seltene und auffallende Stellung der ineinandergeschobenen Stücke, deren wir oben erwähnten, findet sich auch Mone nr. 962, 29—38:

> ᵃ Septeno instructus
> flamine condidit
> septena coenobia.
> ᵇ Angelus hunc petit ut naufragus,
> ᵇ Agapem quaerit, tribus vicibus
> ᵃ Accepit et redit,
> discum argenteum
> demum laetus percipit.

Wenn man hierzu jedoch noch den Abschnitt 25—28 zieht, der bis auf je eine Silbe den mit b bezeichneten Stollen entspricht:

> Mundum contempsit et abjecit,
> Pompas et opes Christo dedit,

so erhalten wir wahrscheinlicher eine sechstheilige Strophe in der Reihenfolge a b c, a b c.

9. Rhythmus der Versikel.

Wie die Melodie der entsprechenden Stollen in den meisten Sequenzen die gleiche ist, so müssen nach dem schon von Notker befolgten Gesetze auch die begleitenden Texte Silbe für Silbe harmoniren. Und zwar nicht nur die Zahl der Silben, sondern auch die rhythmische Bewegung der Texte. Betonten Silben in dem einen Stollen müssen an denselben Stellen des anderen ebenfalls betonte entsprechen: dabei wird das in der römischen Poesie waltende Gesetz der Elision nicht berücksichtigt[1]).

Wenn man die Sequenzen auch *prosae* nannte, so ist damit nicht gemeint, dass sie des rhythmischen Elementes entbehren, sondern es soll nur der Gegensatz zu metrisch gebauten Dichtungen nach antiker Weise dadurch bezeichnet werden. Einen gewissen

---

[1]) Lachmann im rheinischen Museum für Philologie 1829, S. 430.

Rhythmus hat nun freilich auch die gewöhnliche Prosa; aber diese *prosae* unterscheiden sich dadurch von gewöhnlicher Prosa, dass in den musikalisch gleich gebauten Gliedern auch der Rhythmus gleich ist.

In Notkers Sequenzen kann man die ersten Versuche von den späteren daran unterscheiden, dass in jenen wie die musikalische so auch die rhythmische Übereinstimmung der Stollen viel unvollkommener ist als in diesen. Nehmen wir als Beispiel die nach seinem eigenen Zeugniss älteste Sequenz *Laudes deo concinat*, Schubiger nr. 14.

1 [Laudes deo]
   concinat orbis ubique totus
   qui gratis est
         liberatus
   Per summi patris indulgentiam
   qui miserans
   [quod genus humanum
   casu succubuit] veterano,
2 Misit huc natum suum in terras
   Ut [sua dextra jacentes
   coeno levaret polo]
      restitueretque patriae.
3 Hic ergo genitus illibatae
   matris utero,
   Hic vixit solus homo absque naevo
   et sine dolo.
4 Coluber Adae male suasor
   Quam sua non infecit fraude,
5 Quin ipse carnis ejus esca
   petita avide
   Delusus hamo deitatis
   victus est in aevum.
6 ᵃ Igitur omnes
   quibus princeps hujus sacculi
7 ᵃ Quae sibi placita sunt inflixit
   quosque perdidit:
6 ᵇ Huic haerete
   in quo suum nihil invenit,
7 ᵇ Nam ipsi adhaerentes nequaquam
   potest perdere.
8 Gratias nunc et in [saecu]   -la
   Omnipotenti re-   [demptori cana] -mus.

Ich habe in Klammern geschlossen, was in den entsprechenden Stollen musikalisch abweicht: man sieht, dass auch in dem übereinstimmenden der Rhythmus nicht immer harmonisch ist.

Vergleichen wir damit die Sequenz *Psallat ecclesia* (nr. 31), welche, wie Notker angibt, nach den von Iso ihm gegebenen strengeren Regeln gebaut ist.

Eingang:

> Psallat ecclesia
> mater illibata
> et virgo sine ruga
> honorem hujus ecclesiae.
>
> 1 Haec domus aulae coelestis
> probatur particeps
> In laude regis coelorum
> et cerimoniis
>
> 2 Et lumine continuo
> aemulans civitatem
> sine tenebris,
> Et corpora in gremio
> confovens animarum
> quae in coelo vivunt[1]).
>
> 3 Quam dextra protegat dei
> Ad laudem ipsius[2]) diu.
>
> 4 Hic novam prolem
> gratia parturit
> fecunda spiritu sancto.
> Angeli cives
> visitant hic suos,
> et corpus sumitur Jesu.
>
> 5 Fugiunt universa
> corporis nocua,
> Pereunt peccatricis
> animae crimina.
>
> 6 Hic vox laetitiae persónet,
> Hic pax et gaudia redundant.

Schluss:

> Hac domo trinitatis
> laus et gloria
> semper resultat.

---

[1]) Diese Zeile hat eine Note mehr, daher auch der Rhythmus abweicht.
[2]) Die Betonung *ipsius* kommt häufig vor, ebenso wie *María* u. a.

Hier ist ebenso wie die Melodie der Stollen so auch der Rhythmus mit ein paar unbedeutenden Ausnahmen völlig gleich. Wir wollen noch ein Beispiel aus der Zeit nach Notker geben, in welchem ebenfalls der Rhythmus sehr genau beobachtet ist. Daniel 5, 175, nr. 388.

Eingang:

    Sonent regi nato nova cantica,

1 Cujus pater fecit omnia;
  mater est sine viro gravida:
  Generans nescivit feminam;
  mater est virgo sacratissima.

2 Verbum corde prius generatum
  ante secula¹)
  Alvo matris prodit corporatum
  in secula.

3 O mira genitura,
  o stupenda nativitas!
  O proles gloriosa,
  humanata divinitas!

4 Sic te nasciturum,
  fili dei, vates
  tuo docti spiritu dixerant:
  Sic te oriente
  laudes tibi cantant,
  pacem terris angeli nunciant;

5 Elementa vultus exhilarant;
  Omnes sancti laudantes jubilant,

6 Salve clamantes nosque salva
  Deitas in personis trina

Schluss:

    Simplex usia.

Da bei diesen freieren rhythmischen Formen viel auf das Gefühl ankam, so hängt von der grösseren oder geringeren Feinheit desselben die grössere oder geringere Vollendung der Rhythmik ab. Die Dichter nach Notker haben dies Gefühl keineswegs alle in gleichem Masse besessen; namentlich im elften Jahrhundert, das auch in der deutschen Poesie der Geistlichen eine Zeit formeller Verwilderung ist, findet oft überwiegend ein blosses Silbenzählen

---

¹) Um eine Silbe länger als die entsprechende Zeile, wahrscheinlich Einschiebung oder Wiederholung einer Note.

mit Nichtachtung der Betonung statt. Eine grössere Strenge macht sich wieder im zwölften Jahrhundert geltend, wo auch die freien Rhythmen regelmässiger und einfacher werden und der durchgreifende Reim die Stollen in gleichmässige Verse scheidet.

Bei den besten und sorgfältigsten Sequenzendichtern kommen aber gewisse Freiheiten im Rhythmus vor, die wir indess nicht in den Sequenzen allein treffen, sondern die der rhythmischen lateinischen Poesie des Mittelalters gemein sind. Die nach dem Accent gebauten lateinischen Verse mittelalterlicher Gedichte sind, dieser Grundsatz ist festzuhalten, nur theilweise vom Accente beherrscht, während theilweise das Princip der Silbenzählung waltet, das wir in demselben Masse in allen romanischen Poesien herrschend finden. Nur Versschluss und Cäsur stehen unter dem Gesetze des Accentes: im übrigen werden die Silben nur gezählt. Es kann natürlich der ganze Vers accentuierend gebaut sein: nothwendig ist es nur am Schlusse und in der Cäsur. Dieses Gesetz finden wir auch in den Sequenzen herrschend, wenngleich nicht zu leugnen ist, dass bei manchen Sequenzendichtern das Princip der Silbenzählung noch weiter um sich gegriffen hat.

Ehe wir zur Betrachtung der Ausnahmen vom Accentgesetz übergehen, ist jedoch das rhythmische Wesen der Sequenzen noch weiter zu zergliedern. Die oft bedeutende Länge der musikalischen Stücke, aus denen eine Sequenz besteht, macht dem Singenden wie dem Lesenden kleinere Ruhepunkte nothwendig, als die durch den Schluss eines Absatzes allein bezeichnet sind. Daher zerfallen die längeren Versikel rhythmisch in kleinere Theile: wenn man einen Versikel als Verseinheit betrachtet, so ist der Schluss des Versikels als Versende, die Ruhepunkte im Innern als Cäsuren anzusehen. Man hat viel darüber gestritten, welche Darstellung der Sequenzen in formeller Hinsicht die richtige sei. Daniel schreibt jeden Versikel ohne Absatz im Innern als ein Ganzes[1]), und ihm gibt darin Schubiger (S. 43) Recht. Andere, wie Gautier in seiner Ausgabe Adams von S. Victor (1, p. CXXXIX), trennen den Versikel in kleinere Theile durch dazwischen gesetzte Striche, schreiben im übrigen jedoch den Text wie Prosa:

---

[1]) Im fünften Bande ist er bei den aus Mone's Sammlung entnommenen dessen Princip gefolgt.

>Tu lene conjugis — pectus respuisti — Messiam secutus,
>Ut ejus pectoris — sacra meruisses — fluenta potare ¹).

Mone und Wackernagel dagegen theilen die Versikel in wirkliche Verse, indem sie die Zeilen absetzen, danach würde der eben angeführte Doppelversikel sich so gestalten:

>Tu lene conjugis
>pectus respuisti
>Messiam secutus,
>Ut ejus pectoris
>sacra meruisses
>fluenta potare.

Morel endlich folgt bald dem einen, bald dem andern Systeme. Ich habe mich, wie man aus den gegebenen Proben bereits ersehen hat, dem von Gautier (a. a. O. CXL) und von Schubiger (S. 42, Anm. 4) bekämpften Systeme Mone's angeschlossen, welches übrigens schon von Lachmann 1829 vertreten wurde.

Es ist nicht abzusehen, welcher Unterschied stattfindet, wenn man in dem Versikel trennende Striche macht, oder wenn man bei jedem Striche eine Zeile beginnen lässt. Durch beides soll eine Pause bezeichnet werden, und dass die Pause am Schlusse des Versikels eine grössere ist, wird durch die grossen Buchstaben, womit ein neuer Versikel (Stollen) anhebt, ebensogut angedeutet als durch jene Striche. So wenig es einen Unterschied macht, ob ich einen Nibelungenvers, wie man gewöhnlich thut, schreibe

>Ez hât mir an dem herzen   vil dicke wê getân,

oder, wie von den Herausgebern des 'Minnesangs Frühling' geschehen,

>Ez hât mir an dem herzen
>vil dicke wê getân,

so wenig ist auch zwischen der durch Striche bezeichneten Eintheilung eines Versikels und der durch Absetzen der Zeilen gemachten Theilung ein wirklicher Unterschied. Daniels und Mones System unterscheiden sich allerdings, indem jener gar keine kleineren Pausen annimmt, und das ist entschieden unrichtig.

Wesentlich ist, wenn man einen Versikel in kleinere Theile zerlegt, dass es richtig geschehe. Und darin hat Mone sehr häufig gefehlt: wenn er z. B. nr. 761, 5—10 schreibt

>Ut catulus leonis ascenderat ad praedam,
>alligans ad vitem asinam suam.

---

¹) Wie sehr Gautier im einzelnen irrt, lehrt die Vergleichung der von ihm p. CXLIII behandelten Sequenz *Sancti baptistae* mit Schubiger nr. 25.

> Cum per virtutum scalam
> Sorech quaerens vineam
> se suamque Christo
> junxerat sponsam,

so ist die Gleichheit beider Versikel nicht ersichtlich; er musste entweder beide zwei- oder beide vierzeilig machen.

Als Grundsatz ist aufzustellen:

1. Man muss in beiden Stollen gleichmässig abtheilen.

2. Die Abtheilung muss der Art sein, dass Wörter, die durch den Sinn zusammengehören, nicht auseinander gerissen werden, also die Präposition ist nicht von ihrem Casus zu trennen u. s. w.

Die Abtheilung eines Versikels in kleinere Abschnitte ist indess keine feststehende; eine Dreitheiligkeit, wie Wolf S. 31 sie in Anspruch nimmt, gilt keineswegs durchgängig. Die Musik bezeichnet keine festen Einschnitte, nichts in den Handschriften weist darauf hin. Ein fernerer Beweis ist, dass in manchen Sequenzen die Einschnitte der entsprechenden Stollen nicht auf dieselbe Stelle fallen: was namentlich dann erkennbar ist, wenn die Sequenz gereimt ist, denn der Reim kann nur vernehmlich werden, wenn er einen gewissen Ruhepunkt bildet. So bei Mone nr. 975, 22—27:

> Eja jam fratres
> placemus dominum
> odis devotis,
> Qui nos sedula
> prece martyrum
> coronet languidos.

Die Versabtheilung des ersten Stollens stimmt mit der Originalsequenz (Schubiger nr. 1) und mit Mone nr. 1076 überein: im zweiten ist sie in den letzten beiden Zeilen abweichend. In einer schon fast ganz gereimten Sequenz (Mone nr. 1120) ist der Absatz 14—22 nach Massgabe der Reime so getheilt:

> Cujus doctrina
> mundi oblectamenta
> quae possedit
> ut stercora respuit.
> Cumque duodenos
> peregisset jam aetatis annos,
> patris morte
> deponitur misere.

Die Silbenzahl am Anfang ist nicht gleich, indem der zweite Stollen vier Silben mehr hat, aber auch die Abtheilung nach den

Reimen ist verschieden. In der ebenfalls gereimten Sequenz bei Daniel 2, 185 (nr. 177) lautet 16.17:

   Tu animarum
   spes afflictarum
   dulcis Maria,
   Tu servulorum
   tuorum
   nexus solve Maria,

wo jedoch mit Wahrscheinlichkeit durch Umstellung *nexus tuorum* die Abweichung zu beseitigen ist. Indess in derselben Sequenz kommt der Fall noch zweimal vor: 8.9

   Tu praeservasti
   ne prima culpa transfusa sit in Maria,
   Tu cellam sacrasti
   sic benedicti ventris in Maria;

und 23.25

   Tu sublimibus
   angelorum coetibus
   es praelata Maria.
   Qui sine semine
   rigante nemine
   te foecundavit Maria.

Vgl. noch Mone nr. 962, 7—10; nr. 252, 14—27; Morel nr. 243, 10.11.

Andere Beweise werden wir aus der Art und Weise schöpfen, wie auf eine schon vorhandene Melodie und Sequenz andere Sequenzen gedichtet wurden.

Wir geben nun zur Betrachtung der Verschiedenheiten über, die sich bezüglich des Rhythmus in zwei sonst gleichen Stollen finden. Die meisten Abweichungen von dem Gesetze des Accentes finden sich am Anfange der kleinern Zeilen, in welche ein Versikel zerfällt. Es lassen sich dabei hauptsächlich folgende Fälle unterscheiden.

Ein zweisilbiges Wort, das den Accent auf der vorletzten Silbe hat, muss auf der letzten Silbe betont werden. Am meisten geschieht das, wenn bei trochäischem Anfang der Vers mit einem einsilbigen Worte beginnt, worauf ein zweisilbiges folgt. So in den entsprechenden Zeilen *Nunc suae perfectae* und *Debiles curando* (Schubiger nr. 1); ebenso *quo primi parentis culpam* = *luminis vetustas mundi* nr. 5; *Nec nox vacat novi sideris* = *Nec gregum magistris defuit* ebenda; *Moribus sinceris* = *Pro quibus se deo* nr. 12; ferner *Et tecúm tripudiat* Lachmann im rhein. Museum 1829, S. 434; *Quae siné virili* = *Filium qui suo* Schubiger 27; *Dúm tibi nos omnes* = *Sueviamque suavem* 30, und so an zahllosen Stellen.

Bei jambischem Anfang, wenn der Vers mit dem zweisilbigen Worte beginnt: Mone nr. 873, 5.8 *Offért nam dies annua* = *Laudanda cujus merita;* 11.13 *O qualis viri sancti innocentia* = *Mitis et humilis Jesú sequipeda,* hier in zwei Worten zugleich; und dies in zwei aufeinander folgenden Worten in der nächsten Zeile:

clarús herés fit Iherósolymipeta =
qui mundi sprevit laeta vel nocentia.

Auch in der Mitte des Verses:

Qui mundi principe devicto =
servili nos solvit a vinclo

Schubiger nr. 2 und öfter.

Dreisilbige Worte mit mittlerer Länge, deren Ton also auf die mittlere Silbe fällt, werden auf der ersten und dritten Silbe betont:

cónjunctúm sanctorum nr. 1;
dígnantér eorum —
facere dignéris nr. 5.
cántaté laetantes —
respondéte semper nr. 9.
véntorúm volatus —
imber et procellae, ebenda.
atque manu fortem
tyranni crudelis Daniel 2, 20.
sácratúm propositum —
capitis per vulnera Mone 883, 37.
ábstersít defuncto —
nocte ceu sub solis 841, 48,

und so in vielen andern Stellen.

Dreisilbige Worte, mit mittlerer Kürze, deren Ton auf die erste und dritte Silbe fällt, werden auf der mittleren betont: der umgekehrte Fall wie vorher. Namentlich am Anfange jambischer Verse tritt diese Art der Betonung ein: Mone 388, 29

Nuncíant ejus ortum sidera —
Sequuntur ducis reges lumina;

am allerhäufigsten beim sechssilbigen jambischen Verse, der aus zwei dreisilbigen Worten besteht und alsdann die Form — ⏑ ⏑ — ⏑ — statt ⏑ — ⏑ — ⏑ — hat. In diesem Falle ist jedoch mehr ein Schweben der Betonung anzunehmen als eine wirkliche Accentverschiebung: auch unsere nhd. Poesie duldet hier dieselbe Freiheit. Ich will noch einige Beispiele verschiedener Versarten hersetzen:

> et ritus adunasti domine —
> revócas, magistrorum optime Schubiger nr. 23.
> Hac die secretum caelorum —
> Jugíter in choro sanctorum Wack. 255, 3.
> caterva symphonia
> concío tibi nostra Schub. nr. 29.
> praedícat evangelium —
> vacabant idolatriae Mone 712, 10.

Nicht auf der ersten, sondern der zweiten Hebung des Verses: Schubiger nr. 32

> Quos in dei laudibus —
> nos fragíles homines;
> Vos quos dei gratia —
> et angélos socios, ebenda.
> Qua torcúlar calcat —
> Cujus antidotum Mone 137, 16.

Bei viersilbigen Worten mit vorletzter Kürze, deren Accent auf zweite und vierte Silbe fällt, wird erste und dritte betont; auch hier am häufigsten ist es der Anfang des Verses: *sine labe* Schubiger nr. 5 = *práelucida;*

> Generosi Abrahae —
> Sánctissima corpore nr. 10.
> Sólemnía celebrantes
> ut ad viam quam praedixit nr. 25.
> Ecclesía ergo cuncta
> Tibi suam manifestat nr. 27.
> cónficiens praeditus —
> et ad Christi gloriam nr. 33.
> Hórrificum tu es semper —
> Quam mors pavet infernusque nr. 55.

Aber auch in der Mitte des Verses:

> Hacc corpus suum domnit
> Et lúxuriam secuit nr. 35.
> ápostóli confessores martyres —
> omniumque placentium populus nr. 32.

Aus diesen Beispielen, die sich leicht verzehnfachen liessen, ergibt sich die Richtigkeit des oben ausgesprochenen Princips, dass für den Anfang und die Mitte des Verses (die Cäsur ausgenommen) nur das Gesetz der Silbenzählung gilt. So sind der Silbenzahl nach und am Schlusse auch in der Betonung gleich die Verse, die wir als siebensilbige jambische bezeichnen können:

dilectóribus vivus =
et ipso reseratur Schubiger nr. 11.
amice Jesu Christe =
repromisit qui tuam nr. 25.
sudarium et vestes =
quid vidisti in via nr. 60.
conversus est retrorsum —
rege Basan confuso nr. 50.
atque sustinet cuncta —
et quaerit sua lucra Daniel 5, 176, 11. 12.

Von diesen ist je einer immer regelrecht accentuierend gebaut, der andre mit Ausnahme des Schlusses nur silbenzählend.

Ebenso die achtsilbigen jambischen Verse:

Christi pugna fortissima =
Qui nos ad suam patriam nr. 36.
est jucundum cum cithara —
quo psallens natus sterilis Daniel 2, 41.
Persis ostendunt monita —
personavit purpurea Mone 667, 30.
votiva piis gaudia =
aegris praestant remedia 873, 6.

Desgleichen bei siebensilbigen trochäischen Versen:

in eis inveniat —
studeas absolvere Schubiger 25.
nos velit induere =
angelis associi =
per portam clarissimam ebenda.
sic praecepit dominus —
quem vinxit in carcere Daniel 2, 42.

Bei achtsilbigen trochäischen Versen:

tu es Christi mater bona —
tu regem Christum enixa Schubiger nr. 49.
Otmari patris agamus =
Cujus gratiam per ejus Mone 1113, 3.
monstrorum nugis servire =
caede fecit decimari 1075, 16.
Aulae lucidae repertor =
surrexit morte devicta Daniel 2, 197.

Desgleichen bei neunsilbigen (jambischen) Versen:

per quem dies et horae labant —
quem angeli in arce poli Schubiger 5.
Sed tu tamen matris virtutum —
Ad templum detulisti tecum 10.
et perfert fraudes temptatoris =
ac lavat discipulis pedes 11.

Bei zehnsilbigen (trochäischen): Daniel 2, 42, 10. 11:

> Non licet inquit te fratris tui —
> Vocem incantatis sapienter;

und bei noch längeren: Mone 3, 167:

> Requiescens quasi leo cum Juda accubuit —
> Dum pullum suum ad vineam ligare studuit.

Ungleich seltener kommen diese Verletzungen der Betonung am Schlusse der kleineren Verse vor, in welche die Versikel zerfallen: auch hier können wir dieselben Fälle unterscheiden.

Ein zweisilbiges Wort auf der letzten Silbe betont: fast immer ist dann die vorletzte Silbe metrisch kurz, der Schluss des Verses also nach antiker Weise gemessen.

> de carne Mariae virginis —
> quod sol verus radio suí Schubiger 5.
> pulsum patria —
> nostra qui solét 11.
> mirum in modum
> admirantibus 56.
> virginem vincere —
> vincere qui solet Mone 752, 39.
> crediderunt millia
> signis victus cum suis 701, 49.

Bei vorletzter Länge äusserst selten:

> cum Christo vivit in aethrá —
> deleto nostra crimina

Mone nr. 994, 18, wo jedoch die Hs. *aethera* hat.

Ein dreisilbiges Wort mit vorletzter Länge auf der ersten und dritten Silbe betont:

> Pannis tegitur —
> Joseph Máriaé Schubiger 11.
> Quém celebris angelis Máriá —
> Qui filii illius debitos 27.
> domine vírtutúm
> replesti gloria Mone 147, 19.
> digna cónfert praemia
> sunt Matthaeo cóllatá 667, 20.

Das umgekehrte, ein Wort mit mittlerer Kürze, aber auf dieser betont:

> et tonitruum sonítus —
> cauma gelu nix pruinae Schubiger 9.
> omnia ordínas —
> confitetur omnis Mone 147, 3.

Ein viersilbiges Wort auf der ersten und dritten statt auf der zweiten und vierten betont:

> conjunctum sanctorum =
> semper cónciliet Schubiger nr. 1.
> ipsum solem jústitíae =
> pulchra lunaris ut fulgor 56.
> prodigos facit amor =
> cernere díspendío Daniel 2, 20.
> principalis est potestas =
> idem tenes pérpetúi Wackernagel 129, 3.
> famulum se pútavérat =
> necis illius auctorem Mone 1157, 12.
> hic in Aedua rex erat =
> sponte sua comprenditur 1028, 19.
> lingua depraedato =
> saevam sententiam 1028, 30.
> hanc Christe docuisti =
> sed illi resisteret 752, 38.
> mitissimi sanctorum sanctissima =
> apostoli Andreae ammiranda 695, 5.

Was am Schlusse der kleineren Abschnitte eines Versikels, kommt am Schlusse des ganzen Versikels auch vor: begreiflicher Weise, da Cäsur und Versschluss demselben Gesetz unterliegen.

Also die Betonung zweisilbiger Worte auf der letzten Silbe: auch hier ist die vorletzte Silbe meist eine kurze: vgl. unter andern:

> Omnes insularum incolae =
> tuum spectatum diu jam tenént Schubiger 13.
> nostra nos fové =
> et insidiis, ebenda.
> millium sacrá =
> ad agalmata 29.
> pauper dominum sequens =
> praetulisti lubricis 30.
> habuisse manibus =
> ante conspectum dei Wackernagel 129, 4.
> spiritali genuit =
> coeli heredes facit Mone 252, 9.
> et pia pietatis viscera =
> ecclesia nunc dulcíter tuas Daniel 5, 196.

Doch verhältnissmässig nicht selten auch bei vorletzter Länge:

> genitor possit a nobís =
> cernere possunt oculi Schubiger 23.
> sancti spiritus donó =
> nactus et angelicam Mone 845, 12.

salus nostra est verá =
duxit post victoriam Schubiger 36.
sator ab nevó =
terra dominum Mone 147, 3.
via veritas vitá =
attraxisti martyres 855, 7.
tuis instanter laudibus =
tibi jungamur in coelís 855, 39.

Ein dreisilbiges auf der mittleren betontes Wort wird auf erster und dritter Silbe betont:

piae matris Máriać =
nobis ejus genitrix Schubiger 10.
aquas foecundas =
esse homines 23.
carminibus celebrans =
implorans Maria 27.
sacrosanctae Mariae =
adoptavit filius 35:

und ebenso werden betont *cónfractá* Mone 3, 231; *démandát* ebenda; *mensuram* Wackernagel 1, 158; *usuram* ebenda; *clamemus* ebenda; *Máriá* Mone 1, 206 u. s. w.

Viel seltener kommt der umgekehrte Fall vor, dass ein kretisch betontes Wort auf der mittleren Silbe accentuiert werden muss.

tibi laus et gloria =
eripe et emunda Schubiger 24, 9.

Man könnte an sich ebensogut *émundá* als *gloria* betonen, aber da auf die vorletzte Silbe eine Ligatur von zwei Noten fällt, so ist ein stärkeres Hervorheben derselben wahrscheinlicher.

sine tenébris =
in coelo vivunt 31, 2.
hic vox laetitiae persónet =
hic pax et gaudia redundant 31, 6.

Endlich viersilbige Worte, die statt ⏑ ⏌ ⏑ ⏌ betont werden ⏌ ⏑ ⏌ ⏑ :

omnis écclesía =
paradisi tuis 3, 3.
et se iterum recíprócant =
voce consona semper canunt 5, 1.
gradum sacraveras =
viri benedici 6, 3.
sed imago tua =
pri- vata officia 29, 4.
deus laudabile =
mittis mira lege 43, 1.

lucem symbolicam —
excelsior coelo Daniel 5, 286.
sancto Pirminio —
pronum misit pium Mone 1127, 4.
doctus infantulus —
sprevit nova petit 1136, 4.

Besonders ist hervorzuheben 1120, 12:

testem fidei pius
suscepit Uranius,

weil hier durch den Reim die unregelmässige Betonung erhärtet wird. Das Wort *Alleluja* wird bald auf der ersten und dritten, bald auf der zweiten und vierten betont: beide Arten zugleich bei Schubiger nr. 9, wie man aus den auf dieselbe Melodie gehenden Sequenzen sehen kann.

Da man, vom Schlusse ausgehend, den Rhythmus der accentuierenden Verse bestimmt, so kann man in manchen der erwähnten Fälle auch gänzlich verschiedenen Rhythmus zweier entsprechender Versglieder annehmen: bei derselben Silbenzahl ist der eine Vers trochäisch, der andere jambisch. Und so findet man in der That eine Menge Stellen, wo gewissermassen eine Umkehr des Rhythmus stattfindet. So beim fünfsilbigen Verse: der eine hat die Form $\smile \underline{\;} \smile \underline{\;} \smile$ der andere $\underline{\;} \smile \underline{\;} \smile \underline{\;}$, wo der eine eine Hebung, hat der andere eine Senkung.

et victor suis —
cor aperiens Schubiger 11,

wo allerdings, wenn man, wie erlaubt ist, *áperiens* betont, der Rhythmus gleich wird.

novi ordines —
a lupis gregem 21.
foedam adamas —
unguento unxit 58.
de peccatrice —
sapientia ebenda.

Desgleichen beim sechssilbigen Verse:

tua nos domine —
mereamur sequi Schubiger 1.
petita avide —
victus est in aevum 14.
ut tibi debitam —
laetabundi semper 30.
vincentes fortiter —
interesse sacris 32.

aetheris in arce —
straverat volnere 38.
patres et prophetae =
signavit Gabriel 56.
desiderabilem =
regna superare Daniel 2, 20,

und viele andere Stellen. Beim siebensilbigen Verse:
assumens quod non erat =
quis audivit talia Schubiger 36.
aurea virga primae =
oritur ut lucifer 49.
tersit suo vulnere =
synagoga pellatur Mone 154, 14.
coelicolarum ovans =
sat per saluberrima 816, 29.
piscator populorum =
rete cepit fidei Daniel 2, 28.

Beim achtsilbigen Verse:
jugiter manu bajulent =
de baratro victor redit Schubiger 11.
Christe Jesu fili dei =
officiis te angeli 21.
Devoti te sanctissime =
Apparensque Zachariae 25.
Hic oculis ac manibus =
Ejus ori nunquam Christus 33.
angelorum coelestia =
perdita et est inventa 36.
et cognatos propter deum =
increpare non metuit 43.
kathegorizant symbola =
sunt haec jam creata tua Morel nr. 116.

Beim neunsilbigen Verse:
O culpa nimium beata =
Deus qui creavit omnia Schubiger 36.
pastor pius quod perierat =
certat ut miles armatura 36.
promulgavit saluberrima =
reddita sanitate gaudent Mone nr. 1144.
eminus misso signo crucis =
opera absentum spiritu 841.
mire edidit miracula —
lumen vel Simeonis verba 152.

Und bei noch höherer Silbenzahl: im zehnsilbigen Verse:
Johannem baptistam cujus diem =
Sed impiissimus piissimum Mone 655.

Beim elfsilbigen:
> Mariam visitasti Magdalenam =
> illam micis, hanc refovens poculis

Schubiger nr. 58; und sogar beim dreizehnsilbigen: Mone 1, 205
> Is qui prius habitum mortalem induit =
> Resurgens et impassibile corpus sumpsit.

Wollte man einwenden, dass, wenn demnach der Rhythmus entsprechender Zeilen ein entgegengesetzter sein darf, dadurch das Wesen des Rhythmus überhaupt aufgehoben werde, und somit eine rhythmische Anlage der Sequenzen in Frage stellen, so ist zu entgegnen erstlich, dass die erwähnten Fälle im Vergleich zu der grossen Masse regelmässiger nur als Ausnahmen zu betrachten sind, und dann, dass dieselben Abweichungen sich auch bei den jüngeren Sequenzen wiederfinden, die unbestritten in festen und regelmässigen Rhythmen abgefasst sind.

In Versen mit zweisilbigen Senkungen, in denen also, um antike Bezeichnung zu gebrauchen, Dactylen oder Anapästen sich finden, kommt es zuweilen vor, dass in zwei sich entsprechenden Zeilen der Dactylus seine Stelle verändert: so Schubiger nr. 12:
> sacrosáncto cruóre =
> quárum crudéles hostes;

in jenem bildet der Dactylus den zweiten, hier den ersten Fuss. Ferner:
> et dúlcem dedísti domine =
> levando súper sidéreas nr. 21.
> ex vírginis cárne incorrupta =
> matremque ejus íta salútat 49.
> quodque exortu mortis =
> causa etiam vitae 55.
> daemones quoque fugans =
> presul clemens Erharde Daniel 5, 227.
> agnus redemit oves =
> mors et vita duello Schubiger 60, 1.
> et gloriam vidi resurgentis =
> praecedet suos in Galilea 60, 2.

Dadurch unterscheiden sich auch die sonst gleichen Versikelschlüssel in 10, 1. 3 und 5:
> omnium pulcherrima virgo virginum =
> sine viri semine nato floridam =
> et consistere suo nutu tribuit,

so wie die sehr ähnlichen von 4:
> genitus adauxit intacta genitrix.

10. Vorherrschende Rhythmen.

Wenngleich in den Rhythmen der älteren Sequenzen eine grosse Manichfaltigkeit herrscht, so ist doch in vielen die Neigung wahrzunehmen, einen bestimmten Rhythmus vorherrschen zu lassen, rhythmische Systeme zu bilden, die jedoch nicht mit voller Strenge durchgeführt werden.

Der beliebteste Rhythmus ist der trochäische, den wir auch in den späteren Sequenzen von strengerer rhythmischer Form überwiegend finden werden. Schon darin bilden die Sequenzen einen Gegensatz zu den Hymnen, die von Alters her den jambischen Rhythmus bevorzugten. So ist in überwiegend trochäischen Rhythmen die Sequenz *Laudes salvatori* (Schubiger nr. 11) verfasst, von der ich ein paar Absätze als Probe anführen will:

    Laudes salvatori
    voce modulemur supplici,

    Et devotis melodiis
    coelesti domino
    jubilemus Messiae.

    Qui se ipsum exinanivit
    ut nos perditos
    liberaret homines:

    Carne gloriam
    deitatis occulens.
    Pannis tegitur
    in praesepi miserans
    praecepti transgressorem
    pulsum patria
    paradisi nudulum.
    Joseph Máriaé,
    Simeoni subditur.
    Circumciditur
    et legali hostia
    mundatur ut peccator,
    nostra qui solét
    relaxare crimina.

    Servi subiit
    manus baptizandus
    et perfert fraudes temptatoris,
    fugit persequentum lapides.

>   Fames patitur,
>   dormit et tristatur
>   ac lavat discipulis pedes,
>   deus homo summus humilis.

So überwiegen die Trochäen, wenn auch nicht in gleichem Masse, in den Sequenzen Schubiger nr. 29, Morel S. 166 und in der schon sehr an regelmässige Rhythmen streifenden bei Mone 3, 390. Auch die Sequenz bei Mone 2, 84 ist vorherrschend trochäisch. Dagegen sind Sequenzen mit vorzugsweise jambischem Rhythmus selten. Der Art ist die Sequenz *A solis occasu* Schubiger nr. 43, deren erste Absätze so lauten:

>   A solis occasu usque ad exortum
>
>   Est cunctis nomen tuum deus laudabile,
>   Qui inde novum solem mittis mira lege,
>
>   Qui lustret orbem radiis
>   Et foetu terras vegetet.
>
>   Hic Columbanus nomine
>   columbinae vitae fuit.
>   Dignus habere spiritus
>   sancti pignus in hac vita.
>
>   Hic terram cum Abraham reliquit
>   et cognatos propter deum,
>   Hic cum Johanne regis incestum
>   increpare non metuit.

Die Mischung von jambischen und trochäischen Rhythmen ist häufig, jedoch selten sind beide Rhythmen in gleichem Masse in einer Sequenz angewendet. Dabei findet man häufig den Gebrauch beobachtet, dass an einen stumpf ausgehenden trochäischen Vers sich ein jambischer anschliesst: daher man auch in diesem Falle bloss eine Cäsur statt eines Versanfanges annehmen kann. Als Probe dieser Mischung wählen wir nr. 761 bei Mone 3, 167:

>   Sicut passer solitarius in tecto,
>   Sic vir Aégidíus pervigil in Christo.
>
>   Requiescens quasi leo cum Judá accubuit,
>   Dum pullúm suúm ad vineam ligare studuit.
>
>   Ut catulus leonis ascenderat ad praedam

alligans ad vitem asinam suam.
Cum per virtutum scalam Sorech quaerens vineam
se suamque Christo junxerat sponsam.

Hic inventus sine macula
nec speravit in thesauris et pecunia,
Ne sibi coluber in via
nec cerastes nocere posset in semita.

Cui per sanctae trinitatis efficaciam
Contulit tantam deus meritorum gratiam.

Ut miraculorum coruscans virtutibus
miseris per ipsum subveniret pluribus.
Nam tempore quodam propter elemosynam
misero cuidam suam dedit tunicam,

Quam ut aeger idem induerat
Incolumis inde redierat.

Deinde relinquens Graeciam
Transiit exul ad Galliam.

Munus ab apostolico
   Romae sibi contraditum
Statim inmissum Tiberi
   direxit ad coenobium.

Peccatum regis piavit,
mortuum recuscitavit.
Multos infirmos curavit,
daemoniacos sanavit.

Hinc nos te sacer Aegidi
voce rogamus supplici
Ut peccatorum veniam
per tuam nobis gratiam

A domino obtineas
cui laus sit et potestas.

Die gleiche Mischung jambischer und trochäischer Rhythmen findet sich in den Sequenzen bei Mone 3, 63. 102. 205. 238. 357. Daniel 5, 174. Morel S. 141. 155. Adam de S. Victor 1, 252.

Eine grössere Manichfaltigkeit veranlasst die Anwendung zweisilbiger Senkungen, wodurch dactylische und glyconeische Rhythmen entstehen. Auch hier wollen wir eine Sequenz als Beispiel geben: Schubiger nr. 8.

Festa Christi omnis
christianitas celebret.

Quae miris sunt modis ornata
cunctisque veneranda populis
Per omnitenentis adventum
atque vocationem gentium.

Ut natus est Christus,
est stella magis visa lucida.
At illi non cassam
putantes tanti signi gloriam.

Secum munera deferunt,
parvulo offerunt, ut regi
coeli quem sidus praedicat,
Atque aureo tumidi
principis lectulo transito
Christi praesepe quaeritant.

Hinc ira saevi
Herodis fervida invidi
recens rectori genito
Bethleem parvulos praecipit
ense crudeli perdere.
O Christe, quantum
patri exercitum juvenis
doctus ad bella maxima
populis praedicans colligis,
sugens cum tantum miseris.

Anno hominis tricesimo
subtus famuli se inclyti
inclinaverat manus deus,
consecrans nobis baptisma
in absolutionem criminum.
Ecce spiritus in specie
ipsum alitis innocuae
uncturus sanctis prae omnibus
visitat semper ipsius
contentus mansione pectoris.

Patris etiam
insonuit vox pia
veteris oblita sermonis:
poenitet me fecisse hominem.

> Vere filius
> es tu meus michimet
> placitus in quo sum placatus,
> hodie te mi fili genui.
> Huic omnes auscultate
> populi praeceptori.

Ebenso finden sich viele Verse mit zweisilbigen Senkungen in den Sequenzen bei Schubiger nr. 24. 38. 55. 60. Mone 1, 81. 256. 1, 209, und 3, 507; Mone 3, 557. Bei Schubiger nr. 25 scheiden sich die Schlüsse der Versikel, bei denen aus leicht begreiflichen Gründen das rhythmische Element am stärksten hervortritt, in zwei Formen: entweder regelmässige Abwechselung von Hebung und Senkung oder Einmischung zweisilbiger Senkungen: letzteres in der ersten Hälfte der Sequenz, sogleich der Eingang:

> Sancti baptistae Christi praeconis,

und die drei ersten Doppelversikel:

> 1 moribus ipsum sequamur =
> asseclas suos perducat.
> 2 ut gaudia percipiamus =
> obsequiis nativitatem.
> 3   gaudia adipiscamur =
> deliciis laeti congaudent;

wozu noch der Schluss der Sequenz kommt:

> Amice Christi Johannes.

Dagegen die andere Reihe:

> 4 in eis inveniat =
> studeas absolvere.
> 5 facere dignetur =
> invisere fideles
> 6 nos velit inducere =
> angelis associi.

Keine festen Rhythmen sind zu unterscheiden in den überlangen Versikeln des Hermannus Contractus. Die unregelmässig eingestreuten Reime, die allerdings die Versikel auch hier in kleinere Abschnitte theilen, sind mehr den Reimen zu vergleichen, die man in die gleichzeitige Prosa eingestreut findet, als dass sie Ruhepunkte und Schlüsse rhythmisch gegliederter Zeilen bezeichnen. In dieser Hinsicht ist namentlich die Sequenz *Grates honos hierarchia* (Schubiger nr. 46) als charakteristisch für seine Art und Weise hervorzuheben.

Wie in einer Sequenz der Dichter liebt einen Rhythmus vorherrschen zu lassen, so kann man bei Vergleichung verschiedener

Sequenzen die Vorliebe für manche rhythmische Formen beobachten. Es sind unter den trochäisch gebildeten namentlich der sieben- und achtsilbige, unter den jambischen der sechs- und achtsilbige Vers. Aber auch in ein und derselben Sequenz findet sich nicht selten eine bestimmte Versform mit Vorliebe angewendet: so von trochäischen Versen der fünfsilbige, der den Schluss aller Absätze mit Ausnahme des Schlusssatzes der Sequenz bildet bei Schubiger nr. 10:

Eingang:
    ... colit cordibus.
1 ... stirpe genita.
    ... virgo virginum.
2 ... clausa filium,
    ... deus Abrahae.
3 ... nato floridam.
    ... esse crederis u. s. w.,

wobei jedoch nicht immer mit der fünftletzten Silbe ein Wort beginnt, so dass man richtiger von einem trochäischen Schlusse aller Versikel spricht, der sich auf die letzten fünf Silben erstreckt. Ein gleicher Fall bei Schubiger nr. 23.

Ebenfalls als Schluss der Versikel mit der dactylischen Form — ◡ ◡ — ◡ wechselnd bei Morel S. 13, wo Vers 1. 2. 9. 10. 12. 13. 14 die trochäische, 3. 4. 5. 6. 7. 8. 11. 15 die dactylische Form haben.

Der sechssilbige trochäische Vers bildet den Schluss der Absätze überwiegend bei Mone nr. 719, wobei auch meist die Worte abschliessen:

Caro et cor nostrum 2.
vocavit Matthaeum 6.
facies Matthaei 20.
genealogiam 26.
legis transgressore 36.
lapsos relevantis 39.
ad se revocantis 42.
a deo dimissum 44.
sciat conservorum 46.

Häufig ist diese Versform auch in *Summi triumphum* (Schubiger nr. 20), theils am Schluss der Versikel, theils am Anfang.

Eingang:
    ... prosequamur laude.
3   Postquam illud suo ...
4   Principis illius ...
5 ... servis et amicis.
    ... victor duxit secum.

      7 . . . fratres docuerunt.
      . . . ut vidistis eum.
      8 Nam Idithun nostrum
      . . . omnes imploremus.
       Ut a dextris patris
      . . . mittat nobis sanctum.
Schluss:
      . . . semper sit nobiscum.

  Ebenso in nr. 24. Auch in *Ave praeclara*, in häufiger Verbindung mit dem fünfsilbigen Verse ($\smile - \smile - \smile$) nr. 56, so in 1:

      Euge dei porta
      quae non aperta
      veritatis lumen . . .
      Virgo decus mundi,
      regina coeli,
      praeelecta ut sol . . .

und im fünften Doppelversikel:

      Fac fontem dulcem
      quem in deserto
      petra demonstravit
      degustare
      cum sincera fide
      renesque constringi
      lotos in mari
      anguem aeneum
      in cruce speculari.
      Fac igni sancto
      patrisque verbo
      quod rubus ut flamma
      tu portasti virgo
      mater facta
      pecuali pelle
      distinctos pede
      mundis labiis
      cordeque propinquare.

  Mit der fünfsilbigen Form beginnen auch die Versikel 2, 3 und 4, und mit derselben verdoppelt schliesst 1; mit der sechszeiligen schliessen 2, 3 und 6.

  Der siebensilbige trochäische Vers überwiegt in *Nato canunt omnia* (Daniel 2, 56): so in dem ersten Doppelverse am Anfang, im zweiten am Schluss, ebenso im dritten, fünften und sechsten: der siebente besteht ganz aus dieser Versart:

> Pax in terra reddita,
> nunc laetentur omnia
> nati per exordia.
> Sonet et per omnia
> hac in die gloria
> voce clara reddita.

Daneben vereinzelt andere trochäische Verse, der fünfsilbige (3.4), der viersilbige (4), sechssilbige (4) und achtsilbige (5), so wie der achtsilbige jambische Vers (1.3.6). Auch in der Sequenz *Concentu parili* (Schubiger nr. 10) ist die siebensilbige trochäische Versform mehrfach angewendet, ausser dem Eingange in dem ersten, vierten, fünften, sechsten und siebenten Doppelversikel; in 24 im Eingange und den ersten beiden Absätzen u. s. w. Der achtsilbige trochäische Vers mehrfach in nr. 5, 3.5 und 6; in nr. 21, 1 und 2; in nr. 26, Eingang und 2 und 3.

Von jambischen Formen kommt der achtsilbige Vers nicht selten, doch selten häufig in ein und derselben Sequenz vor. Schubiger nr. 20 schliessen damit der erste, vierte und sechste Doppelversikel. Die vorherrschende Form einer andern Sequenz (Mone 1, 199 = 3, 227) ist der sechssilbige jambische Vers:

> tuis deliciis
> ejectos condolens 7.
> per tuum sanguinem
> deceptos revocans 9.
> et omnes angeli 11.
> redempto homini 13.
> tuique consciis 15.
> incessabiliter 16.
> ac potentissime
> rex exercituum 20.
> replesti gloria 23.
> cuncta per saecula 25.
> Interim dulcia
> proclamant cantica
> testium agmina
> agni cruore albata.
> Solum praecipue
> te dignum carmine
> supplici fatentur
> sacerdotes libamine 34—41.

Von Versen, die über acht Silben hinausgehen, kommt am häufigsten der neunsilbige trochäische vor, namentlich am Schlusse von Absätzen. So Schubiger nr. 5, 1.2:

>   invisibilis interminus =
>   maris et in his degentium.
>   et se iterum reciprocant =
>   voce consona semper canunt,

wenn so zu betonen ist. In derselben Sequenz noch mehrfach, aber nicht als Schluss: zweimal nach einander in 4:

>   Nec nox vacat novi sideris
>   luce quod magorum oculos
>   terruit scios.
>   Nec gregum magistris defuit
>   lumen quos perstrinxit claritas
>   militum dei.

Und je einmal in 3 und 5. Als Schluss des Eingangs und des ersten Doppelversikels in nr. 10:

>   teque piis colit cordibus.
>   de Davidis stirpe genita.
>   pulcherrima virgo virginum.

Ebenso als Schluss 35, 1.4 und Eingang; 57, 1.2.3 und 10, wo auch die musikalische Begleitung durchgängig übereinstimmt. Vgl. auch 14, 2.3 und 6; 24, Eingang und 1.

Der zehnsilbige jambische Vers steht mehrfach am Schlusse der Versikel in nr. 3, meistens mit der aus den romanischen Literaturen bekannten Cäsur nach der vierten Silbe:

>   ob quam patrem matremque deserens.
>   sacramenta manarunt illius.
>   conservatur in salo saeculi.
>   es congressus tyranno Goliath.
>   quam lapillo prosternens unico.

ein paarmal ohne Cäsur:

>   sed portas effracturus illius.
>   na- tura et synagogam respuit.

Als Schluss der Versikel auch 6, 5.6; ebenso 21, 1.3 und 5. Mone 764, 3.5.7.9.14.15. Mone 725, 43.46, und am Anfang des Absatzes 23.27. Vorherrschend ist diese Versart, theils mit männlichem, theils mit weiblichem Ausgang, in der Sequenz *Nunc crucis alma cantet gaudia* (Mone nr. 113), wo ausser diesem Eingange noch folgende Verse das gleiche Mass haben:

>   Plebs cruce sanguine Christi redempta
>   Laudans proclamans voce sonans clara.
>   qui morte sua a morte nos salvans.
>   Etenim mala nostra pius pater
>   miserans
>   Filium sibi consimilem misit
>   in terram;

In der zweiten Hälfte der Sequenz herrscht der siebensilbige trochäische Vers vor (15.16.18.19.20.23, auch 4.8.) Auch in nr. 375 ist der zehn- und elfsilbige Vers überwiegend: in V. 3.5. 7.9.11.14.17.19.21.25.31, bei Mone meist in je zwei Versen geschrieben. Die übrigen Verse der Sequenz sind auch zum grössten Theile jambisch: trochäisch nur ausser dem Eingang V. 12.13. 15.16.

Aus zwölfsilbigen jambischen Versen besteht ein Theil der Sequenz bei Mone 3, 254:

> per beati Colomanni sollemnia.
> cunctis pie petentibus fidelia.
> O qualis viri sancti innocentia,
> qui mundi sprevit laeta vel nocentia.
> Mitis et humilis Jesu sequipeda
> clarus heres fit Iherosolymipeta.
> Actu sequitur domini vestigia
> patibulo petit poli fastigia,
> Nec fecit proximo suo obprobria
> perpessus multa supplicii genera;

die Verse sind in ihrer vorderen Hälfte zum Theil nur gezählt, und haben keine feste Cäsur. Darin unterscheiden sie sich von den sonst in der lateinischen Poesie des Mittelalters vorkommenden zwölfsilbigen Versen, deren Cäsur nach der sechsten Silbe fällt, und erinnern an den bei den christlichen Dichtern des 4. Jahrhunderts begegnenden, der wiewohl accentuierend eine Nachbildung des lateinischen Senarius ist.

Diese Anlehnung an antike Versmasse zeigt sich noch bestimmter in den trochäischen Tetrametern, die in einer dem Alcuin zugeschriebenen Sequenz auf den h. Michael (Mone 1, 452) sich finden:

> Tu crudelem quum draconem forti manu straveras,
> faucibus illius animas eruisti plurimas.
> Hinc maximum agebatur in coelo silentium
> millia millium et dicunt: salus regi domino.

Die Autorschaft Alcuins ist sehr zu bezweifeln: wäre sie sicher, so wäre diese Sequenz um etwa ein Jahrhundert älter als die Notkerschen. Daniels Meinung, dass in den beiden Lesarten dieser Sequenz ein aus reinen Tetrametern ursprünglich bestehender aber entstellter Hymnus vorliege, ist dahin zu modificieren, dass der Verfasser der Sequenz ein älteres in Tetrametern gedichtetes Lied, das den Alcuin leicht zum Verfasser haben kann, benutzte.

Der lateinische Hexameter in der während des Mittelalters üblichsten Form, mit Reim in Cäsur und Schluss, kommt am Ende einer Sequenz (Mone 3, 207) vor:

> O Augustine, nobis fer opem sine fine.

Dem Hexameter nachgebildet und ebenfalls gereimt sind ein paar Versikel in der Sequenz bei Mone 3, 247:

> Hunc licet sola nunc foveat urbs Treverica,
> Tamen devota ecclesia concinit tota.
> Hic mundi vana tempsit et acta probrosa,
> Praeclara vita fulsit et Israhelita.

Der dactylische Rhythmus erscheint in diesen entstellten antiken Formen dem Gesetz des Accents unterworfen, in den vorderen Parthien waltet jedoch zum Theil nur das Gesetz der Silbenzählung. Strenger dem Accentgesetz fügen sich die kürzeren dactylischen Versformen. Unter diesen begegnet sehr häufig der adonische Vers (_́ ᴗ ᴗ _́ ᴗ), und zwar nicht selten am Schlusse der Versikel. So in der Sequenz nr. 1 bei Schubiger:

> Suevia mater = gratulans semper.
> placitus deo = rutilans micat.
> paruit promptus = minimis largus.
> cuncti precemur = domino deo.
> trinitas summa.

Auch in nr. 2 schliessen die meisten Versikel mit dieser rhythmischen Formel, nur dass die erste Silbe nicht immer der Anfang eines Wortes ist. Ebenso in nr. 3, 4 und 5, und dem Schlusssatze; in nr. 30 mehrfach; ebenso bei Mone nr. 871, wo folgende Verse diese Form haben:

Eingang:
> festa clementis.
> 1 fecit sollemnem = esse colendum.
> 2 erat intentus · conjungi sacrae.
> 3 hanc potestatem · dimittens culpam,
> 6 mersit in mare · angeli dei;

Schluss:
> nobis sis clemens;

und ausserdem am Anfang von Absätzen 20.23.26.28.31.33. Die abweichende Betonung, die sich mehrmals am Anfang findet, entspricht den sonstigen an dieser Versstelle vorkommenden Freiheiten.

Auch verdoppelt kommt dieser Vers nicht selten vor: _ ᴗ ᴗ _ ᴗ, _ ᴗ ᴗ _ ᴗ, so Mone nr. 1028:

> pastor ovile suum ministrans =
> saevis ab inimicis et vinctus.
> déinde labris oris abscissis =
> capitis quoque libenter suffert,

und in derselben Sequenz noch einfach: 41, 45. Und sogar viermal hinter einander: nr. 816:

> O dignum cuncta
> laude praecelsa
> praesulem tanta
> nactum gaudia
> Nos quoque clara
> hunc et jocunda
> dantes oramus
> preces et vota.

Sehr häufig ist auch die Form der glyconeischen Verse, entweder

$$-\smile-\smile\smile-\smile-$$

oder

$$-\smile-\smile\smile-\smile.$$

So bei Schubiger nr. 13 die erstere Form mehrfach:

> Et per fidem quos Abrahae.
> propter deum per sanguinem.
> Quem per carnis edulium.
> Tu resurgens imperitas.

Ebenso nr. 15:

> Qui devicit imperium
> Male potens diaboli.
> Vultu placido homines
> in tuis laudibus sedulos.
> Quorum mortibus condolens
> in tantum humilis factus es,

hier in zwei Zeilen mit vorgesetzter Anacrusis. Ferner 19:

> semper novat ecclesiam.
> veri solis illuminat.
> 38 deus omnipotentiae
> plebis decus armoniae,

als Schluss zweier Versikel, und in derselben Verwendung auch 43:

> increpare non metuit.
> in deserto cum Moyse.
> est paratum cum Josue.
> ut Elias et Daniel.
> apo- stólis Christi perpetitur.
> 50, 2 ut recalcitres stimulo
> Saule quid me persequeris.

Mone nr. 1127, 10:

> 58, 1 angelorum et hominum —
> confitemur et dominum.
> 9 vocas alienigenam —
> lepra vexat heretica.
> dei nutu intraverat —
> detinebat serpentium.
> 15 festinanter exercitus —
> tergus tegens per triduum.
> 20 tali freta antistite —
> hinc securam tantae cladis,

letztere Zeile im Rhythmus abweichend.

> 25 melodiam harmoniae —
> concinendo plus solito,

und in der ebenso gehenden Sequenz nr. 1136.

Der Dactylus wird umgestellt: in der Form -- ◡◡ — ◡ — ◡ — :
So 23 bei Schubiger:

> 1 faciat habitacula —
> viciis spiritalibus.
> 4 flagitiorum spiritus —
> interioris hominis.
> 5 genitor possit a nobis —
> cernere possunt oculi,

ebenfalls als Schlüsse von Versikeln. So auch 27, 1 und 2:

> cómmixtione genuit —
> mundum cruore medicat.
> jam conspicatur principem —
> virgo mamillas praebuit.

Mit noch vorhergehender Anacrusis:

> Tu purificator omnium —
> Purifica nostri oculum 23.
> sic pater dominus filius —
> immensus dominus Sabaoth 24.

Die kürzere Form ist noch häufiger und kehrt in manchen Sequenzen sehr oft wieder: so bei Schubiger nr. 16:

> Crípta cordis rimántem
> In commune precemur.
> Deus paciens juste,
> clemens atque tremende.
> Tu vis parcere magis
> poenitenti quam plecti.
> Tu non pasceris morte
> morientum, sed eos
> suscitas.

> pravo crimine sua
> puniente.
> non est placitum tuo
> in conspectu.

Rechnet man dazu noch die verschiedenen Variationen des glyconeischen Verses, die in dieser Sequenz vorkommen, so kann man sagen, dass in ihr der glyconeische Vers der vorherrschende ist. Ebenso kommt er in der erwähnten Gestalt häufig vor in nr. 24:

> spiritusque dominus —
> secla regnat per cuncta.
> Et nos voce praecelsa —
> Eja, eja nunc omnes.
> Per te sumus creati —
> Per te sumus redempti.
> cripe et emunda —
> tibi laus et gloria,

zweimal am Anfang, zweimal am Schlusse von Versikeln. Vgl. noch 28, wo dieser Vers überall den Schluss bildet:

> regem generans Jesum —
> angelorum sanctorum.
> intuere benigna —
> sed excelsis eosdem.
> in te lucet sophia
> nun- quam in te corrumpendum.
> recensemus heroas —
> atque cunctos per orbem.

Ebenso mehrfach in 32.33.38.50.55. Mone nr. 1028.

Mit Umstellung des Dactylus in der Form $-\smile\smile-\smile-\smile$; so nr. 16, der schon erwähnten Sequenz, die die regelmässige Form zehnmal hat:

> Proprias illi puras.
> omnia malo deus —
> omnibus digna factis.
> 31 aemulans civitatem —
> confovens animarum.
> Fugiunt universa —
> Pereunt peccatricis.

Vgl. noch 23.32.35.38.55. Mone 3, 557.

Beiden Formen wird ein Auftakt vorgesetzt: also $\smile-\smile-\smile\smile-$ oder $\smile-\smile\smile-\smile$. Jene Form kommt mehrfach vor in nr. 24:

> Proprietas in personis —
> Majestas par et potestas.
> Nunc omnis vox atque lingua —
> Quem laudat sol atque luna.

Noch häufiger in nr. 26:
> doctrinis illuminatam
> precatus adjuvet vester.

in regulärer Form, und mit Umstellung des Dactylus:
> dat vincere sua voce
> per populos acquisisti.
> peccatos jam coacturi —
> addixerat poenae mortis,

überall als Schluss von Versikeln wie in nr. 27 als Anfang. Ebenso mehrfach in 31:
> Haec domus aulae caelestis
> In laude regis caelorum.
> Quam dextra protegat dei
> Ad laudem ipsius diu.
> fecunda spiritu sancto =
> et corpus sumitur Jesu,

zweimal als Anfang, einmal als Schluss von Versikeln. Vgl. noch nr. 2.9.32. Mone 3, 252. 3, 159.

Mit Umstellung des Dactylus ausser dem schon erwähnten Beispiel (nr. 26) vgl. noch 23, 6:
> Prophetas tu inspirasti —
> Apostolos confortasti.
> 35 Virginis venerandae
> de numero sapientum.
> Filiae matris summi —
> Quam tibi in sororem.
> Haec sponsum ab aula coeli
> Corde secundo secuta.
> Et hostem cruentum freta
> Istaec contra cunctos mortis,

wo ich die verwandten Formen gleich hinzugefügt habe: ein paarmal wechselt hier der Dactylus seine Stelle in den entsprechenden Zeilen. Vgl. ausserdem noch 33. Lossius 228. Mone 3, 159.

Eine weitere Verlängerung dieser Form ist es, wenn ein ganzer Versfuss vorn angefügt wird: entweder also in der Form — ◡ — ◡ — ◡ ◡ — ◡ oder — ◡ — ◡ ◡ — ◡ — ◡. Jene Form findet sich z. B. mehrfach bei Schubiger nr. 2.
> conspexisti filii dei
> contuenda esse perenni.
> matri suae dedit custodem —
> atque curam suppeditares.
> verbum suum pater revelat
> apud deum semper commenda.

Diese mehrfach in nr. 28:
>Et Ezechiae apud deum.
>Patris Josuae adimplevit —
>Summi etiam patriarchae.
>paritura coelorum lumen,

als Anfang und Schluss von Versikeln.

In den bisherigen Formen war nur ein Dactylus: es finden sich aber auch mehrere in éinem Verse. So zwei in der Form — ⏑ ⏑ — ⏑ ⏑ — ⏑: Daniel 2, 41 (nr. 41):
>Citharam carnis percussit —
>Dum quod sonabat clamando.
>quae super terram sunt membra —
>plebem perfectam Joannes.

Vgl. noch Mone 1, 209. 3, 507. Daniel 2, 28.

In der Form — ⏑ ⏑ — ⏑ ⏑ — ⏑ —, die namentlich beliebt ist; Schubiger nr. 9:
>háec plebs resultet allelujá —
>cantent in altum alleluja.
>psallat concentus alleluja —
>jubilant altum alleluja.
>consonent simul alleluja —
>nemora pangant alleluja.
>laudans exultet alleluja
>fre- quentans consónet alleluja,

wo nur der letzte Vers nicht in der Wortabtheilung stimmt. Dass hier überall *allelujá* betont werden muss, ergibt sich aus den andern nach derselben Melodie gedichteten Sequenzen. Ein anderes Beispiel liefert nr. 27:
>sui sanctissimi corporis.
>atque spirituum genuit.
>piis concelebrat mentibus.
>una cum angelis elevat.
>Chrístique martyres praedicant.
>in castimonia aemulans.
>teque carminibus celebrans.
>supplici implorans María,

mit abweichender Betonung in der letzten Zeile. Überall bildet der Vers hier den Schluss der Absätze. Ein Doppelversikel aus vier solchen Zeilen bei Mone nr. 1024, 3—6:
>Induit hodie dominus
>militem suum Laurentium;
>Solito plaudat alacrius
>concio laeta fidelium.

Vgl. noch Schubiger 1. 24. 58. Morel S. 141.

Eine dritte Form fügt eine Silbe am Schluss hinzu, so dass der Vers der Schlusszeile der alcäischen Strophe gleich wird: Schubiger nr. 50:

> Quod dum impugnat audivit: Saule,
> Saule, quid me persequeris?
> Ego sum Jesus, durum est tibi
> ut recalcitres stimulo.
> Et facie domini mota est terra,
> contremuitque mox et quievit.
> Dum cognito credidit domino Paulus
> persequi cessat conchristianos.
> ... legis et evangelii
> duos molares in his contrivit,
> ... quibus curantur saucii,
> reficiuntur enutriendi.

wo auch die vorhergehenden oder nachfolgenden Verse verwandten Rhythmus haben.

Und mit noch einer am Schluss angehängten Silbe: Mone nr. 751, 55.56. 1157, 23.24 = 27.28.

Dieselben Versarten mit vortretendem Auftakt von einer Silbe Schubiger nr. 2:

> Tu ejus amore carnalem
> In navi parentem liquisti.
> Te Christus in cruce triumphans
> Ut virgo virginem servaret,

als Anfänge von Versikeln. Vgl. noch 9. 26. 27.

Verse mit drei Dactylen: in der Form:

$$-\smile\smile-\smile\smile-\smile\smile-\smile-\smile$$

bei Schubiger nr. 9 = Mone 3, 157:

> Scalam ad coelos subrectam tormentis cinctam;

oder 2, 28:

> Ecce solemni hac die canamus festa;

oder 3, 393:

> Sanctam praesentis diei solemnitatem.

Mit Auftakt in der Form:

$$\smile-\smile\smile-\smile\smile-\smile\smile-\smile$$

bei Schubiger nr. 26:

> Victores diverso te Petre et Paule;

nr. 45:

> A facie domini mota est terra.
> Dum cognito credidit domino Paulus,

wiewohl man diese längeren Formen auch in kleinere Verse zerlegen kann.

Die hier besprochenen Formen vermittelst des Gesetzes der Silbenzählung bloss für schlecht gemessene sogenannte Jamben oder Trochäen zu halten verwehrt ihr häufiges Vorkommen in den verschiedensten Sequenzen und ihr regelmässiges Wiederkehren in den entsprechenden Zeilen nicht nur einer Sequenz, sondern aller nach einer Melodie gehenden. Wenn wir manche dieser Formen als glyconeische bezeichnet haben, so geschah es nur um der bequemen Anlehnung willen an bekannte antike Versformen, die hier in accentuierender Weise nachgebildet sind. Wo sie sich in einer Sequenz häufen, da hat der ganze rhythmische Fall nicht selten Ähnlichkeit mit den glyconeischen Systemen griechischer Tragödien. Ein bewusster Zusammenhang ist hier natürlich nicht anzunehmen; doch ist zu beachten, dass die choriambischen Versarten in der christlichen lateinischen Poesie nicht selten sind und dass sie im Mittelalter ebenso wie in den Sequenzen nicht metrisch, sondern rhythmisch (accentuierend) nachgebildet wurden.

Zum Schlusse gebe ich als Beispiele der vorherrschenden Glyconeenform in verschiedenen Variationen die kurze Sequenz bei Schubiger nr. 19, die keine Doppelverse hat, und die viel nachgeahmte nr. 23.

I.

Laeta mente canamus
deo nostro,

Qui defectam peccatis
semper novat ecclesiam

Et eam pallidulam de radio
veri solis illuminat,

Et terrae de Mesraim
eduxit fornacibus ignitis.

Quique in omni tribulatione
eam exaudit,

Insuper coelesti nutrit
pane et cultum docet suum.

Qui de petra melle
dulci eam adimplet.

II.

Sancti spiritus adsit
nobis gratia,

Quae corda nostra sibi
faciat habitaculum
Expulsis inde cunctis
viciis spiritalibus.

Spiritus alme,
illustrator hominum,
Horridas nostrae
mentis purga tenebras.

Amator sancte sensatorum
semper cogitatuum,
Infunde unctionem tuam
clemens nostris sensibus.

Tu purificator omnium
flagitiorum, spiritus,
Purifica nostri oculum
interioris hominis,

Ut videri supremus
genitor possit a nobis,
Mundi cordis quem soli
cernere possunt oculi.

Prophetas tu inspirasti
ut praeconia Christi
praecinuissent inclyta.
Apostolos confortasti,
uti trophaeum Christi
per totum mundum veherent.

Quando machinam per verbum suum
fecit deus coeli terrae marium,
Tu super aquas foturus eas,
numen tuum expandisti spiritus.

Tu animabus vivificandis
aquas foecundas.
Tu aspirando das spiritales
esse homines.

Tu divisum per linguas
mundum et ritus
adunasti, domine.
Idolatras ad cultum
dei revocas,
magistrorum optime.

Ergo nos supplicantes
tibi exaudi
própitíus, sancte spiritus,
Sine quo preces omnes
cassae creduntur
et indignae dei auribus.

Tu qui omnium saeculorum sanctos
Tui numinis docuisti
instinctu amplectendo, spiritus.
Ipse hodie apostolos Christi
Donans munere ínsolito
et cunctis inaudito saeculis

Hunc diem
gloriosum fecisti.

11. Nachahmung beliebter Sequenzen.

Auf beliebte Melodien wurden häufig mehrere Sequenzen gedichtet, oder eine schon vorhandene Sequenz wurde mit ihrer Melodie von späteren Dichtern nachgeahmt. Gewöhnlich lässt sich eine Nachahmung einer schon vorhandenen Sequenz schon daran erkennen, dass von dem Wortlaute des Originals manches aufgenommen ist. So erweisen sich die nach der Melodie von *Ave praeclara maris stella* gedichteten Sequenzen fast alle als Nachahmungen auch des Textes. Wir haben schon oben bei der Aufzählung der Notkerschen Sequenzenmelodien die verschiedenen auf die gleiche Melodie gehenden Dichtungen angeführt. Nachstehend gebe ich das Verzeichniss der übrigen, theils von namhaften Verfassern, theils anonym gedichteten Sequenzen, soweit ich mehrere als nach derselben Melodie gehend ermitteln konnte.

Unter den namhaften Dichtern St. Gallens hat Ekkehard I zwar Sequenzen gedichtet, die meisten aber schliessen sich an die Notkerischen Melodien an. Die einzige nach einer vielleicht von ihm erfundenen Melodie gedichtete Sequenz *Prompta mente canamus trinitati individuae* kenne ich nur aus den Anführungen bei Schubiger S. 74 und Daniel 5, 206. Ob sie indessen nicht auch nach einer Notkerischen Melodie gedichtet ist, muss vollständige Vergleichung lehren: mich will bedünken, als gehe sie nach der Melodie *Mater* (Schubiger nr. 27), da der Rhythmus der angeführten Worte genau mit *Laudes Christo redempti voce modulemur sup-*

plici (Daniel 2, 178) und anderen auf diese Melodie gehenden (vgl. S. 15) übereinstimmt.

Auch Ekkehard II ist als Sequenzendichter bekannt, jedoch auch er hat keine neuen Melodien erfunden: seine Sequenz *Summis conatibus* (S. 13) ist nach der Melodie *Symphonia* gedichtet. Von den Sequenzen Bernos von Reichenau, *Laudes nunc Christo*, auf den h. Willibrordus, und *Laetetur ecclesia jubilans*, auf die h. Verena, kenne ich weder den vollständigen Text noch die Melodie [1]).

Auf eigene Melodien gedichtet sind die Sequenzen des Hermannus Contractus; sie scheinen indess keiner grossen Beliebtheit sich erfreut zu haben, denn es ist kein Beispiel bekannt, dass nach seinen Melodien von Anderen Sequenzen gedichtet worden wären. In der That kommen sie auch an Einfachheit und rhythmischem wie musikalischem Wohlklange den Notkerischen nicht gleich. Auch nach älteren Melodien hat er Sequenzen gedichtet: am bekanntesten sind jedoch die beiden *Grates honos hierarchia* und *Rex regum dei agne* (Schubiger nr. 46. 47), deren Melodie er auch erfunden hat. Den grössten Ruhm haben ihm unstreitig die beiden Antiphonen *Salvi regina* und *Alma redemptoris* eingetragen, die später in die Liturgie aufgenommen wurden (Schubiger S. 85).

Ausgezeichnet als Sequenzendichter ist Gotschalk, um die Mitte des 11. Jahrhunderts; unter den ihm mit Sicherheit beizulegenden Sequenzen hat keine grösseren Ruhm gewonnen, als die auf die h. Magdalena:

Laus tibi Christe qui es creator et redemptor idem et salvator. Schubiger nr. 58, Lossius 223, Mone 3, 415, Daniel 2, 39, Wackernagel 1, 108, Graduale Monast. 1536, Hymni et sequentie f. iiij.

Nach dieser Melodie gehen folgende drei Sequenzen:

Gloriam deo patri canamus et filio sancto paraclito, auf die h. Afra. Mone 3, 171, Daniel 5, 290.

Illuminare Hierusalem, illuminare Sion, elevare, auf den h. Augustinus. Mone 3, 211, Graduale Monast. 1536.

Laudet te deus justus et reus, orbis totus, sacro fonte lotus, auf den h. Bartholomaeus. Mone 3, 124.

Mit welchem Rechte ihm Daniel und Wackernagel auch die Sequenzen *Dixit dominus ex Basan*, *Exultent filiae Sion* (Daniel

---

[1]) Vgl. Schubiger S. 84. Daniel 5, 93, der die zweite Notkern zuschreibt.

2, 48) und *Psallite regi nostro* zueignen, weiss ich nicht. Von den genannten hat die erste, so viel mir bekannt, keine Nachdichtungen erfahren, auf die Melodie von *Psallite regi nostro psallite psallite prudenter* (Lossius 228, Daniel 2, 41, Wackernagel 1, 105, Graduale Monast. 1536, Hymni et sequentie f. vij) gehen folgende zwei:

Jocunda deo laudatio sit in die sanctis consecrata, auf die h. Ursula. Mone 3, 522, Daniel 2, 176, Wackernagel 1, 111.

Laus tibi Christe rerum omnium creator mundi et salvator, auf Johannes den Täufer. Mone 3, 47. In beiden Sequenzen ist der Eingang um drei Silben länger als in *Psallite*, vielleicht ist in dieser zu schreiben:

Psallite regi nostro psallite,
psallite, psallite prudenter.

Auf die Melodie von *Exultent filiae Sion in rege suo* (Mone 3, 159, Daniel 2, 48) geht die Sequenz:

Gaudete justi in domino hac clara die, auf den h. Gebehardus. Mone 3, 312, Daniel 5, 299. Auch hier ist im Eingang eine kleine Abweichung, die sich vermuthlich durch die Melodie ausgleicht: die zweite Sequenz hat eine Silbe mehr.

Ungleich berühmter als Gotschalk durch seine Sequenzen ward sein Lehrer Heinrich durch die vielverbreitete Sequenz, die einzige die wir von ihm besitzen: *Ave praeclara maris stella*. Von anderen wird sie dem Hermannus Contractus zugeschrieben, und es mag darüber noch einiger Zweifel walten, wiewohl rhythmisch und musikalisch sie sich von den anerkannt echten Hermanns unterscheidet (Schubiger S. 88): aber entschieden abzuweisen ist die Autorschaft Alberts von Regensburg (13. Jahrhundert), dem Wackernagel 1, 146 sie auf Grund eines um 1450 geschriebenen Collatienbuches beilegt. Das Alter der lateinischen Texte so wie der Umstand, dass schon aus der zweiten Hälfte des 12. Jahrhunderts eine deutsche Bearbeitung existiert, wehrt jeden Gedanken an Albert ab. Der Eingang lautet:

Ave praeclara maris stella in lucem gentium Maria divinitus orta. Sie ist dem Lobe der h. Jungfrau gewidmet. Schubiger nr. 56, Lossius 208, Mone 2, 355, Daniel 2, 32, Wackernagel 1, 146, Hymni et sequentie f. vj, Graduale Monaster. 1536.

Von den sieben nach dieser Sequenz gedichteten Nachahmungen

verrathen die meisten auch schon durch den Wortlaut die Anlehnung an das Original:

Ave praeclara Barbara, namque tua tenera est vita crudeliter torta, auf die h. Barbara. Mone 3, 214, Daniel 5, 218.

Ave praeclara Catharina, nam tua tenera vita crudeliter est torta, auf die h. Catharina. Daniel 2, 189, nach welcher die vorausgehende Sequenz gedichtet ist; nur ist in jener die Wortstellung am Schlusse *(est vita crudeliter torta)* richtiger als in der zweiten.

Ave praeclara margarita, nam tua tenera est vita crudeliter torta, auf die h. Catharina. Mone 3, 363, wahrscheinlich auch der vorigen nachgebildet, nicht umgekehrt.

Ave praeclarum mundi lumen in lucem gentium rex Christe divinitus orte, auf Christus. Lossius 258, Wackernagel 1, 276. Umdichtung des Originals von Hermann Bonnus.

Ave praesignis martyr dignis colenda laudibus piorum tu gemma sanctorum, auf die h. Catharina. Mone 3, 361.

Im Wortlaute ferner stehen:

Alme confessor et professor fidei triplicis, aggressor luctae et evictor, auf den h. Antonius. Daniel 2, 187, Graduale Monast. 1536.

Die letzte endlich *Laus tibi Christe creator* (Respensor. p. 138) weicht in Kleinigkeiten ab, geht aber doch unbezweifelt nach dieser Melodie.

Nicht minder berühmt als *Ave praeclara* ist die Ostersequenz Wipo's, von welcher Wolf (über die Lais S. 293) nur eine Nachdichtung anführt, während sich nicht weniger als neun nachweisen lassen[1]).

Der Eingang lautet:

Victimae paschali laudes intonent Christiani. Schubiger nr. 60, Lossius 104, Daniel 2, 95, Wackernagel 1, 130, Hymni et sequentie e ij, Graduale Monast. 1536. Die meisten Nachdichtungen schliessen sich auch im Wortlaut an das Original an.

Collaudent devote patris filium Christiani, auf das h. Abendmahl. Morel nr. 84.

Digna deo Catharina, auf die h. Catharina. Ich kenne diese Sequenz nur aus der Anführung bei Schubiger S. 95.

---

[1]) Schubiger S. 95 führt vier an.

Martyris Victoris laudes resonent Christiani, auf den h. Victor. Von Adam de S. Victor. In Gautiers Ausgabe 2, 94.

Victori Blasio laudes immolent incolani, auf den h. Blasius. Angeführt aus einem Messbuch des 15. Jahrhunderts in Karlsruhe von Mone 2, 232.

Virgini Mariae laudes concinant Christiani, auf die Jungfrau Maria. Mone 2, 232, Daniel 2, 198, Graduale Monast. 1536.

Virgini Mariae laudes intonant Christiani. Natum corde paterno u. s. w., auf die Jungfrau Maria. Adam de S. Victor ed. Gautier 2, 349.

Virgini Mariae laudes intonant Christiani. O beata domina u. s. w., ebenfalls auf die h. Jungfrau. Adam de S. Victor 2, 349.

Virgini Mariae laudes intonent Christiani. Era tristis abstulit u. s. w., von Adam de S. Victor. Gautier 2, 348, Hymni et sequentie c ij.

Virgini Mariae laudes intonent Christiani. Mone 2, 231. Unterscheidet sich von dem vorigen nur dadurch, dass der zweite Stollen des ersten Doppelversikels in diesem beginnt *Mors et vita modulo,* in jenem *Mors et vita in Christo.*

Endlich ist noch eine Parodie zu erwähnen:

Victimae novali cinke ses immolent deciani, auf das Würfelspiel. Carmina Burana S. 249. Die Abtheilung der Versikel ist im Abdruck zum Theil gar nicht beachtet. Vgl. Wolf, über die Lais S. 209.

Eine theilweise Nachbildung findet sich am Schlusse zweier Sequenzen: der einen von Thomas de Celano auf den h. Franciscus (Daniel 5, 314), der andern auf die Empfängniss Mariae (Morel nr. 124).

Ausser diesen Sequenzen namhafter Verfasser haben noch folgende namenlose Übereinstimmung des Rhythmus und der Melodie:

Christi martyris colamus festa Clementis, auf den h. Clemens. Mone 3, 252, Daniel 5, 122, aus Branders Handschrift, in der die Sequenz Notkern beigelegt wird. V. 37 hat sich Mone des Metrums wegen eine Veränderung erlaubt, *Christi* für *Christiana:* man sieht aber aus der Übereinstimmung mit den gleichgebauten, dass der erste Stollen mehr Silben hat als der zweite. Nach derselben Melodie geht:

Sancti martyris festum et evangelistae, auf den Evangelisten Marcus. Morel nr. 278, wo der Eingang von dem ersten Stollen des ersten Doppelversikels nicht gesondert ist. Ohne Zweifel wurde nach dieser Melodie auch gesungen: *Adest nobis dies alma et magno gaudio plena.* Neale p. 225, und darnach Daniel 5, 337. Jedoch scheint hier der Eingang ganz zu fehlen und die citierten Worte sind bereits der erste Stollen. Wie der Eingang, so fehlt auch der Schluss, denn *Amen dicant omnia* ist wahrscheinlich ein unechter Zusatz; auch in der Sequenz bei Morel fehlt der Schluss.

Die Sequenz *Summi regis archangele Michahel*, auf den h. Michael (Mone 1, 452, 453, Wackernagel 1, 87) wurde von Hermann Bonnus umgearbeitet zu *Summe rex Christe angelorum:* Lossius 236, Wackernagel 1, 274.

Die Erfordernisse einer Nachdichtung auf eine vorhandene Melodie oder Sequenz sind Übereinstimmung der Melodie, der Silbenzahl und des Rhythmus.

Um die Art der Nachbildung und die dabei vorkommenden rhythmischen Abweichungen erkennen zu lassen, gebe ich erst zwei Sequenzen [1]), deren Rhythmus mit wenigen Ausnahmen zwar harmoniert, und dann ein Beispiel von einer grösseren Zahl nach gleicher Melodie gehenden, bei denen auch die rhythmischen Abweichungen stärker sind [2]).

1.

A solis occasu
usque ad exortum

Est cunctis nomen tuum,
deus, laudabile
Qui inde novum solem
mittis mira lege,

Qui lustret orbem radiis
Et foetu terras vegetet.

Hic Columbanus nomine
columbinae vitae fuit.
Dignus habere spiritus
sancti pignus in hac vita.

---

[1]) Schubiger nr. 43; Mone 3, 488.
[2]) Schubiger nr. 30. Mone 3, 154. Morel nr. 216. Daniel 5, 322.

Hic terram cum Abraham
reliquit et cognatos
propter deum. .
Hic cum Johanne regis
incestum increpare
non metuit.

Huic pastúm dat deus
in deserto cum Moyse.
Huic coelúm obséqui
est paratum cum Josue.

Hic feras mansuefacit
et corvos ut Elias
et Daniel.
Hic persecutiones
cum apostólis Christi
perpetitur.

Huic ipse veritatis hostis
nutu dei
Testatur quod hic veritatis
cultor foret,

Nos ergo tete poscimus,
Beate, quo nos domino
tu commendes.

2.

Romana Quirinus
stirpe procreatus,

In vera Christi fide
doctus infantulus
Antiqua Martis bella
sperat, nova petit,

Vexilla crucis arripit,
Victorem mortis adiit,

Et calcetenus spreverat
transitura mundi bona,
Quae possederat dederat,
mercaturus perpetúa.

Romulizanti regi
congressus agonizans
victorizat,

Martyrizandum corpus
tradebat vivens homo
pro domino,

Signifer ut Christum
sequeretur sceptrigerum.
Lethifer hunc ruit,
morte victus exercitus.

Superna turma gaudet
cum Christo, hujus aucta
consortio;
Gaudete vos terrestres,
quos servat ille precis
tutamine.

Communi corde voci plebis
concinite,
Popellus atque cunctus clerus,
vos monachi:

Quirine, martyr domini,
Commenda preces populi
Christo deo.

Eingang:
  I Dilecte deo   II Rex regum deus
    Galle perenni,   noster colende,

 III Salvete agni   IV Summa laude[1])
    electa turba,   diem nunc patris
                                Findani celebremus,

1.

  I Hominibusque et coetibus
    angelorum,
    Qui Jesu Christi obediens
    arduae suasioni

 II Tu moderaris militiam
    christianam,
    Bellandi gnaros horribili
    proelio destinando,

III Quae innocentes patimini
    pro corona
    Atque Herodis ob crimina
    metitis poli regna

---

    [1]) Der Text ist zu lang, auch wenn man die Ligaturen bei Schubiger auf einzelne Silben vertheilt.

IV Qui sub exemplo praecipui
   patriarchae
   Cognationis et patriae
   effectu derelicto,

2.

I Praedia patris, gremium matris,
  Confugis curam, ludicra nati

II Consules scios reipublicae
   Dando, magistros tuis populis.

III Carnifex furit cum saevitia,
    Quod Christus suffert patientia;

IV Peregre ducem subsequens domnum,
   Factus est fide proles Abrahae,

3.

I Sprevisti pauperem
  pauper dominum sequéns
  Et crucem gaudiis
  praetulisti lubricis.

II Nec enim falleris
   eligendi sapiens,
   Quem cui subroges
   ministerio, deús.

III Sed malum daemonis
    suscepit miseria,
    Cum Christi flosculos
    accepisset gloria.

iV Beatitudinis
   simul haeres illiús,
   Terrae viventium
   possidet eulogian.

4.

I Sed Christus pretio centuplicato
  Haec compensat, ut dies iste testatur,

II Ex quibus est sacer iste sacerdos
   Qui in pace degens ecclesiae sanctae

III Quorum tu, Christe, pia precamina
    Assumas, o quaesumus voce summissa.

IV Hic enutritus aula Pharaonis,
   Opes regni Moysis spernens caducas

5

I Dum tibi nos omnes
  filios dulci subdit effectu
  Sueviamque suavem
  patriam tibi, Galle, donavit,

II Consiliatus est
qualiter hostis inruptionem,
Quae solet incautos
depopulari, praemonuisset.

III Precibus ut horum
deleas . . nostra peccata,
Qui tibi sanguine
famulabantur antequam lingua.

IV Habuit hunc suae
moribus verum asseclam vitae,
Cum bonis saeculi
praetulit imperium Christi [1])

6.

I Nec non et judicem
in coelis apostolorum choro
junctum te fecit sedere.
Te nunc suppliciter
precamur ut nobis Jesum Christum,
Galle, postules favere.

II Iste haereticis
invisus atque paganis nec non
regi omnium pravorum,
Gaudet se domini
participatum tenere hostes
ejus perferens cum illo [2]).

III Quos tu pro sanguine
minuto coelitus ampla semper
ornas altaque corona,
Quae non deficiet
et sine fine perennis constat
summo lumine decora.

IV Et ollas carnium
Egyptiarum vitalis hostiae
solo respuit amore,
Et manna coelicum
deque petra potum suppeditavit
via fame siti lassis [3]).

---

[1]) Um eine Silbe kürzer als die entsprechenden: in III fehlen der Schlusszeile des ersten Stollen zwei Silben.

[2]) In dieser Sequenz scheint die Versabtheilung der zweiten Stollenzeile vielmehr nach *paganis* und *tenere* anzunehmen, also abweichend von den drei andern.

[3]) Die zweite Zeile jedes Stollen hat in IV eine Silbe mehr.

7.

I Et locum corporis
ejus pace repleas
Ac tuos supplices
crebra pace subleves,

II Tu nobis triticum,
dispensator optime,
Doctrinae domini
impertire jugiter,

III Cujus nos socios
pone Christi dextera,
Cum ipsis pariter
nobis dando praemia,

IV Hinc Christus suae nunc
participem mensae
Plene perpetuis
admittit deliciis [1]),

8.

I Ut tibi debitam
honorificentiam
Laetabundi semper
mereantur solvere.

II Coelestem quatenus
remeare patriam
Possimus abundantibus
alimoniis [2])

III Quorum in laudibus
terimus labiola
Atque cum vocibus
levamus praecordia

IV Ubi gutta potus
nunc pauxilla suorum
Aestuantis igne
refrigerat animae

Schluss:

I O Galle deo dilecte.
II O miles Christi praecelse.

---

[1]) Die zweite Zeile des ersten Stollen ist in IV um eine Silbe kürzer.
[2]) Die Versabtheilung weicht im zweiten Stollen von der des ersten und der übrigen Sequenzen ab.

III Ad laudem Christi per saecla[1]).
IV Auriculari de summo.

Die Abweichungen im Rhythmus sind im wesentlichen dieselben, die wir in ein und derselben Sequenz bei den Stollen eines Doppelversikels oben kennen gelernt haben. Zuweilen findet man, dass eine Nachahmung im Rhythmus vom Original abweicht, aber in sich ihre entsprechenden Glieder harmonisch gebaut sind. So Mone nr. 318, v. 23, verglichen mit *Agni paschalis esu*, Schubiger nr. 12: bei Mone ist dieser Doppelversikel und der Schluss ganz falsch abgetheilt; man lese:

> Tu qui dei caritatem retinens
> Immortalis perdurasti Michahel
>
> Post mortem requiem
> nobis deprecare;

in der anderen Sequenz:

> Eu redivivus mundus ornatibus
> Christo consurgens fideles admonet,
>
> Post mortem melius
> cum eo victuros.

Der Rhythmus der Michael-Sequenz ist regelmässiger und harmonischer.

Die Sequenz *Laude dignum* (Schubiger nr. 1) schliesst alle Versikel mit der rhythmischen Formel — ⏑ ⏑ — ⏑; die Nachahmung *Sancti belli* (Mone 3, 436) hat dafür die Formel — ⏑ — ⏑ —, die in der anderen Sequenz nur einmal (Absatz 4) vorkommt. Man vergleiche:

Suevia mater.	laude debita.
gratulans semper.	sit victoria.
placidus deo.	ducit agmina.
rutilans micat.	auget praelia.
paruit promptus.	fe- licium vota.
minimis largus.	colla devota.
cuncti precemur.	regat gratia.
domino deo.	fida monita.
trinitas summa.	vitae per cuncta.

Der Grund der fast consequent hier durchgeführten Abweichung liegt in den Reimen auf *a*, womit jeder Versikel der zweiten Sequenz schliesst: in diesem Falle ist die proparoxytonische Betonung weitaus die überwiegende.

---

[1]) *saecula* Hs.

Derselbe Fall, wenn auch nicht in so ausgedehntem Masse, Schubiger nr. 2, wo der zweite Versikel mit dieser Form schliesst: in der ebenso gebauten *Laudantes triumphantem Christum* (Mone 1, 196) geht er trochäisch aus:

>nunc decet organis = Messiam secutus
>surgenti domino fluenta potare.

Ebenso nr. 5, verglichen mit *Christe sanctis unica* (Mone 3, 310), die Sequenz schliesst:

>probrosissima = suscipe preces
>fru- amur gloria unice dei.

Der umgekehrte Fall nr. 9, verglichen mit *Sanctam praesentis diei* (Mone 3, 393), im sechsten Doppelversikel, wo das Original schliesst:

>abysse die alléluja =
>im- mensitates alleluja,

die andere Sequenz aber:

>carneis lumen aeternum =
>coeperat intus videre.

Im elften Jahrhundert, wo auch die neugedichteten Sequenzen rhythmisch nachlässig gebaut waren, verwendeten die Dichter natürlich auch in der Nachahmung älterer Sequenzen wenig Sorgfalt auf den Rhythmus und dessen Übereinstimmung, sondern es wurden im wesentlichen nur die Silben gezählt. Dieser Art ist *Laudum quis carmine* (Mone 1, 199), welches der Melodie von *Concentu parili* (Schubiger nr. 10) folgt. Weder in sich ist diese Sequenz harmonisch gebaut, noch entspricht sie in den Rhythmen dem Originale. Auch in *Eja harmoniis* (Mone 1, 211) nach der Melodie von *Eja recolamus* sind viele Verse unrhythmisch und nur die Silben gezählt. Und so in vielen Sequenzen bald in höherem, bald in geringerem Grade.

In der Zahl der Silben muss die Nachahmung dem Originale entsprechen. Wir haben aber schon in den wenigen vollständig mitgetheilten Sequenzen gesehen, dass von diesem Gesetze Abweichungen vorkommen. Zum Theil beruhen diese Abweichungen sicherlich auf Fehlern der Handschriften: man muss indessen, wenn man die Melodie nicht kennt, vorsichtig mit Änderungen sein, da häufig Ligaturen der Originalmelodie den Unterschied in der Silbenzahl ausgleichen. Wir haben gesehen, dass der Unterschied zweier Stollen eines Doppelversikels häufig darin besteht, dass in dem einen auf zwei Noten nur eine Silbe gesungen wird, in dem andern zwei

Silben. Dasselbe kommt nun auch zwischen Original und Nachahmung vor. Die bekannte Sequenz *Dilecte deo Galle perenni* (Schubiger nr. 30) steht bei Daniel 2, 25 mit dem Anfange *O dilecte domino Galle perenni*, also mit zwei Silben mehr. Die meisten auf diese Melodie gehenden Sequenzen stimmen mit der ersteren Lesart überein: gleichwohl ist die zweite, die auf alten Handschriften (des 11. Jahrhunderts) beruht, keineswegs falsch: denn da in der Musik drei Noten auf die mittlere Silbe fallen, so wird der metrische Unterschied ausgeglichen: es wird also gesungen:

    c d f d f e f
    Di- lec- te deo
    O dilecte domino.

In der Sequenz *Speciosus forma* (Daniel 5, 286) lautet der Eingang:

    Speciosus forma
    prae natis hominum Jesus,

im Original (Schubiger nr. 36) aber:

    Eja recolamus
    laudibus piis digna;

dort eine Silbe mehr: es fallen aber auf die dritte Silbe von *Laudibus* zwei Noten, daher wird der Unterschied aufgehoben.

Schubiger nr. 23, verglichen mit Daniel 5, 177, zeigt die Nachahmung im achten Doppelabsatze (16. 17 bei Daniel) eine Silbe mehr: im Original:

    Tu aspirando
    das spiritales
    esse homines,

in der Nachahmung:

    Hostis naturae
    natus eviscerat
    atque jugulat;

also die zweite Zeile um eine Silbe länger: auf *das* aber fallen zwei Noten und so wird der Unterschied ausgeglichen.

In *Eja recolamus* (Schubiger nr. 36) unterscheiden sich die beiden Stollen des sechsten Doppelversikels dadurch, dass bei gleicher Silbenzahl doch 6ᵇ eine Note mehr hat, indem auf *die* zwei Noten fallen und daher zwischen die dritte und vorletzte Note eine eingeschoben wird. Die Nachahmung *Speciosus forma* (Daniel 5, 287) stimmt mit 6ᵇ, hat aber in 6ᵃ eine Silbe mehr: dies ist so zu erklären, dass die musikalische Verschiedenheit der Einschiebung einer Note in der Nachahmung nicht statt fand, indem die eingeschobene Note auch in den ersten Stollen kam, wohl aber

blieb die Ligatur zweier Noten auf der fünftletzten Silbe: daher
entsprechen sich die Schlüsse:
>pater edocuit

und
>sed lucivoma,

indem auf *sed* zwei Noten fallen.

In der Sequenz Gotschalks (nr. 58) hat der zweite Stollen des vierten Doppelversikels eine Wiederholung einer Note, in Folge dessen auch eine Silbe mehr: die Nachahmungen heben die musikalische und rhythmische Verschiedenheit auf.

Original:
>In domo Simonis
>leprosi conviviis
>accubans typicis.
>Murmurat Pharisaeus[1])
>ubi plorat femina
>criminis conscia.

Nachahmungen:
>Igitur hic sanctus =
>Quo deus colitur Mone 3, 124.
>Promittens veniam =
>Ut regni concives 3, 171.
>Inter haec vitiis =
>Sed mater lacrimis 3, 211.

Um noch ein Beispiel deutscher Nachahmung anzuführen, auf die wir sonst hier nicht eingehen wollen, wählen wir den Anfang der nach dem *Ave praeclara* wenn auch theilweise frei gedichteten Sequenz, die sich in einer Hs. des Klosters Muri erhalten hat: Lachmann im rhein. Museum 1829, S. 427; Müllenhoff-Scherer S. 123.

>Ave praeclara maris stella,
>in lucem gentium, Maria,
>divinitus orta.
>
>Euge dei porta
>quae non aperta
>veritatis lumen
>ipsum solem justitiae
>indutum carne ducis in orbem.
>Virgo decus mundi,
>regina coeli,
>praeelecta ut sol,
>pulchra lunaris ut fulgor,
>agnosce omnes te diligentes.

---

[1]) *saeus* ist a a, *uis* einfaches a.

Der entsprechende deutsche Text lautet:

  Avê, vil liehter meres sterne,
  ein lieht der cristenheit, Mariâ,
  aller magede ein lucerne.

  Fröwe dich, gotes zelle,
  beslozzeniu cappelle.
  dô du den gebaere
  der dich und al die welt gescuof.
   nu sich wie reine ein vaz du maget dô waere.
  Sende in mine sinne,
  des himeles küniginne,
  wâre rede süeze,
  daz ich den vater und den sun
   und den vil hêren geist geloûben müeze.

Es hat demnach die dritte Zeile des Eingangs **zwei** Silben mehr, was jedoch dadurch theilweise ausgeglichen **wird, dass** auf die erste Silbe von *orta* zwei Noten fallen. Ebenso ist die Abweichung im zweiten Verse des ersten Doppelabsatzes: sieben statt fünf Silben; da jedoch auf die mittlere Silbe von *aperta* vier Noten fallen, so hebt der Unterschied sich auf. Die letzte Zeile hat eine Silbe mehr: im Original fallen auf die erste Silbe von **carne** vier Noten, mithin gleicht auch diese Differenz sich aus.

Aber nicht immer kann auf diese Weise der Unterschied erklärt werden: auch wo im Original nur eine Note auf jede Silbe fällt, hat mitunter die Nachahmung mehr Silben. So Schubiger nr. 5, verglichen mit Mone nr. 935: hier lauten V. 34—37:

  Et veniam lapsis deprecans
  jugi supplicationum
  sanctorum instantia,

und der entsprechende Theil des Originals:

  Nec gregum magistris defuit
  lumen quos perstrinxit claritas
  militum dei,

wo ausserdem Rhythmus und Versabtheilung nicht harmoniert.

Die Parodie auf *Victimae paschali* (Carm. Burana S. 249) weicht mehrfach ab: so hat der erste Doppelversikel in seiner Schlusszeile eine Silbe mehr, die aber durch die Musik sich ausgleicht. Nicht so im Anfang des zweiten, wo sich entsprechen:
Original:
  Dic nobis Maria

Parodie:
>Nunc clamat o fortuna,

während der zweite Stollen mit dem Original übereinstimmt. Streicht man *o*, so schwindet der Unterschied. Man vergleiche noch Daniel 5, 286 (nr. 567) mit Schubiger V. 36, 2.3; Mone nr. 823, 13.17 mit Schubiger nr. 58, 3; Mone nr. 655, 5 und nr. 1177, 5 mit Lossius 228; Mone nr. 919, 5 mit Schubiger nr. 38, 1. In derselben Sequenz hat der mit V. 25 beginnende Absatz im ersten Stollen eine Silbe mehr als der zweite; die Abtheilung bei Mone ist so zu berichtigen:

>Hujus obtentu
>> tua, Christe, gratia
>
>Nobis aeternae
>> det pacis gaudia
>
>Et splendidis condigne moribus
>perviam tanti patris assequi semitam
>Sideream mereamur angelis
>una sine fine possidere patriam.

Die Abweichung erstreckt sich auf mehrere Silben. Zwei Silben mehr als das Original hat Mone nr. 742, 15, verglichen mit Schubiger nr. 12:

Original:
>Renes constringant
>ad pudicitiam.

Nachahmung:
>Apud aeternum
>nosmet commenda dominum.

Drei Silben beträgt der Unterschied in der Sequenz bei Daniel 5, 177, 20.21, verglichen mit Schubiger nr. 23:

Original:
>Ergo nos supplicantes tibi
>exaudi propitius sancte spiritus.

Nachahmung:
>O dulces innocentium acies!
>o pia lactantum pro Christo certamina!

wo auch die Versabtheilung abweicht. Der gleiche Unterschied bei Mone 3, 47 und 3, 522 verglichen mit Lossius 228, der Eingang in jenen beiden hat drei Silben mehr, wenn nicht *psallite* im Original noch einmal mehr zu lesen ist.

Sechs Silben beträgt der Unterschied bei Daniel 5, 322 (nr. 643), verglichen mit Schubiger nr. 30, im Eingang, und wird nur theilweise durch die Ligaturen des Originals ausgeglichen.

Den umgekehrten Fall, dass die Nachahmung weniger Silben hat als das Original, findet man ebenfalls nicht selten. Dieser Unterschied ist viel leichter auszugleichen, da dann nur mehrere Noten auf eine Silbe gesungen zu werden brauchen. Ein Fehler der Überlieferung ist aber in der Regel dann anzunehmen, wenn nur der eine Stollen in der Silbenzahl abweicht, während der andere stimmt. Daniel 5, 177 (nr. 393) lauten 4 und 5:

    Hos trucidavit
    frendens insania
    Herodianae fraudis
    ob nulla crimina,

im Original (Schubiger nr. 23) hat jeder Stollen die Form:

    Spiritus alme,
    illustrator hominum;

der erste der Nachahmung demnach eine Silbe zu wenig, der zweite eine Silbe zu viel. Im folgenden Absatz (6 und 7) hat jeder Stollen eine Silbe weniger als das Original; und so fehlt noch eine Silbe Mone nr. 641, 3ª, verglichen mit Schubiger 25; 1150, 6, verglichen mit Schubiger nr. 36; Daniel 5, 286, 7ᵇ und 8, verglichen mit derselben Sequenz.

Um zwei Silben weniger hat der Eingang der Sequenz bei Morel nr. 146, verglichen mit Schubiger nr. 2; ebenso bei Daniel 2, 185, 10. 11, verglichen mit Schubiger nr. 23; Daniel 5, 177, 2. 3, eine Nachahmung derselben Sequenz (nr. 23); Daniel 5, 227, 2 (aber nicht 3), verglichen mit Schubiger nr. 36 u. s. w. Drei Silben beträgt der Unterschied bei Daniel 2, 185, 19 (während 18 die richtige Silbenzahl hat), verglichen mit Schubiger nr. 23; vier Silben fehlen Mone nr. 1150, 4, verglichen mit Schubiger nr. 36, während 6 die richtige Silbenzahl hat; fünf Silben weniger hat bei Morel nr. 219 der vierte Vers, verglichen mit dem dritten und dem Original (Schubiger nr. 3). Sechs Silben am Anfang fehlen in der Sequenz bei Mone 3, 33, verglichen mit Schubiger nr. 25, doch nur fünf, wenn man *cui* statt *qui* (V. 2) liest, wie es der Sinn verlangt: der Eingang des Originals lautet:

    Sancti baptistae Christi praeconis,

in der Nachahmung:

    Laus tibi Christe.

Da die letztere Eingangsformel, die sehr häufig vorkommt (so beginnen damit die Sequenzen bei Schubiger nr. 37. 38. 58, bei Mone 3, 34. 47. 301. Wackernagel 1, 210), melismatisch gesungen wurde (vgl. Schubiger nr. 38), so kann dadurch der Unterschied sich ausgleichen, wiewohl schon in dem längeren Texte des Originals Melismen vorkommen.

Ein ganzer Stollen fehlt in den Sequenzen *Gaudens ecclesia* (Mone 3, 289) und *Summis conatibus* (Mone 3, 264), verglichen mit Schubiger nr. 10, nämlich im ersten Doppelversikel. Da hier jedoch die Silbenzahl der des Eingangs gleich ist, so kann man annehmen, dass der Eingang und der eine Stollen nach derselben Melodie gesungen wurden, demnach die Eingangsmelodie in den Nachahmungen wegfiel. Mone nimmt Eingang und den einen Stollen als ersten Doppelversikel, doch ist zu bedenken, dass die Verseintheilung beider Stücke nicht harmoniert.

Die abweichende Verseintheilung der Stollen macht einen sehr häufig vorkommenden Unterschied zwischen Original und Nachahmung. Es liegt darin, wie wir schon oben (S. 75) andeuteten, ein Beweis, dass die Pausen innerhalb der Stollen keine feststehenden waren. Namentlich aus den Reimen kann man diese Abweichung erkennen, aber auch bei ungereimten Sequenzen aus dem rhythmischen Tonfalle und der logischen Zusammengehörigkeit der Worte. Einen solchen Fall erwähnten wir oben (S. 114). Ein anderes Beispiel gewährt die Sequenz bei Schubiger nr. 9: hier gliedert sich der erste Doppelversikel:

> In laudibus aeterni regis
> haec plebs resultet alleluja.
> Hoc denique caelestes chori
> cantant in altum alleluja

Dieselbe Gliederung haben die Nachahmungen *Scalam ad coelos* (Mone 3, 157) und *Ecce solemni* (Mone 2, 28):

> Cujus ima draco servare
> cautus invigilat jugiter
> Ne quis ejus vel primum gradum
> possit insaucius scandere,

und ebenso im ersten Stollen:

> Quae saeculo processit gemma
> potens et nobilis Maria

während der zweite abweicht:

> Regalibus exorta parentelis
> θεοτόκος inclyta,

und mit dieser letzteren Abtheilung stimmt die dritte Nachahmung *Sanctam praesentis* (Mone 3, 393):

> In laudibus aeterni creatoris
> fideliter ducamus

> Illiusque athletae fortissimi
> praeconiis pariter.

Die logischen Pausen wie der Versrhythmus entscheiden in der Originalsequenz für die obige Gliederung, der die Wortabtheilung in der letzteren Nachahmung widerstreitet. Einen andern Beleg bietet Schubiger nr. 26, verglichen mit Mone nr. 1074 und nr. 1159: der Schluss der Sequenz lautet:

> Te crux associat,
> te vero gladius
> cruentus mittit Christo;

bei Mone nr. 1159:

> Nunc inter inclytas
> martyrum purpuras
> coruscas coronatus,

dagegen in nr. 1074:

> Tu celebrantibus
> servulis clemens tutor
> esto tua festa.

Die Ungleichheit lässt sich jedoch aufheben, wenn man die zweite und dritte Zeile schreibt:

> te vero gladius cruentus
> mittit Christo,

und so auch in den übrigen, nicht aber mit Lachmann (rheinisches Museum 1829, S. 434) die erste:

> Nunc inter inclitas martyrum,

weil dann in der Originalsequenz sich ergäbe:

> Te crux associat, te vero
> gladius cruentus mittit Christo,

was wegen der Auseinanderreissung zusammengehöriger Worte nicht zu billigen.

Die Herausgeber haben hierin oft gefehlt, indem sie bei der Verseintheilung einer Sequenz nicht auf die nach gleicher Melodie gehenden Rücksicht nahmen.

Mone nr. 1118, eine Nachahmung der beliebten Sequenz *Eja recolamus* (Schubiger nr. 36) weicht im Eingange von dem Original und den übrigen Nachahmungen ab:

> Eja recolamus
> laudibus piis digna —
> Celsa lux Sion ave,
> martyr Pantaleon.

Der erste Absatz lautet im Original:

> Hujus diei carmina
> in qua nobis lux oritur gratissima.

>   Noctis inter nebulosa
>   pereunt nosti criminis umbracula.

In der Nachahmung ist abgetheilt:
>   Clare lucifer,
>   qui puer senatorem
>   patrem spernis idolatram,
>   Summi filius
>   ut patris esses praedulcis
>   adoptivus in coelis;

hier harmonirt weder die Versabtheilung der Stollen noch ist Übereinstimmung mit dem Originale. Beides wird erzielt wenn man schreibt:
>   Clare lucifer qui puer
>   senatorem patrem spernis idolatram,
>   Summi filius ut patris
>   esses praedulcis adoptivus in coelis.

Unter den Nachahmungen des *Ave praeclara* stimmt eine (Mone 3, 214) im Eingang nicht mit der Verseintheilung des Originals und der übrigen Nachahmungen. Das Original lautet:
>   Ave praeclara maris stella,
>   in lucem gentium, Maria,
>   divinitus orta;

die Nachahmung aber:
>   Ave praeclara Barbara,
>   namque tua tenera est vita
>   crudeliter torta.

Im zweiten Doppelversikel harmonieren die beiden Stollen nicht bei Hermann Bonnus (Wackernagel 1, 276), der erste stimmt mit dem Original, nicht der zweite.

Im dritten ist dies der Fall in der Nachahmung *Ave praesignis* (Mone 3, 361) V. 30—39, wo der zweite Stollen abweicht.

Im vierten weicht die Nachahmung *Ave praeclara Barbara* (Mone 3, 214) wieder ab. Mehrfache Abweichungen, wie man aus den Reimen ersieht, hat in der Verseintheilung die Sequenz *Alme confessor* (Daniel 2, 187), die ebenfalls dem *Ave praeclara* nachgeahmt ist. Hier harmonieren aber auch die entsprechenden Stollen nicht mit einander: in dem ersten Doppelversikel hat das Original:
>   Euge dei porta
>   quae non aperta
>   veritatis lumen
>   ipsum solem justitiae
>   indutum carne ducis in orbem.

die Nachahmung hat:
> Heremi possessor,
> Pauli successor,
> legis dilatator,
> miseris consolator,
> virtutum sator,
>   aegrorum curator.
> Antoni, indolis
> clarae, nobilis,
> qui novenis sub bis annis
> paterna praedia
> minimis Christi
>   distribuisti.

In Gotschalks Sequenz *Laus tibi Christe* (Schubiger nr. 58) gliedert sich der Eingang:
> Laus tibi Christe
> qui es creator
> et redemptor,
> idem et salvator,

wie man namentlich aus einer ganz gereimten Nachahmung sieht (Mone 3, 124):
> Laudet te deus
> justus et reus,
> orbis totus,
> sacro fonte lotus.

Damit stimmt auch eine zweite Nachahmung (Mone 3, 171); eine dritte weicht aber ab: Mone 3, 211:
> Illuminare,
> Jerusalem,
> illuminare,
> Sion, elevare;

der Unterschied wird aber aufgehoben wenn man umstellt:
> Illuminare,
> illuminare,
> Jerusalem
> Sion, elevare.

Abweichend ist ferner die Verseintheilung in *Jocunda deo* (Mone 3, 522), verglichen mit *Psallite* (Lossius 228) und *Laus tibi Christe* (Mone 3, 47). In letzterer lautet der vierte Absatz:
> Circuit invidus
> et adhuc quem devoret
> quaerere anhelat.
> Contra hunc dominus
> agonistam statuit
> qui resistat ei;

dagegen in *Jocunda deo:*

> Jam deo devota beati
> exercitus
> regina Ursula
> Ex dictis erat angelicis
> martyrii
> virginum praescia.

Der Reim entscheidet in ersterer Sequenz für die gemachte Eintheilung, die mit *Psallite* übereinstimmt. So auch bei Mone nr. 935, verglichen mit Schubiger nr. 5; die zweite Strophe lautet hier:

> Per quem dies et horae labant
> et se iterum reciprocant.
> Quem angeli in arce poli
> voce consona semper canunt.

Dagegen bei Mone:

> Quin insuper mirando modo nova
> mittit luminaria,
> Quae Galliae vel Germaniae corda
> foveant sterilia.

Ebenso bei Mone nr. 1150, wo 31—34 sich so gliedern:

> Imperatori tandem
> vir dei est proditus,
> Ut reus sistitur,
> sagittis totus configitur;

die zweite Hälfte stimmt mit dem Original (Schubiger nr. 36), und der Reim fordert diese Eintheilung, die bei der ersten durch die Worteintheilung unmöglich gemacht wird. Da jedoch die erste Hälfte überhaupt um eine Silbe kürzer ist, so thut man besser, *tandem* zur zweiten Zeile zu ziehen, wodurch diese dann dem Schlusse der andern Hälfte entspricht.

Auch aus den deutschen Nachahmungen geht hervor, dass die Versikelabtheilung im Innern schwankend ist. Ich will einige Absätze aus zwei späten Verdeutschungen des *Congaudent angelorum* (Schubiger nr. 27) anführen, die sich im Gesangbuch der Böhmischen Brüder finden. Der vierte Doppelversikel lautet im Original:

> Qua gloria in coelis
> ista virgo colitur:
> Quae domino coeli
> praebuit hospitium
> sui sanctissimi corporis.

>Quam splendida polo
>stella maris rutilat,
>Quae omnium lumen
>astrorum et hominum
>atque spirituum genuit.

Dafür hat die eine Nachahmung:

>O wie wunderlich und gros
>ist herr christ dein lieb ohn mass,
>O welch grosse freud und wonn
>ist uns alln o gottes sohn
>widerfahren
>als du bist geboren.
>Denn du bist hie erschienen
>uns allen zu verdienen
>Gnad frid und gerechtigkeit,
>ewig lebn und seligkeit.
>o wol denen
>die solchs thun erkennen.

Die andere dagegen:

>O Christe, guter hirt,
>du bist deiner kirchen haupt,
>die von herzen deinen worten glaubt,
>sich an dich hält
>und sich befleisst zu thun was dir gefellt.
>Du allein bist die bahn,
>wie alle schrift zeiget an,
>Durch dich kommt man zu rhu und gleich zu,
>wol diesen nu
>so das wissen und sich schicken darzu.

Weniger weichen die Texte im sechsten Absatz von einander ab:

>Te libri, virgo, concinunt prophetarum,
>chorus jubilat sacerdotum,
>apostoli
>Christique martyres praedicant.
>Te plebis sexus sequitur utriusque
>vitam diligens virginalem
>coelicolas
>in castimonia aemulans.

>Du bist auch, herr, ihr bruder worden,
>dass sie wurden
>deins vaters erben,   dein miterben,
>und wurden gfreit
>von gsetz sünd tod teuffel und allen leid.

Du wohntest auch unter ihnen,
woltst ihn dienen,
brachtest den segen, thatst ablegen
von ihm die schmach,
den fluch gottes und alles ungemach.
Nach dir, herr Jesu Christ, schreien die altveter,
erkannten sich als übertreter,
desgleichen wir,
darum schreien wir auch wie sie zu dir.
Denn ohn dich mag kein lebendig mensch auf erden
für gott gerecht und selig werden:
du bist die thür,
ohn dich kommt niemand in der engel chor.

Nimmt man in der ersten Übersetzung inneren Reim der ersten Zeile an, so fällt der Unterschied der Eintheilung fort. Mit der Eintheilung der zweiten stimmt genau die Übersetzung Heinrichs von Loufenberg bei Wackernagel 2, 584 (nr. 762).

12. Reim.

Bereits in den ältesten Sequenzen, den von Notker selbst verfassten, begegnen wir dem Reime, jedoch erst vereinzelt. Die nachweislich älteste Sequenz *Laudes deo concinat* (Schubiger nr. 14) ist, wenn man *totus* : *liberatus* abrechnet, gänzlich reimlos. In der ebenfalls von ihm selbst citierten *Psallat ecclesia* (nr. 31) reimt vielleicht diese Eingangszeile mit den folgenden (: *illibata* : *ruga*), ausserdem die Schlüsse zweier Stollen (*nocua* : *crimina*). Dass der Reim hier noch spärlich vorkommt, darf nicht Wunder nehmen. Auch die deutsche Poesie jener Zeit (Mitte des 9. Jahrhunderts) ist noch im Übergange von Alliteration zum Reim begriffen: erst in der zweiten Hälfte des Jahrhunderts sehen wir den Reim zur Herrschaft gelangt. Das vereinzelte Auftreten desselben in den ersten Sequenzen Notkers ist den hin und wieder in der Alliterationspoesie vorkommenden Reimen zu vergleichen. Gleichwohl würde man irren, wenn man den Reim zu einem Kriterium machen wollte für Echtheit und Unechtheit notkerischer Sequenzen; denn da Notker erst 912 starb, so machte er den Übergangsprocess von Alliteration zum Reime in der deutschen Poesie mit, und es können daher Sequenzen, die ganz oder fast ganz gereimt sind, wenn nicht anderes gegen ihre Echtheit spricht, wohl von ihm in seiner späteren Zeit verfasst sein.

Den ganz reimlosen Sequenzen darf man im allgemeinen ein hohes Alter zusprechen: dass in späteren Jahrhunderten noch Dichter in dieser Weise gedichtet, ist nicht sehr wahrscheinlich. Reimlos sind die Sequenzen:

Deus in tua virtute, auf den Apostel Andreas. Daniel 2, 28, Pez, cap. 30, Hymni et sequentie g iiij. Vgl. Schubiger S. 46.

Fulget dies praeclarus, auf den h. Willibald. Daniel 2, 156[1]).

Laetabundis hac die, auf die Apostel Philippus und Jacobus und den h. Sigismund. Morel S. 166; aus einer Einsiedler Hs. des 12. Jahrhunderts. Der Charakter dieser Sequenz als einer auf mehrere Heilige zugleich bezüglichen scheint allerdings für eine verhältnissmässig späte Zeit zu sprechen.

Rex regum deus noster colende, auf den h. Eusebius. Mone 3, 154, Daniel 5, 148, Pez, cap. 34. Vgl. Schubiger S. 45, Anm., wo die Wahrscheinlichkeit, dass Notker sie verfasst, ausgesprochen ist.

In anderen Sequenzen finden wir ganz vereinzelte Reime: so in *Laude dignum* (Schubiger nr. 1), wohl nur den einen *promptus : largus*, womit zwei Stollen schliessen: am Schlusse der Stollen wird sich naturgemäss der Reim zuerst gezeigt haben. Ebenso vereinzelte in *Summum praeconem* (Mone 3, 46), *Ave dei genitrix* (Mone 2, 352) und *Laudes salvatori* (Schubiger nr. 11), wo ein Versikelpaar mit dem vollen Reime *despexit : aspexit* schliesst.

Die Art und Weise des Reimes in den ältesten Sequenzen ist die, die wir auch in der Entwickelung des deutschen Reimes wahrnehmen. Der althochdeutsche Reim geht von der letzten Silbe aus: mag dieselbe eine hochtonige oder tieftonige sein, immer ist sie gewichtig genug, um den Reim zu tragen. So reimt *largus : promptus* Schubiger nr. 1, grade wie bei Otfrid *alle : sine*, *wârun : rûnun*, *allu : andu*. Dass in den deutschen Wörtern die tieftonige Silbe den Reim bildet, hat seinen Grund in ihrer Hebungsfähigkeit, denn auf *alla* ruhen die beiden letzten Hebungen des Verses, die letzte aber trägt den Reim. In der lateinischen Poesie des Mittelalters, wenigstens in den Sequenzen, ist dies nicht der Fall; gleichwohl hat die Analogie des deutschen Reimes hier eingewirkt. Wenn die

---

[1]) Daniel stellt sie unter Sequenzen des 13. oder 14. Jahrhunderts; doch vgl. seine eigene Bemerkung auf S. 156.

drittletzte Silbe der Reimwörter betont ist, gewinnt die letzte wieder einen stärkeren Klang, daher in Fällen wie *pellitur : moritur* das Gewicht der Reimsilbe mehr ins Ohr fällt, wie auch in den ahd. Reimen *menigi : sibini, thegana : obana*. Aber auch das kommt vor, und entspricht wieder ganz der Analogie des deutschen Reimes, dass ein proparoxytonisch und ein paroxytonisch betontes Wort auf einander gereimt werden, wie *tyránnicas : suadélas* Mone nr. 768, 9. 10; *patitur : tristatur* Schubiger nr. 11; *possedit : respuit, morte : misere, libere : adesse, fascibus : plenus, properat : vocat, fudit : pertulit, superis : civis* Mone 3, 477 u. s. w., genau wie die Reime Otfrids *mánegaz : managfáltaz, worolti : wurti, eracar : wachar, léwes : manages* u. s. w.

Dass die vorgehende oder bei Wörtern mit kurzer Antepenultima die drittletzte Silbe mit reimt oder mit anklingt, ist im Althochdeutschen durchaus nicht nothwendig: es wurde aber, je mehr die Übung des Reimes sich verbreitete und befestigte, mehr und mehr gesucht. Mit der zunehmenden Abschwächung der Endungen wurden diese immer weniger im Stande den Reim zu tragen, daher das Streben die vorhergehende Silbe oder vorhergehenden Silben in den Reim zu ziehen mehr und mehr zur Nothwendigkeit wurde. In der lateinischen Sprache als einer erstorbenen konnte eine solche Schwächung der Endsilben nicht eintreten: trotzdem hat auch in ihr die Analogie der deutschen Poesie die Ausdehnung auf die vorhergehende Silbe, nicht in demselben Masse auch auf die drittletzte Silbe, begünstigt. Wir finden indess auch noch in späterer Zeit Sequenzen, deren Reime bei trochäischem Wortausgange sich auf die letzte Silbe beschränken: so noch bei Adam von S. Victor in seiner Nachahmung des *Victimae paschalis* (2, 94), *caesus : vivus, agonia : athleta, fortes : testes, defuncti : infirmi, ecclesiae : perversae;* und zugleich mit vollen zweisilbigen Reimen Mone 1, 9: *sator : amator : redemptor, nitor : decor : splendor : candor : odor, certex:apex, laudant : adorant : amant : cantant : clamant* u. s. w.; ebenso in einer zum Theil schon in regelmässigen Reimstrophen gedichteten Sequenz (Daniel 5, 187) *parcit : possit, prophetat : narrat*.

Wenn der Reim auf einer tieftonigen Silbe ruht, ist Gleichheit der Reimsilben Regel: auch darin stimmt die lateinische mit der ahd. Poesie überein. Ist jedoch der Haupton des Wortes auf der drittletzten Silbe, dann kann die letzte, die den Reim trägt, auch ungenau reimen. Namentlich häufig tritt dieser Fall ein, wenn alle Versikel auf denselben Reim, hauptsächlich *a*, ausgehen: es vergleicht sich dann die Kette von Reimen, die alle Versikelschlüsse mit einander verbindet, den einreimigen Tiraden der romanischen Literaturen, die, in der älteren Zeit assonierend, später auch rein gereimt wurden.

Indess auch bei trochäischem Versausgange, wenn nur die letzte Silbe reimt, findet man zuweilen ungenauen Reim, so *solis : vidit* Mone nr. 841, 52, *rivat : ornant* 147, 44, *sedem : Noricae* 907, 47, *adhibet : perfert* 1120, 46, *consortes : refers* 147, 52, *signifer : invicte* 1157, 46, *puniit : suis* 701, 48.

Bei proparoxytonischer Betonung ist ungenauer Reim der letzten Silbe selten, wenn nur zwei Verse auf einander reimen: so *filii : juvenis* Schubiger nr. 33, *exprimunt : intuitum* Mone 725, 34, *simplicitas : radiat* 841, 13, *animas : numerat* 23, *gratiae : opera* 752, 9, *Mariae : pedissequa* 47, oder bei dreifachem Reime *postulans : deleas : delicta* Mone 1157, 38, wo das dritte Wort paroxytonisch betont ist. Bei den durchgängig auf *a* ausgehenden Sequenzen, ist dagegen die Assonanz sehr gewöhnlich, namentlich werden mit einander gebunden die Endungen *a*, *am*, *at*, *as*, *ans*, zu welchen auch zuweilen *ae* gerechnet wird. So finden sich in der Sequenz bei Daniel 5, 196 die Reime *munda : immaculatam : Evam : animas : macula : nostra : omnia : divinitas : ecclesiam : viscera*; 5, 197 *hodierna : immolata : gratia : gloriae* u. s. w. Vgl. noch Schubiger nr. 29. 36. Mone 3, 122. 289. Daniel 2, 172. 5, 66. 175. 197. 205.

Wenn die vorletzte oder drittletzte Silbe mitreimt, so kann dieses Mitklingen entweder ein unvollkommenes oder vollkommenes sein. Die Unvollkommenheit ist wieder doppelter Natur, je nachdem sie consonantisch oder vocalisch ist.

Unvollkommener Reim der vorletzten Silbe: die Vocale sind gleich, aber die darauf folgenden Consonanten verschieden: Verwandtschaft der Consonanten ist hier Regel. *viri : deiridi* Daniel 5, 286, *paschali : Christiani* Schubiger nr. 60, *oves : peccatores* ebenda, *Maximianus : malus* Adam 2, 94, *praeclari : Wenceslai* Mone 3, 557, *Wenceslaus : oramus* 558, *ipsa : Christo* Mone 3, 253, *curans : fugans* 3, 109 u. s. w.

Auf der drittletzten Silbe, die gleiche Ungenauigkeit: *Carthagine : mirabile* Mone 3, 211, *sedulum : saeculum* 3, 124, *katholica :*

euphonica 3, 207, *accubuit : studuit* 3, 167, *virtutibus : pluribus* ebenda.

Die Vocale sind verschieden, die darauf folgenden Consonanten gleich. Diese Art der Assonanz kennt nur die deutsche Poesie: *casta : scelesta* Mone 3, 436, *mundanda : colenda* Morel S. 91, *exinanitus : humiliatus* Daniel 5, 286, *secretum : revelatum* ebenda, *porta aperta* Schubiger nr. 56, *conpeccantem : poenitentem* 58, *amanti : repetenti* ebenda, *accepisset : adesset* ebenda, *instruxit : correxit* Mone 3, 171, *clamando : vivendo* Lossius 228, wie die otfridischen Reime *gahi : wihi, wirdi : wurdi, alta : scolta, kunne : manne* u. s. w.

Auf drittletzter Silbe: *duxerat : vixerat* Mone 3, 160, *oculi : saeculi* 3, 207, *induerat : redierat* 3, 167, *domina : crimina : lumina* 3, 357.

Vollkommene Gleichheit der vorletzten oder drittletzten Silbe kommt neben diesen ungenauen Reimen schon in sehr alten Sequenzen vor, wie ja auch Otfrid neben zweisilbigen und dreisilbigen Assonanzen auch schon zwei- und dreisilbige Reime hat, *vota : devota* Mone 3, 437, *sedere : favere* Schubiger nr. 30, *cibavit : pavit* Mone 3, 426, *furentem : serpentem* Schubiger nr. 56, *traduxisti : exemisti* ebenda, *caelo : velo* ebenda, *honorat : orat* ebenda, *redimire : transire*, ebenso bei Gottschalk *creator : salvator, invitatus : saturatus, peccatrix : optatrix* u. s. w. Desgleichen auf der drittletzten Silbe, wenn auch seltener: *aeternaliter : mysterialiter* Schubiger nr. 56, *defigere : intelligere* ebenda, *hominum : dominum* nr. 58 (Gottschalk), *haeserat : reserat* Mone 3, 211, *devius : praevius* ebenda, *indicantia : elegantia* 3, 124; mehrfach Mone 3, 384. 3, 238.

Die Reime in *a* sind bei weitem die überwiegenden: und das ist nicht zufällig, sondern hängt aufs innigste mit dem Ursprung der Sequenzen zusammen. Sie waren aus der melismatisch verlängerten letzten Silbe des *Alleluja* entstanden, *a* also war immer der Schlusslaut. Diesen Zusammenhang mit dem *Alleluja* bezeugen manche Sequenzen noch dadurch, dass sie mit *Alleluja* schliessen: so schliesst Schubiger nr. 49 der Schlusssatz mit den Worten:

> Ut in poli aula laete
> jubilemus alleluja.

Desgleichen gehen auf Alleluja aus die Sequenzen bei Mone 3, 205. Daniel 5, 66. 205. 234. 319. Morel S. 70. Jeder Versikel schliesst mit diesem Worte in *Cantemus cuncti melodum nunc alle-*

luja Schubiger nr. 9, wo es also vollständiger Refrän geworden ist. Um auch von diesen auf *a* ausgehenden Sequenzen eine Probe zu geben, wählen wir die kurze in der Melodie *Metensis minor* verfasste *Sancti belli* (Mone 3, 436):

Sancti belli
celebremus triumphum
laude debita,
Quo christicolum decens
fit victoria.

Dextrorsum casta   Mauricius
ducit agmina,
Contra scelesta   Herculius
auget praelia.

Conjurant saevi
contra felicium vota,
Conspirant sancti
subdere colla devota.

Decimum jam quemque
coeli suscepit regia,
Mox et subsequentum
clara visura millia.

Quorum precibus
tua nos, domine,
regat gratia.
Tanti ducis ut
mereamur sequi
fida monita

Spatia vitae per cuncta.

Überwiegend ist hier wie in den meisten hierher gehörigen Sequenzen die proparoxytonische Betonung der Reimwörter, und es erklärt sich das daraus, dass bei dieser Betonung das *a* mehr ins Ohr fiel als bei paroxytonischer. So reimen derartig auf *a* mit vereinzelten Ausnahmen paroxytonischer Betonung folgende Sequenzen: Mone 1, 9. 3, 63. 102. 169. 205, wo des Reimes wegen V. 42 *lampada* für *lampade* gebildet ist. 3, 254. 264. 310. 493. Daniel 5, 175 (nr. 388. 389). 177. 196. 197, wo V. 5 statt *detruserat in Tartarum* zu lesen sein wird *in Tartarum detruserat*. 5, 319. Morel S. 35. 141. Wolf, Facsim. IV. In der Sequenz bei Schubiger nr. 48 geht ein Theil der Versikel in *a* aus (1ᵇ, 4ᵇ, 5ᵃ, 5ᵇ), die übrigen in *is* (2ᵃ 3ᵃ 3ᵇ 4ᵃ), 1ᵃ in *us*.

Dagegen ist die paroxytonische Betonung der auf *a* ausgehenden Schlussreime vorherrschend in folgenden Sequenzen: Schubiger nr. 49. Mone 3, 435. Daniel 5, 197.

Mischung beider Betonungsarten, mit mehr oder weniger Überwiegen bald der einen, bald der andern, in folgenden Sequenzen: Schubiger nr. 29. 36. Mone 1, 147. 206. 2, 28. 84, 435. 3, 172, wo jedoch nicht alle Versikel in *a*, einige auch in *it* und *us* reimen. 3, 247, wo V. 17. 18 zu schreiben ist:

Cujus devoti annua
Colimus nunc sollempnia.

Ferner Mone 3, 436, wo der Schlusssatz allein in *e* reimt. 3, 522. Daniel 2, 172, wo in 11 statt *salva nos* zu lesen ist *nos salva* (: *conserva*). 2, 185. 5, 66. 172. 173, wo in 1 statt *magnae dies* Neale vorschlägt *dies magna*: die Umstellung wird richtig sein, aber *magnae* ist beizubehalten. 5, 174 (nr. 382 und 383). 5, 179 [1]). 205. 209, mit Ausnahme von V. 6. 234. 337. 341. 343, mit Ausnahme eines Versikels, der in *ur* ausgeht. Morel S. 16. 70. 120. 140. 142. Hymni et sequentie f iij (*Ave summe praesulum*). Ausser diesen werden als auf *a* ausgehend noch folgende Sequenzenanfänge angeführt: Daniel 2, 175 (nr. 158). 176 (nr. 159). 180 (nr. 167). Vgl. auch Wolf, über die Lais S. 195, Anm. 35, wo bemerkt ist, dass schon Durandus (5, 2) auf den Zusammenhang des Ausreims *a* mit Alleluja hingewiesen hat [2]).

Sequenzen, die in *e* ausgehen, sind sehr selten: schon von Wolf (S. 195, Anm. 35) und von Neale (epist. crit. S. 7) ist die Sequenz Notkers *de sanctis innocentibus* (Schubiger nr. 38) angeführt worden, deren Versikel sämmtlich in *e* ausgehen.

Die Schlüsse der Versikel, wie es in der Natur der Sache liegt, sind am frühesten mit Reimen versehen worden. Daneben findet man aber, ebenfalls verhältnissmässig frühe, auch die Schlüsse der kleineren Abschnitte, in welche ein Versikel sich zerlegt, gereimt. Diese inneren Reime, wie wir sie nennen können, gehen

---

[1]) Mit Ausnahme von 9 und 10, die in *i*, und von 13ᵇ, der in *um* reimt.

[2]) Sane neumae quae in missa fiunt repraesentant gaudium: quae potius fieri solent in e ut in κύριε ἐλέησον, vel in a, ut Alleluja, quam in aliis vocalibus, ad notandum gaudium spirituale, quod nobis restitutum est in partu virginis, cui facta est mutatio hujus nominis Eva in Ave.

entweder auf denselben Laut aus wie der Schluss des Versikels oder auf einen andern. Jenes ist am häufigsten der Fall, wenn *a* den durchgehenden Schlussreim bildet, also in einem Theil der vorhin erwähnten Sequenzen, nur werden diese inneren Reime selten mit der Regelmässigkeit angewendet und durchgeführt wie die Schlussreime. So Schubiger nr. 29. 36. 49. Mone 1, 206, wo 14. 15 allein in *us* reimen. 2, 435. 3, 63. 102. 205. 247. 310. 507, mit andern Reimen vermischt. Daniel 5, 172. 175 (nr. 389). 175 (nr. 388), wo nur 4 und 5, 8 und 9 auf andere Reime ausgehen. 5, 176, mit ein paar anderen Reimen. 5, 179. 196. 197. Morel S. 35. 120. 141. Wolf, Facsim. IV. Die Sequenz *Ave summe presulum* Hymni et sequentie f iij will ich als Probe dieser mit innern Reimen versehenen A-Sequenzen ganz hersetzen:

Ave summe[1]) presulum, eja,
o Christi gemma
meritis inclyta
virtute lucida.

Nos audi tua festa
colentes annua
mundo celebria.

Alme pater, vox nostra
te cantat laude sonora.
Tu pro nobis, spes nostra,
Martine, deo supplica.

Te Asia
notum et Europa[2])
laudat omnis et Aphrica,
gemma celi fulgidissima.
Te Gallia,
te patrem Francia
tua supplex ac Frisia
colit te fide catholica.

Cecis das viam
mutisque loquelam;
tu nos adjuva.
Mundans immunda,
fugans demonia[3]).
nos hic libera.

---

[1]) Der Druck liest *summa*.
[2]) Druck *notum in europa*.
[3]) Druck *qui fugas*.

Qui suscitator trium mortuorum fueras,
laxa nostrae mentis vincula.
Qui infirma jam curasti corporum plurima,
sana nostrae mentis vulnera.

Qui Christum tua   chlamide partita
tectum videras
nocte secunda,
Fac prece tua   criminum ut solvat
nobis debita
Christi gratia.

Laus tua Christus erat
quem tota
semper mente colebas:
hunc pro nobis implora,
Ut lapsis remedia
tribuat
prestans culpis veniam;
haec precibus impetra.

Lux super te effulsit angelica
dum libas mystica:
nos per te protegat
Christi dextera.
Mortis metam qui tuis predixeras,
nil mortem trepidans,
a morte animae
tu nos libera.

Trajecti te chorus flagitat,
o Martine,
presulem cum clero deo commenda,
Per tua nos ut suffragia
mereamur
perfrui jam tecum luce superna.

Bei ausreimendem *e* tritt dieser Fall ein paarmal (fünfmal) ein in *Laus tibi Christe* (Schubiger nr. 38).

Wenn die inneren Reime von den Schlussreimen abweichen, so entstehen überschlagende Reime. Namentlich in den späteren Sequenzen ist diese Art sehr beliebt: durch Einfügung zahlreicher innerer Reime entsteht dann eine grosse Reimfülle. Aber auch schon in alten Sequenzen begegnen wir diesen überschlagenden Reimen. So bei Mone 3, 436, V. 6—11:

    Dextrorsum casta   Mauricius
    ducit agmina,

und V. 11—15:

  Contra scelesta Herculius
  auget praelia,
  Conjurant saevi
  contra felicium vota,
  Conspirant sancti
  subdere colla devota.

Ebenso 3, 160, V. 41—44 nach der Lesart C:
  Quem haec virgo
  resistens a se fecit fugere,
  Quo fugato
  appropinquavit tibi, domine.

Auch in *Ave praeclara* (Schubiger nr. 56) solche Reime mehrfach: in den zahlreichen Nachbildungen dieser Sequenz sind die inneren Reime noch bedeutend vermehrt, während sie im Original nicht regelmässig durchgeführt sind. Ebenso schon bei Hermannus Contractus (Schubiger nr. 47), während in einer andern (nr. 46) ungleich weniger Reime. Vgl. noch Mone 2, 84. 3, 207. 522. Auch Häufung der inneren Reime, dreifach, vierfach, kommt in späteren Sequenzen nicht selten vor: so Mone 3, 357 (nr. 994), V. 9—16:
  fregit:dejecit:interfecit:ultio —
  salvavit:humavit:collocavit:concio.

Vgl. Mone 1, 9. Mit zahlreichen Inreimen durchflochten ist Mone nr. 823, von der der Absatz 26—41 so zu schreiben ist:
  Locutus tangitur, suscitatur,
  loquens erigitur, matri datur,
  de portis ut mortis
  vivum referat
  quem mortum fleverat.
  Verbis Ambrosii dum compunctus
  sacro remedii fonte unctus,
  aeterna lucerna
  coelo celebris
  emersit his tenebris,

welcher Absatz wie der folgende (42—47) nicht die beiden Schlüsse durch den Reim bindet. Sehr kunstvoll und reich an Reimen ist auch die Sequenz *Laetare mater ecclesia* (Mone 3, 384), wo in einzelnen Absätzen auch nicht die Schlüsse beider Hälften reimen, sondern anderweitig gebunden sind. Ebenso Mone 3, 390. Daniel 5, 176. 211.

Der hier bemerkte Fall, dass nicht die Schlüsse der Versikel paarweise oder auch alle auf einander reimen, sondern dass der Schluss mit einem inneren Reime gebunden wird, ist in vielen Sequenzen Regel. Aber auch diese Regel wird nicht streng durch die ganze Sequenz hindurchgeführt, sondern mit andern Arten der Reimbindung vermischt, oder nur in dem einen Stollen, während der andere des Reimes entbehrt. So Mone nr. 145, wo V. 3—22 so lauten:

> Qui mundi principe devicto
> Servili nos solvit a vinclo.
>
> Qua propter cum pridem mutis
> resonare nunc decet organis
> Et laudum concentu digno
> occurrere surgenti domino,
>
> Qui morte victa
> diem hunc ornavit gloriosi
> pompa triumphi,
> Quo et eduxit
> populum signatum de Aegypto
> sanguine suo,
>
> Principis et regno
> maligni populato
> et ipso strato
> Electos coelestem
> concessit ascendere
> in Jerusalem,

in dem letzten Absatze mit dreifachem Reime in jedem Stollen. In einer andern nach derselben Melodie gehenden Sequenz (Mone nr. 768) lautet der dritte Absatz:

> Nervis est caesus
> atque quatriduo
> sine cibis
> carceri trusus.
> Caput de prunis
> uritur, calidis
> venter aquis,
> tergum bis flagris,

wo die Reimbindung beider Hälften eine verschiedene ist. Der Reim ist hier vierfach im zweiten Stollen, wie auch V. 25—28, dreifach (33—36 = 37—40), meist aber zweifach (6—7 = 9—10, 19—21 = 22—24).

Auch hier können überschlagende Reime entstehen, wie Mone nr. 712, 23—28:

> Mundat leprosos
> saluti pristinae
> et reddit aegros,

Vestivit caecos
praesenti lumine
fecitque sanos.

Durch Reimhäufung werden hier die Schlüsse der Stollen wieder mit einander gebunden, die ursprüngliche Form ist aber a b a, c b c, wie beim vierfachen Reime a a a a ursprünglich a a b b. Man vergleiche noch die folgenden Sequenzen, in denen diese Art der Reimbindung ausschliesslich oder theilweise vorkommt: Schubiger nr. 30. 33. 37. 57. 58. 60. Lossius 228. Mone 1, 181. 199. 209. 211. 3, 47. 109. 122. 128. 135. 159. 173. 227. 238. 252. 312. 331. 392. 425. 477. 557. Daniel 2, 185. 5, 286. Morel S. 153. Als Beispiel regelmässiger Bildung und Durchführung wählen wir Mone nr. 701, wo nur der Absatz 9—14 abweicht, indem hier bloss die Schlüsse der beiden Stollen reimen. Ich führe aber der Kürze wegen nur die Reime an, die auch in ihrer Stellung innerhalb der Stollen sich genau entsprechen:

    1ᵃ natione : cottidie — 1ᵇ superes : concilies.
    2ᵃ   : luminaria — 2ᵇ   : Samaria.
    3ᵃ curans : fugans : revocans =
    3ᵇ sana : doctrina : plurima.
    4ᵃ Ductus : promptissimus — 4ᵇ stolam : vitam.
    5ᵃ invitatus : Christophorus — 5ᵇ die : tempore.
    6ᵃ exortus : instructus, praedicabat : firmabat —
    6ᵇ prece : florere, mancipatur : caeditur.
    7ᵃ pertransivit : dissolvit   7ᵇ plectitur : ingreditur.
    8ᵃ mirabilia : millia : duodena
    8ᵇ puniit : suis : promeruit.
    9ᵃ genas : roseas — 9ᵇ laborantes : victores.

und so reimt auch im Eingang und Schluss Ende und Mitte: *sponsa : ecclesia, tuo : sponso.*

13. Refrän.

Die Anwendung des Refräns in den Sequenzen ist eine sparsame. Das *alleluja*, aus dem sie entstanden, finden wir in der schon oben erwähnten Sequenz *Cantemus cuncti* (Schubiger nr. 9) am Schlusse jedes Stollen, ebenso des Einganges und der Schlusssätze wiederholt, nach Mones Bemerkung (1, 89) im Ganzen siebenundzwanzig Mal, d. h. dreifache Wiederholung der verdreifachten Drei, absichtlich, weil die Doxologie am Schlusse das Lob der Dreieinigkeit bildet[1]). Ein anderes Beispiel von der Anwendung

---
[1]) Vgl. Wolf S. 194.

des Refräns gewährt eine Nachahmung des *Sancti spiritus* (Daniel 2, 185), in welcher jeder Versikel, mit Ausnahme des Einganges, mit *Maria* (betont *Máriá*) schliesst. Und ebenso schliesst jeder Versikel mit *charitas* bei Daniel 5, 176. Am Schlusse des Einganges und des Schlusssatzes so wie des letzten Stollen wird das *alleluja* wiederholt in der Sequenz *Stola jocunditatis alleluja* (Mone 3, 390), deren Schluss lautet:

> chorus noster laetitia
> jocundum in ecclesia
> decantet alleluja,
> Alleluja!

Die übrigen Versikel schliessen weder mit *alleluja*, noch gehen sie überhaupt auf *a* aus.

Noch seltener als die Anwendung von Refränworten ist das Vorkommen von Refränzeilen. Bei Daniel 5, 197 werden zwei Zeilen, nämlich die Worte *Sua sancta gratia, O quam pia clementia* nach dem ersten und ebenso nach dem zweiten Paare von Versikeln wiederholt. Nach dem dritten Paare (denn die Zeile 9 bei Daniel ist in zwei Stollen zu zerlegen) wird nur der erste Vers wiederholt, und nach dem vierten (Zeile 11) steht noch *sua*, was Neale und Daniel zur vorausgehenden Zeile rechnen, während es der Anfang der Refränzeile *sua sancta gratia* ist. Darnach ist es wahrscheinlich, dass die beiden Refränzeilen nach jedem Versikelpaare (Doppelversikel) wiederholt werden müssen.

Wie hier am Schlusse der Versikel etwas wiederholt wird, so in der Sequenz bei Mone 2, 200 (Wackernagel 1, 247) am Anfange jedes Absatzes die Worte *Gaude Maria*, im ersten und zweiten auch am Beginn des zweiten Stollen, im dritten nur am Anfang des ersten, während der zweite mit *gaudium nobis* beginnt. Das übrige bildet den Schluss, der an jener Wiederholung nicht Theil nimmt.

Noch bemerke ich in der Sequenz bei Schubiger nr. 39, dass der Eingang mit denselben Worten beginnt, mit welchen der Schlusssatz in umgekehrter Folge schliesst:

> Dilecte deo Galle perenni.
> O Galle deo dilecte.

Weitere Spuren des Refräns habe ich in den nach älterer Form gedichteten Sequenzen nicht gefunden.

14. Unrhythmische Prosen.

Die Anlage der Sequenzen, wie sie Notker zuerst mustergültig aufgestellt hatte, ist in allen bisher behandelten bei manichfacher Abweichung im Einzelnen dieselbe im Grossen und Ganzen. Die Erleichterung, welche sie den Singenden gewährten, verschaffte ihnen bald eine ungemeine Verbreitung und erweckte zahlreiche Nachahmer. Nächst Deutschland ist Frankreich dasjenige Land, in welchem die meisten Sequenzen gedichtet wurden. Auch England betheiligte sich, wenn auch in jüngerer Zeit: dagegen hat Italien und noch mehr Spanien und Portugal nur sehr vereinzelte Beispiele von älteren Sequenzenformen aufzuweisen[1]). Trotz der raschen Verbreitung blieb doch der Gebrauch die wortlosen Neumen des Alleluja zu singen daneben bestehen: in manchen Kirchen war beides zugleich in Gebrauch, so in Saint-Martial in Limoges (Adam de St. Victor, ed. Gautier 1, p. CXXXVI); darauf weist auch eine Rubrik im Missale Sarisburiense (Neale a. a. O. 7): *Deinde clerici incipiant alleluia sine pneumate: quod per totum annum observetur quando dicitur sequentia tantum. Quando non dicitur sequentia, tum dicitur pneuma a toto choro post repetitionem alleluia.*

Im 10. und 11. Jahrhundert kannte man keine andere Form der Sequenzen als die notkerische. Aber auch nachdem neuere Formen üblich geworden, fuhr man fort, daneben im alten Stile zu dichten. Im 12. Jahrhundert aber scheint die Tradition sich getrübt zu haben, ja schon im vorhergehenden, aus welchem wir Sequenzen besitzen, in denen das rhythmische Element durch das Princip der Silbenzählung verdrängt zu werden beginnt. Auf eine vollständige Verdunkelung der alten notkerschen Kunst deuten mehrere Sequenzen, die in einer Wiesbadener Handschrift des 12. Jahrhunderts sich finden und die Mone, weil die Handschrift die Werke der h. Hildegard enthält, dieser beizulegen geneigt ist. Es sind in Mones Sammlung nr. 179, 580 und 887. Dies sind wirkliche *Prosae*, indem sie fast ganz des rhythmischen Elementes entbehren, und die Absätze sich paarweise auch in der Zahl der Silben nicht entsprechen. Gleichwohl sind sie mit Melodie versehen; eine Wiederholung derselben kann deshalb nicht stattfinden, weil sonst die Absätze paarweise gleiche Silbenzahl haben müssten. Es kommen

---

[1]) Eine spanische Sequenz bei Daniel 5, 180, nr. 397, vgl. Neale's epist. critica p. 6.

daher diese Prosen jenen früher besprochenen (S. 20), in denen jeder Versikel seine besondere Melodie hat, sehr nahe: der wesentliche Unterschied besteht darin, dass jene rhythmisch gebaut sind, diese nicht, jene geringen Umfang haben, diese sehr lang sind.

Ganz entbehren jedoch auch diese Prosen der Zweigliedrigkeit nicht. In nr. 887 haben mehrere Versikel, und zwar unmittelbar auf einander folgende, gleiche Silbenzahl, so 2 und 3, 6 und 7, 11 und 12: in dem ersten Paare ist auch die Eintheilung der Versikel durch den Reim gleich, sonst aber der Rhythmus verschieden und ein bestimmter überhaupt nicht beabsichtigt:

> Tu peregrinus a semine mundi
> desiderasti exul fieri
>   propter amorem Christi.
> O mons clausae mentis, tu assidue
> puleram faciem aperuisti
>   in speculo columbae.

Diese könnten nach gleicher Melodie gesungen werden: ob es der Fall ist, muss nähere Untersuchung der Musik lehren. Dann wäre der erste Versikel als Eingang zu fassen, worauf ein Doppelpaar folgte. Derselbe Fall nr. 580, wo 2 und 3 in der Silbenzahl übereinstimmen. In nr. 179 endlich sind auch mehrere Absätze gleich, aber nicht unmittelbar auf einander folgende, sondern 1 und 4, 3 und 7, 5 und 10, und zwischen diesen (je zweien) ist auch ein ähnlicher Rhythmus zu bemerken: so 1 und 4:

> 1 O ignis spiritus
>   paracliti, vita vitae
>   omnis creaturae,
>   sanctus es vivificando formas.
> 4 O fons purissimus,
>   in quo consideratur quod
>   deus alienos
>   colligit et perditos requirit.

Ebenso 5 und 10:

> 5 O lorica vitae
>   et spes compaginis
>   membrorum omnium
>   et o angulum honestatis
>   salva beatos.
>   Unde laus tibi sit
>   qui es sonus laudis
>   et gaudium vitae,
>   spes et honor fortissimus dans
>   praemia lucis.

Der Reim kommt in allen vor, aber nach Art der Reimprosa verwendet, nicht an festen Stellen und nicht systematisch durchgeführt. Theils nur auf der letzten Silbe, wie 179, 3 *gustus:pectoribus, cordium:virtutum,* 4 *colligit:requirit,* 7 *altissimis:tervenis:abyssis:colligis; ciritatis:lapidis* 887, 1, *coelum:deum* 1, *mundi:Christi* 2, *assidue:columbae* 3, *rolavit:produxit* 580, 4 u. s. w., theils zweisilbiger *unguendo:tergendo* 179, 2, *sanctitatis: caritatis* 3, *florum:sanctorum* 887, 4.

Grosse Ähnlichkeit mit den eben erwähnten hat ein Stück auf den h. Maurus (Du Méril, poésies popoulaires latines S. 173). Der Text ist aus der vita St. Mauri entnommen (Daniel 5, 229) und nur leicht verändert: am Schlusse jedes Versikels steht *Euo* (für *Euouae,* die Vocale von *Seculorum amen*). Die Versikel sind mit Reimen nach Art der Reimprosa durchflochten, im übrigen aber nicht rhythmisch. Nur die beiden letzten bestehen jeder aus vier achtsilbigen Versen, paarweise gereimt, also der sehr häufigen Hymnenstrophe. Das haben schon du Méril und Daniel bemerkt: nicht bemerkt haben sie, dass auch der neunte Abschnitt rhythmisch ist, nämlich aus vier zwölfsilbigen auf einen Reim ausgehenden Versen besteht:

> Beati Mauri cognita praesentia
> caecus precatur ut lumen recipiat:
> cujus vir sanctus prece motus nimia
> orando sibi quod deposcit impetrat.

Der siebente Absatz aber besteht aus zwei Hexametern, von denen der erste in Cäsur und Schluss gereimt ist:

> Unius tantas Maurus miseratus erumnas[1])
> restituit claudo gressum mutoque loquelam.

Ob in diesem Producte die Sequenzenform nachgebildet ist, scheint zweifelhaft; richtiger wird es wohl mit Daniel als Antiphone bezeichnet; man könnte es auch Responsorium nennen. Auch jene unrhythmischen Prosen, deren Zahl zum Glück eine beschränkte ist, scheinen sich mehr die Responsorien als die notkerischen Sequenzen zum Vorbilde genommen zu haben. Dass in dem Masse wie sich hier zeigt das Verständniss der Form nicht allgemein abhanden gekommen war, lehren die vielen noch im 12. und 13. Jahrhundert entstandenen Sequenzen, die im wesentlichen den alten Mustern sich anschliessen.

---

[1]) *aerumnas* du Méril. Den prosodischen Fehler darf man einem Dichter jener Zeit unbedenklich zutrauen. Vgl. Hrotsvith, Agnes 143.

15. Weltliche Gedichte in Sequenzenform.

Von der Beliebtheit der notkerischen Sequenzenformen gibt ihre Anwendung in der weltlichen lateinischen Poesie des zehnten und elften Jahrhunderts Zeugniss. Wir besitzen eine Reihe zum Theil historischer Dichtungen, die, in den sächsischen und fränkischen Hofkreisen entstanden, in allen wesentlichen Punkten mit den kirchlichen Sequenzen jener Zeit übereinstimmen. Sie werden *modi* d. h. Weisen, Melodien, genannt, und durch Beisätze von einander unterschieden. Der *modus Ottinc* bezeichnet eine zum Lobe der Ottonen (Otto I und Otto II) gedichtete Weise; ebenso ist der *modus Liebinc* nach *Liebo* benannt (Müllenhoff-Scherer, Denkmäler S. 312), *modus Carelmanninc* nach Karlmann. Unklar ist die Bezeichnung *modus florum*. Die vier genannten, die ich nach dem Texte in Müllenhoffs und Scherers Denkmälern S. 26—32 citiere, unterscheiden sich von den übrigen hierher gehörigen, bei denen ich ausser dem von Fröhner (Zeitschrift für deutsches Alterthum 11, 6—15) bearbeiteten Texte den Abdruck in Eccards quaternio S. 55—59 benutzt habe, durch ihren strengeren und regelmässigeren Bau.

Auch in diesen weltlichen Gedichten, auf die man den Namen Sequenzen nicht wohl anwenden kann, die wir daher mit dem deutschen Namen Leiche bezeichnen wollen, ist die Anlage im allgemeinen die, dass auf einen Eingang eine Anzahl zweitheiliger Strophen und ein Schlusssatz folgt. Die Nichtwiederholung der Melodie ist wie bei den Sequenzen die Ausnahme. Nur eine einzige Melodie wird wiederholt im *Modus Florum* (Denkmäler nr. XX): der Leich besteht aus sieben Absätzen, von denen der sechste aus zwei einzeiligen Stollen besteht. Die letzte Zeile aller Absätze, mit Ausnahme des zweiten, hat denselben Rhythmus, nämlich $-\smile-\smile-\smile-\smile$, vermuthlich ist daher auch musikalisch der Schluss übereinstimmend gewesen. Noch weitere Harmonie zeigt sich im Rhythmus einzelner Absätze: die beiden letzten Zeilen sind gleich in 3. 4. 5 und dem Schlusssatze, und auf vier Zeilen erstreckt sich die Gleichheit des Schlusses in 4 und 5. Rhythmisch liessen sich allerdings die meisten Absätze in zwei gleiche Theile zerlegen, so 1. 2 und 3; aber da in der Handschrift[1]) keine

---

[1]) Wie weit die Cambridger Hs. mit der Eintheilung der Wolfenbüttler stimmt, lässt sich nicht sagen.

weiteren Absätze bezeichnet sind, so ist die Annahme von Doppelversikeln unsicher. 4 und 5 sind nicht theilbar, aber sehr verwandt in ihrem Baue:

 4 Quo audito Suevus
  nil moratus infit:
  [raptis armis ego
  dum venatum irem,]
  lepusculum interfeci:
  telo tactus occumbebat.
  mox effusus intestinis
  capud avulsum cum cute caedo.
 5 Cumque caesum manu
  levaretur capud,
  [aure laeva, effunduntur
  mellis modii centeni,
  sotiaque auris tacta
  totidem pisarum fudit.]
  quibus intra pellem strictis.
  lepus ipse dum secatur
  crepidine summae caudae
  cartam regiam latentem cepi.

Durch Klammern habe ich bezeichnet, was den rhythmischen Unterschied beider Versikel macht. In dem ersten hat wahrscheinlich eine Wiederholung des ersten Theiles der Melodie stattgefunden (vgl. S. 38), im zweiten ebenfalls eine Wiederholung oder Einschiebung eines längeren musikalischen Stückes (S. 49): man kann daher beide Absätze füglich als Doppelstrophe ansehen, und die Vermuthung, dass der ganze Leich aus solchen bestehe, gewinnt an Sicherheit.

Auch der Leich auf Konrad II (Zeitschrift 11, 12) besteht nur zum Theil aus gedoppelten Absätzen. Der erste Absatz (1—8) in trochäischen Tetrametern liesse sich allerdings rhythmisch in zwei Hälften zerlegen, aber kein grosser Anfangsbuchstabe bei V. 5 deutet darauf hin. Die beiden nächsten (9—20 und 21—27) sind ebenfalls untheilbar. Dagegen ist V. 28—45 eine Doppelstrophe, deren Anfang bei *Hic* Fröhner richtig erkannt hat, während die Hs. bei *Qui* (V. 32) absetzt. Die Strophe ist so zu schreiben:

  Hic contrariam   mundi discordiam
  semovendo   concordare
  fecit harmoniam,
  qui imperium

```
 5 confirmando         romanum suos
   agnos
   fonte lotos
   a luporum morsibus
   pia pace custodit¹).
10 Hos Kuonradus,      pius unctus domini
   jam defendit         imperando,
   quem providentia
   dei praeclara
   praedestinavit       et elegit
15 regere
   gentes strenue
   Davidis exemplo
   Messiaeque triumpho.
```

Die Übereinstimmung ist vollkommen: die Stellung des inneren Reimes weicht V. 1 und 14 ab, ein auch in den Sequenzen nicht seltener Fall (S. 123); ausserdem wird nach deutscher Art der klingende Reim für zwei Hebungen verwendet, daher die Ausgänge *agnos* : *lotos* und *regere* : *strenue*, ebenso *morsibus* und *exemplo* rhythmisch gleich sind (S. 41).

Der nächste Absatz (V. 46—52) liesse sich nach *aetatis* in zwei Theile scheiden, wenn bei 50 ein grosser Anfangsbuchstabe stände: daher auch dieser Absatz als untheilbar zu betrachten ist.

Die Verse 53—70 bilden wieder eine Doppelstrophe, in denen die Versabtheilung im Innern der Stollen eine verschiedene ist (vgl. S. 123):

```
Vir hic fortis  et fidelis  passus plures  mundi labores  propinquorum causas
   et amicorum haud secus ergo suas
   desideravit juvare
   pro possibilitate.
Pater ut suum  nutrit natum,  nunc adulando,  nunc flagellando,  tempestates
   mundi per varias Christus hunc probavit
   ut didicisset [prona pieta]tis scala
   condescendere reis.
```

Die eingeklammerten Silben bezeichnen eine musikalische Einschiebung von fünf Noten im zweiten Stollen (S. 40).

Die Verse 71—89 bilden eine dreifache Strophe, die Melodie wurde nicht verdoppelt, sondern verdreifacht (S. 46). Die innere Abtheilung in kleinere Verse ist nur zum Theil gleich: es ist zu schreiben:

---

¹) Für *custodivit* der Hs.

Post Heinrici mortem omni deflendam gregi catholicorum[1]
hunc rex regum fidum ecclesiarum
jussit fore patronum.
Hunc Romani principatus cuncti elegere sibi fidei
mox defensorem et propugnatorem
fortem orthodoxorum.
Gaudeant omnes circumquaque gentes, gratias Christo dantes,
qui viduarum atque pupillorum
audit voces suorum.

Der mittlere Stollen hat eine Silbe mehr: der Unterschied gleicht sich aber dadurch aus, dass nach deutschem Princip wieder *fidei = dántes* gesetzt ist.

Die letzte Doppelstrophe (90—109) entspricht sich in ihren Stollen genau bis auf die vorletzte Zeile (*omnium subditorum = nostro poscite Kuonrado*), die um eine Silbe abweicht: wahrscheinlich Wiederholung einer Note (S. 35).

Der Schlusssatz entspricht in seinem Anfang dem ersten Absatze: auch er beginnt mit einem trochäischen Tetrameter:

Laus sit regi saeculorum patri nato pneumati,

denn *sancto* ist zu streichen. Die übrigen Worte entsprechen genau der Silbenzahl nach einem Theile der dreifachen Strophe; es ist danach abzutheilen:

Cui soli manet imperium, honor et potestas, laudes[2]
quem angelorum, bonorum et voces
laudant rite per aevum.

Gemeinsam ist fast allen Absätzen die siebensilbige Schlusszeile, die also wohl auch musikalisch übereinstimmte, in der Form:

— ‿ — ‿ — ‿ — ‿,

einer auch in den Sequenzen häufig vorkommenden (S. 97). Diese Form haben V. 45. 52. 61. 70. 77. 83. 89. 99. 109. 116; sicherlich auch 36, und die Besserung *custodit* wird dadurch noch wahrscheinlicher. Aber auch die vorletzte ist fast überall gleich, und hat die Form — ‿ — ‿ — ‿, in V. 44. 51. 69. 82. 88. 108. 115. Dadurch wird die Annahme einer Lücke vor *jurare* (V 60) wahrscheinlich, die die Silbenzahl verschieden macht. V. 35 steht *morsibus* (‿ ‿ ‿) für ‿ ‿, daher hat diese Zeile eine Silbe mehr.

In keinem Leiche sehen wir demnach das Wiederholen der Melodie ausgeschlossen, in dem zuletzt besprochenen ist es sogar das vorherrschende. In dem Heriberts-Leiche (Zeitschrift 11, 6) ist

---

[1] Dies Wort ist daher nicht zu streichen, wie Fröhner will.
[2] Hs. *quem angelorum laudes*.

vielleicht ein einziger Absatz (V. 53—75) nicht zwietheilig: Fröhner setzt bei *ovis* gegen die Handschrift ab. Im Übrigen besteht der Leich aus Eingang, fünf Doppelstrophen und einem Schluss. Der Eingang (1—6) unterscheidet sich von den Halbstrophen des ersten Doppelversikels nur durch den männlichen Ausgang der ersten Zeile, wobei wiederum ‿ ‿ ‿ gleich ‿ ‿ nach deutscher Weise steht. Der erste Stollen der ersten Doppelstrophe hat eine Silbe mehr (*spiritus sancte* = *coeli cives*), also vermuthlich Wiederholung einer Note[1]). Der Unterschied stumpfen und klingenden Ausgangs, wobei jener eine Silbe mehr hat, kehrt mehrfach in der dritten Doppelstrophe (31—52) wieder. Die Worte *pollens omni caritate* sind Überschuss des zweiten Stollens: vielleicht aber liegt eine Verderbniss vor, wie der darauf folgende Schluss offenbar verderbt ist.

Eingang, Schluss und sieben Doppelstrophen hat der *modus Carelmanninc* (Denkmäler nr. XIX).

Der Eingang fehlt bei vier Doppelstrophen und folgendem Schlusssatz im *modus Liebinc* (Denkmäler XXI), und bei fünf Doppelstrophen im *Modus Ottinc* (Denkmäler XXII) und im Leich auf Heinrichs II Tod (Zeitschrift 11, 10). In letzterem ist die dritte Doppelstrophe (20—31) so zu zerlegen:

Gentes suo	Juvit dominum,
plurimas	summa
saepius imperio	vixit et demissa
subdit[2]) barbaricas.	regni potentia,
hostes civiles	mundi gazas
strenue	tribuit,
animi consilio	sic coeli divitias
vicit, non gladio.	uti promeruit.

Auch hier finden wir den Unterschied von stumpfen und klingenden Ausgängen in der bezeichneten Weise: dabei ist *civiles* zu betonen, als wenn die vorletzte Silbe kurz wäre. Die fünfte Doppelstrophe besteht aus V. 44—50, denn bei *Hoc* macht die Hs. einen Absatz, und ist zu schreiben:

Hoc aeterna	Dicant omnes.
virgo Maria	precor, fideles,
fine mundi	regum regem[3])
poscit beari.	nunc deprecantes.

---

[1]) Die Ergänzung Fröhners erfordert Sinn und Rhythmus.
[2]) Fröhner gegen die Hs. *subdidit*.
[3]) Hs. *regem regum*.

Die Melodien dieser Leiche sind, wenn man die erste Halbstrophe des *modus Ottinc* abrechnet, nicht überliefert. Aber schon aus der Gleichheit der Anlage mit der Form der Sequenzen kann man auf analoge musikalische Verhältnisse schliessen. Die musikalische Übereinstimmung der Versikel zeigt sich bei den Sequenzen in den Versikelschlüssen, die entweder alle oder theilweise harmonieren. In allen Absätzen stimmt die letzte Zeile im *modus Ottinc* (Denkmäler XXII); die beiden letzten Zeilen im *Modus Liebinc* (Denkmäler XXI), wonach auch musikalische Gleichheit derselben wahrscheinlich ist.

Zwei Versikel (Doppelstrophen) harmonieren in ihren Schlüssen: und zwar erstreckt sich diese Harmonie auf zwei Zeilen im *modus Carelmanninc* (Denkmäler XIX, 1. 2); ebenso im Heribertsleich (Zeitschrift 11, 6, V. 10, 11. 15, 16. 22, 23. 29, 30).

Auf vier Doppelstrophen erstreckt sich die Übereinstimmung in den beiden letzten Zeilen der Strophen 2, 3, 4 und 5 des *modus Ottinc* (Denkmäler XXII): wahrscheinlich aber ist sie auch auf die erste Strophe und den Schlusssatz auszudehnen, in denen die vorletzte Zeile allerdings eine Silbe mehr hat, indess dies ist auch V. 56 der Fall. Die letzte Zeile hat in allen Strophen eine Cäsur nach der sechsten Silbe.

Eingang und Schlusssatz mit hineingezogen, findet sich Übereinstimmung der letzten Zeile des Eingangs (dieser hat überhaupt nicht mehr als eine Zeile) mit den Schlusszeilen der drei ersten Strophen im *modus Carelmanninc*, während die drei letzten Strophen mit dem Schlusssatze die letzte Zeile gemeinsam haben: es theilen sich hier also die Schlüsse rhythmisch und wahrscheinlich auch musikalisch in zwei Reihen (S. 47).

Die Gleichheit erstreckt sich auf ganze Versikel. Der Schlusssatz und die Stollen der ersten Strophe sind rhythmisch gleichgebaut im *modus Liebinc*, *Ottinc*, im Heribertsleich und dem Leich auf Heinrichs II Tod. Die Gleichheit im *modus Ottinc* ist im Texte der Denkmäler nicht zu erkennen: man muss den Schluss schreiben:

> Finem modo demus
> ne forte notemur ingenii
> culpa tantorum virtutes
> ultra quicquam deterere,
> quas denique Maro
> inclitus vix aequaret.

Eine Übereinstimmung der Melodie aller Doppelversikel findet sich in der Prosa de translatione St. Dionysii (Wolf, über die Lais S. 466), die ihrem Charakter nach mehr Verwandtschaft mit diesen Leichen als den kirchlichen Sequenzen hat. Nur der Eingang hat hier seine besondere Melodie. Er besteht aus zwei Langzeilen, von denen jede Mitte (nach der neunten Silbe) und Schluss auf einander reimt. Die übrigen Strophen sind paarweise zu verbinden: jede besteht aus drei Langzeilen, die durch den Reim in zwei ungleiche Theile (von zwölf und neun Silben) zerlegt wird.

Viermalige Wiederholung einer Melodie, oder mit andern Worten viertheilige Strophen findet man in den Leichen nicht selten. Denkmäler XIX, 2—13. 34—49. XXI, 31—46. XXII, 43—62. In dem Leiche auf Heinrichs Tod (Zeitschrift 11, 10) bilden die Verse 32—43 eine viertheilige Strophe, die so zu schreiben ist:

   Heu o Roma
   cum Italia,
   caput mundi,
   quantum decus perdideras!
   Heu o Franci,
   heu Bawari,
   vestrum damnum
   nulli constat incognitum.
   Mons Bavonis
   nimis felix,
   serva Christo
   regi pignus intrepidum.
   Hoc angelica
   poscit gloria,
   apostolicus
   poscit ordo praelucidus.

Der weibliche Ausgang zählt wieder für eine Hebung mehr.

In dieser Verwendung des klingenden Reimes zeigt sich die grössere Volksmässigkeit dieser Leiche, zeigt sich der Einfluss, welchen die deutsche Poesie auf sie ausübt. Sehr häufig ist sie im *modus Carelmannine* (Denkmäler XIX), hauptsächlich im Verse von vier Hebungen, der, ohne Auftakt, bei weiblichem Ausgange sechs, bei männlichem sieben Silben hat. So entsprechen sich die Halbzeilen:

   suasione vermis = matrem fecit Máriám,

denn diese Betonung muss hier wie oft angenommen werden.

   monstrat gregi deum = potestate prótulít;

vgl. noch 26. 60; in längerem Verse derselbe Fall:

> visitavit redempturus hóminem
> ratione gestiens rimári.

Auch *redemit*, mit dieser Betonung, entspricht dem Ausgange *thrónum* 51. 54. So entsprechen sich die ahd. Zeilen:

> thar lag oba félisá, so noh nu in lante ist wísá.

Im Heribertsleich finden wir denselben Gebrauch ebenfalls mehrfach: es entsprechen sich 32. 42:

> puer bonae indolis speculum bonorum;
> vinea Christi – simul et populo 31. 44.
> tandem denarii candidus sui 36. 46,

wenn hier nicht *denari* (: *dari*) zu lesen ist. Auch im Leich auf Heinrichs Tod entsprechen sich die Zeilen:

> Iudex summae mediae
> Qui heu paucis annis –
> Audi mentis melos 1. 8. 52.

Vgl. noch 16. 20. 21. 32. 41.

Eine weitere Einwirkung der deutschen Metrik gibt sich darin kund, dass der Auftakt, ohne einen metrischen Unterschied zu machen, fehlen und stehen kann: so entsprechen sich die Zeilen (XIX, 2. 8):

> Quem coeli scandens soli regna
> Patris verbum caro factum.

Am häufigsten im *modus Ottinc* (XXII):

> communem cunctis movens luctum 45
> caesar justus clemens fortis 50,

vgl. 55. 60.

> arma quos nunquam militum 56
> nomen regnum obtimos 46,

vgl. 51. 61[1]).

Am meisten aber zeigt sich jene Einwirkung in der Freiheit, die Senkungen zu unterdrücken. Darauf beruht die Gleichstellung des klingenden und stumpfen Reimes mit einer Silbe mehr. Aber auch im Innern der Zeile kommt sie vor: so im Heribertsleich (Zeitschrift 11, 6), wo sich die Verse *praemia dari = tiro fortis Christi* 34. 48 entsprechen. Die Senkung nach *praemia* fehlt und es ist zu betonen *praémia*. Beide Zeilen sind einander gleich wie die althochdeutschen:

> muater thin diura scalt thu wesan eina.

In der einzeln stehenden Strophe (53—75) kommt dieser Fall mehrfach vor, so sind die Verse:

---

[1]) Der Auftakt nach der Cäsur beliebig gesetzt XXII. 12. 16. wo demnach hinter *magnus* und *agros* abgesetzt werden muss.

meruit in sedem
pontificalem,
tunc sibi subditus
clerus et populus
vivere patronum

alle mit vier Hebungen nach althochdeutscher Weise zu lesen.

Der Rhythmus der entsprechenden Stollen muss, dies Gesetz fanden wir in den sorgfältig gebauten Sequenzen beobachtet, derselbe sein. Musterhaft in dieser Beziehung sind der *modus Liebine* und *modus Ottine* (Denkmäler XXI. XXII). In jenem wird gegen die prosaische Betonung nur verlangt *multáque* 10, *révertitur* am Schluss eines Stollen (= *diléxisti*) 38, und am Anfange einer Zeile *sól torrét* 46; kaum eine Verletzung der Betonung kann der Schluss *transierunt et plus* 31 genannt werden, indem hier nur das logische Tonverhältniss zweier Wörter verändert wird.

Im *modus Ottine* ist in derselben Weise betont *ante et post saepe victor* 44; ausserdem *dúx Cuonrát*, am Anfang des Verses. Noch etwa die dactylische Betonung *in eum* 14, *dúm ego* 23.

Die in den andern Leichen vorkommenden Unregelmässigkeiten sind dieselben, die wir bei den Sequenzen hervorhoben. Am Anfang und in der Mitte werden die Silben oft nur gezählt; daher hier Betonung zweisilbiger Worte auf der letzten Silbe *(quó lingnis* XIX, 58; ebenso XX, 31. 33. Zeitschrift 11, 11, V. 30; in zwei Worten nach einander *usque ad eó instét fallendo* XX, 10); die Betonung eines dreisilbigen mit mittlerer Länge auf erster und dritter Silbe:

instrumentis béllorúm quaesivit

XIX, 23; ebenso *benignum* 7, *demonstrat* 35; in regelmässiger Durchführung in allen vorderen Hälften der Schlusszeilen der ersten Strophe:

maligni seductum == immensum quem sciat,
puellam regalem == ut unus regnaret.

Vgl. noch XX, 1. 8. 20. 32. Heribertsleich 8.

Umgekehrt die Betonung von dreisilbigen Wörtern mit mittlerer Kürze auf der mittleren Silbe: *Lazárum* XIX, 38 *Juvénem* 42; vgl. noch XX, 3. 11. Heribertsleich 79. Endlich viersilbige Wörter, die auf zweiter und vierter Silbe betont werden müssten, haben den Ton auf erster und dritter: *ángelico doctus verbo* XIX, 15; ebenso noch XX, 2. 17. 29. Heribertsleich 77. 91.

Dieselben Unregelmässigkeiten kommen, jedoch seltener, auch

am Schlusse der Verse vor, in welche jeder Stollen zerfällt: nur die Betonung zweisilbiger Worte nicht. Wohl aber dreisilbige: *Máriám* XIX, 10, *rédemit* 51, *bissenos* 57, wo daher auch zur Änderung kein Grund vorhanden ist; ferner die umgekehrte Betonung *supérans* XIX, 9; bei viersilbigen Worten: *piacúla* XIX, 40.

Endlich am Schluss des Stollens, ebenfalls nur bei drei- und viersilbigen Worten: *imponét* XIX, 55, *cómponéns* 63, umgekehrt *simplices* XIX, 27, *filiam* XX, 12, wo die in der Anmerkung vorgeschlagene Änderung (*iste* für *is*) nicht zu billigen ist, weil der *modus florum* wohl eine Menge Accentverletzungen, aber nicht die Verwendung des stumpfen Reimes mit einer Silbe mehr für den klingenden kennt.

Bei viersilbigen Worten: das schon angeführte *revertitur* im modus Liebinc 38.

Auf den ganzen Vers dehnt sich die Abweichung aus, so dass entgegengesetzter Rhythmus herauskommt: XIX, 16. 20:

agnovit maximum — teemina pannorum.

Die meisten Abweichungen von der Wortbetonung zeigen der modus Carelmannine und modus florum: nur nach Silben gezählt aber sind die Verse in der Prosa auf den h. Dionysius, wo sich entsprechen:

Imperator fuit quidam eximius,
nomine etiam Arnolfus,
ex illius prosapia gloriosi
pontificis quondam Arnolfi,
clarissimam tenens carnis originem
ejusdemque sequens virtutem.
Ille ergo invitatus confinia
petiit occidentalia,
commissurus bellum contra quasdam gentes
jam Gallica regna prementes,
quas incole non ipsius provincie
per se valebant superare.

Eine weitere Abweichung entsprechender Verse besteht in dem Wechsel der Stellung des inneren Reimes: XIX, 36. 40. 48 steht derselbe nach der vierten Silbe in einem nach Silben gezählten elfsilbigen Verse:

aqua suam gaudens mutat naturam,

nur V. 44 nach der dritten:

surgere jubet mortis victa lege.

wo die Umstellung *jubet surgere* nicht nöthig ist. Eine Menge Belege dieser Art bietet der Leich auf Konrad II (S. 147).

Die angewendeten Rhythmen betreffend, so herrscht in diesen Leichen, ebenso wie in den Sequenzen, der trochäische Rhythmus vor. Ganz aus trochäischen Versen von sechs, acht und zehn Silben besteht der *modus florum* (XX). Überwiegend sind die Trochäen im *modus Carelmanninc*: in der vorderen Hälfte sechs-, acht- und zehnsilbige; die sechssilbigen werden je zwei zu einer Langzeile verbunden und entsprechen der deutschen Langzeile von acht Hebungen. In der zweiten finden wir den sechs-, zehn- und fünfzehnsilbigen Vers, der letztere (trochäische Tetrameter) bildet den Schluss der Absätze, der Schlusssatz besteht aus zwei solchen Versen. Jambische Verse finden sich nur in dem Absatz 34—49, und zwar elfsilbige, alle mit einer Cäsur, die mit dem Schlusse reimt, entweder nach der dritten (34. 35. 38. 39. 42. 43. 44. 46. 47) oder nach der vierten Silbe (36. 40. 48). Acht- und sechssilbige trochäische Verse kommen in mehreren Strophen des Heribertleichs (Zeitschrift 11, 6) vor, V. 1—30 (Eingang und Doppelstrophe 1. 2), zum Theil mit inneren Reimen:

    Immortales coeli cives
    Fibris chordis caute tentis;

auch in den Absätzen 76—122 mehrfach der achtsilbige Vers.

Kurzzeilen von vier Hebungen nach deutscher Art gemessen (mit unterdrückten Senkungen) werden in dem Heribertleich vielfältig angewendet; zum grössten Theil bestehen daraus die Absätze von V. 31—122, z. B.:

    fovit infirmos
    atque vestivit nudos,
    munia divina
    complens rite cuncta;
    tantum vacans vitae
    contemplativae;

auch hier darf man je zwei zu einer Langzeile verbinden.

Ein beinahe regelmässiger Wechsel von trochäischem und jambischem Rhythmus begegnet im *modus Ottinc* (Denkmäler XXII): in den Stollen der ersten Strophe sind die Verse 1, 3, 5 trochäisch, 2, 4, 6 jambisch, denn die letzte Zeile muss in zwei zerlegt werden. Sie sind im vorderen Theile nach Silben gezählt, aber in den entsprechenden Hälften gleich gebaut, so der zehnsilbige Vers:

    quem hic modus refert in nomine
    timent dormientem attingere.

doch im Schlusssatz abweichend:

> né forté notemur ingenii.

So ist auch in der durch alle Strophen hindurchgehenden Schlusszeile, deren erste Hälfte trochäisch, die zweite jambisch ist, die rhythmische Abweichung überall dieselbe:

> palatium casu
> subito inflammatur,
> et domini nomen
> carmini inponebant.
> Ungarios sigma
> . in eum extulisse u. s. w.

Auch im Heinrichsleich (Zeitschrift 11, 10) kommt dieser Wechsel vor: in der ersten Doppelstrophe:

> Iudex summae mediae
> rationis et infimae,
> magne rector coeli,
> pie redemptor saeculi;

die jambischen Verse sind in der vorderen Hälfte auch hier bloss gezählt.

Die Anwendung der Dactylen ist eine verhältnissmässig sparsame, wie man nach dem näheren Anschluss an die deutsche Rhythmik auch erwarten kann. Im *modus Liebinc* (XXI) findet der Dactylus sich mehrfach, meist nach der ersten Hebung, so in V. 1. 7. 9. 17. 18. 19. 20. 47, und den entsprechenden Zeilen. Man kann aber alle Verse auch als trochäische betrachten, in denen auf dem vorderen Theile unregelmässige Betonung herrscht: durch die regelmässige Durchführung verliert aber die Abweichung ihre Unregelmässigkeit, ebenso wie im *modus Carelmannine* bei V. 4 etc. (S. 153). Ganz ebenso verhält es sich mit den Dactylen im *modus Ottinc* in den Schlusszeilen aller Stollen. Hier kann man allerdings die Schlüsse:

> subito inflammatur.
> carmini inponebant.
> undique exulari.
> hostibus obviate u. s. w.

als glyconeische Verse auffassen, bei denen der Dactylus seine Stelle verändert (S. 99); richtiger jedoch sieht man sie wohl als jambische an, bei denen durchgängig im Anfang schwebende Betonung herrscht. Denselben Schluss, aber in der Form — ⏑ — ⏑ — haben die Absätze des Konradleiches (Zeitschrift 11, 12):

Messiaeque triumpho.
ut probavit eventus.
pro possibilitate.
condescendere reis.

Ebenso in dem von Fröhner mitgetheilten Gedichte *de undecim milibus virginum* (Zeitschrift 11, 24):
palmam dedit eternam.
et spiritui sancto.
ipsa martyres fecit.
perfrui meruistis.

Beliebte Sequenzenmelodien wurden, wie wir sahen (S. 105), in zahlreichen Nachdichtungen verbreitet, die in der Melodie, in der Silbenzahl und auch dem Rhythmus fast immer mit dem Original stimmen. Von solchen Nachbildungen lässt sich bei diesen Leichen wenigstens ein Beispiel anführen. Das Gedicht *Inclita caelorum* (Denkmäler XIX) führt in der Hs. den Titel *Modus qui et Carelmannine*, 'Weise, die auch Karlmannsweise genannt wird'. Schon aus dieser Bezeichnung, die von den übrigen (*modus florum, modus Liebinc, modus Ottinc*) abweicht, geht hervor, dass das genannte Gedicht nicht das Original, sondern eine Nachbildung desselben in gleicher Melodie und gleichem Rhythmus ist[1]). Dafür spricht auch der Inhalt: das Gedicht ist ein rein kirchliches wie die Sequenzen, und es ist nicht abzusehen, wie es, wenn es Original wäre, zu Karlmann in einer Beziehung gestanden haben sollte. Ob das Original ein deutsches oder lateinisches war, kommt hierbei nicht in Betracht. Aber noch eine andere Nachbildung hat dasselbe erfahren: durch den St. Galler Ekkehard I, nach dem Zeugniss Ekkehards IV (Pertz 2, 118), also vor 978. Auch diese Nachahmung besitzen wir: denn es kann nach den von Ekkehard IV angeführten Worten (*mole ut vincendi ipse quoque opponam*) kein Zweifel sein, dass die Paulussequenz, welche mit der Bezeichnung *Liddy Karlomannici* sich in der St. Galler Hs. 546 findet, und in welcher jene Worte mit der Abweichung *oppeteret* für *opponam* vorkommen, das von Ekkehard I verfasste Gedicht ist. Zu der Annahme Lachmanns (rhein. Museum 1829, S. 430), dass jene Worte den Anfang von Ekkehards Gedichte gebildet, liegt gar kein Grund vor. Die Hs. ist die bekannte Branders, deren Unzuverlässigkeit in der Abtheilung der Versikel wir schon mehrfach zu

---

[1]) Das uns unter dem Namen *modus Liebinc* erhaltene Gedicht ist allerdings auch nicht das Original, sondern eine Nachahmung.

bemerken Gelegenheit hatten (S. 21). Von ihrer Eintheilung abzuweichen, ist demnach vollkommen erlaubt, wenn sich herausstellt, dass alsdann die Paulussequenz und der *modus qui et Carelmannine* sich decken. Dass dies gleich im Anfang der Fall ist, lehrt folgende Gegenüberstellung[1]):

Modus qui et Carelmannine.

Inclita caelorum laus sit digna deo,

Qui caelo scandens soli regna
visitavit redempturus hominem
maligni seductum   suasione vermis:
Quem quis, qualis quantus quis sit,
ratione gestiens rimari
immensum quem sciat   benignum potentem.
Patris verbum caro factum,
mundi lumen tenebras superans,
puellam regalem   matrem fecit Mariam.
Castam intrans carnem sumpsit
qui peccati maculam non novit,
ut unus regnaret   factus homo deus.

De sanctissimo Paulo apostolo ac gentium doctore in commemorationem ejusdem sequentia. Liddy Karlomannici.

Concurrite huc, populi et insule,

Mentibus uti[2]) promptulis
magistro gentium assistatis.
laudibus hunc super   ethera elevantes.
Hic lupus licet servorum
ovile domini turbaverit,
micior agnello   vellere induitur.

Der Eingang ist in der Silbenzahl vollkommen übereinstimmend; ebenso auch die erste Strophe, nur dass in *Inclita* die Melodie viermal, in der Paulussequenz nur zweimal wiederholt wird. Betrachten wir aber die folgenden Verse der letzteren, so wird wahrscheinlich, dass auch diese nach derselben Melodie gehen: nur ist die Versabtheilung hier wie oft eine verschiedene:

Et qui tunc[3]) sub umbra priscae
legis velamine mosaico

---

[1]) Der St. Galler Text ist gedruckt in Müllenhoffs und Scherers Denkmälern S. 309 und bei Morel, lateinische Hymnen S. 154; vgl. auch Daniel 5, 75 (nr. 104).

[2]) Hs. *ut*.

[3]) Hs. *nunc*.

>   obsitus demoni se   prebuit hospitium.
>   Ecce nunc celesti illus-
>   tratus ex jubare pneumatico
>   agio nitidum vas   exhibet et electum.

Vielmehr muss hier dem Sinne und der Worttheilung nach hinter *legis, obsitus == illustratus, agio* getrennt werden.

Dem nächsten Absatz der Paulussequenz entspricht aber nichts in der andern: er lautet nach der Handschrift:

>   Nec mora, ubi Christum indignantem,
>   quod sibi presumpsisset contra calcitrare[1]),
>   se protinus conptavit ad ejus opus.

Schon der Sinn lehrt, dass die Überlieferung lückenhaft ist: *vidit* ergänzen die Denkmäler nach *Christum*, aber auch dann erhält man keinen rhythmisch gegliederten Bau. Da, wie wir sehen werden, alle Melodien wiederholt wurden, so ist dieser Absatz als Doppelstrophe zu fassen, denn die beiden nächsten gehören zusammen. Es könnten auch zwei sein, allerdings sehr kurze, wenn man schriebe:

>   Nec mora, ubi Christum
>   Aspexit indignantem,
>
>   Quod sibi presumpsisset contra calcitrare,
>   Se protinus coaptavit ad ejus opus.

Die einzeiligen Stollen würden nicht im Wege stehen; aber bei der Entstellung der Überlieferung ist schwer zu entscheiden.

Der folgende Doppelabsatz der Paulussequenz entspricht nicht, wie man erwarten sollte, den nächsten Versen (14—21) der anderen, sondern dem dann sich anschliessenden (22—27); beide lauten:

>   I Quem Herodes regno timens
>   instrumentis bellorum quaesivit
>   perdendum, hunc magi
>   munere quaerebant.
>   Stella duxit quos fidelis,
>   donec puer erat ubi contulit.
>   intrantes dederunt
>   munera simplices.
>   II Jamque baptizatus
>   atque spiritalis
>   unctione charismatis
>   refectus plebi justorum jungitur.

---

[1] *calatrare* Denkmäler S. 309 ist wohl Lesefehler von Hinschius, denn *calcitrare* hat Morel.

> Et qui paulo ante
> castra Christiana
> persecutor invaserat
> pro isdem dimicans signa coripit.

Auch hier ist die innere Abtheilung in Verse verschieden, aber die Silbenzahl gleich, und auch der Rhythmus meist entsprechend. Es folgt in der Paulussequenz eine Doppelstrophe, der in der anderen nichts entspricht:

> Et primo congressu
> rabiem judaicam
> in Damasco
>   confuderat acri bello.
> Exinde collectis
> viribus arabicam
> experiri
>   profectus est barbariem [1]).

Die nächste Strophe entspricht der früher ausgelassenen (14 bis 21), hat aber wieder andere Versabtheilung:

> I Joseph justus quem accepit
> angelico doctus verbo
> regem regum   agnovit maximum.
> angelus pastorum   monstrat gregi deum.
> Caelum torquens, astra regens,
> involutus pannis, plorans
> rusticorum   tecmina pannorum
> pertulit qui cuncta   potestate protulit.
> II Denique iste belliger eximius
> Asiam et Libiam indomitam
> monacho primati
> tributarias esse fecit.
> Noctibus tam indefessus ut diebus
> ad solam summi imperatoris laudem
> arte et virtute
> palmae gloriam asciscere.

Dann wiederum zwei sich deckende Doppelstrophen (28—33):

> I Monstrant auro regem esse,
> praesulem designant ture,
> mirram signum tumulo
> tribuere domino.
> Hunc Johannes baptizavit
> unda pulchra Jordanis et vox [2])
> patris natum jussit
> exaudiri populis.

---

[1]) Dies Wort fehlt im Texte der Denkmäler.
[2]) Die Denkmäler theilen nach *Jordanis* ab.

H Hic Cilicos et Achaicos,
   Rodios, Iconium,
   Thessalonicam, Ponthum
   Galacianique vicit,
   Emathios, Troas, Ephesios.
   Atticos, Corinthios,
   Pamphilicos, Cretas,
   Traces et Illiricos.

Daraus ergibt sich auch, dass in *Inclita* die Verse 28—33 als eine Doppelstrophe aufzufassen sind.

Soweit die Übereinstimmung: die übrigen Versikel, die sich ebenfalls paarweise in der Paulussequenz ordnen, weichen von der andern Sequenz ab. Sie gliedern sich so:

   His pro sudoribus
   sic cum coronavit dominus,
   Ut archana celi
   prius intraret quam obierit.

   Post longos in membris mundi conflictus
   caput ipsum Romam
   in impetu mentis adit.

   Hanc tanto propulsaverat triumpho
   mole ut vincendi
   ipse quoque oppeteret.

   Quem verus tantas sibimet
   rex ferentem vidit laureas,
   Simoni ducum principi
   mox cocquat in arce poli.

   Nunc preces fundite sedulas,
   qui gracia vos Christi nostis indignos,
   quia Paulus hic magnus est apud deum.
   Ut preces dando continuas
   magnus ille hos in paradisiacis,
   in quae raptus est, collocet secum locis.

   Nos igitur supplices in hac die
   nec non omni tempore,
   o Paule, cum Christo refice,
   Ut studium fidei **legitimum**
   haud lapsis permeantes
   cursibus coronam reportemus.

Indess auch von diesen ist wenigstens einer, der vorletzte, dem vorletzten der andern Sequenz (V. 50—55) bis auf zwei Silben vollständig gleich. Von dem vorhergehenden entspricht die erste Zeile

11

jedes Stollen, auch in der Cäsur nach der dritten Silbe, der ersten Stollenzeile in dem Abschnitt 34—49.

Ist sonach eine Verschiedenheit beider Sequenzen nicht zu verkennen, so fällt doch auf der andern Seite auch die grosse Übereinstimmung der vorderen Hälfte ins Auge. Ganz treu mag keine von beiden die Melodie des ursprünglichen Karlmannsleiches wiedergeben; auffallend ist in dem *modus qui et Carelmannine* die Verschiedenheit des Rhythmus von V. 34 an, d. h. von dem Abschnitte an, wo die Übereinstimmung beider Sequenzen aufhört.

In der von Fröhner (Zeitschrift 11, 24) bekannt gemachten Prosa *de undecim milibus rirginum* findet sich bei V. 109 die Bemerkung *ad car*, was Fröhner S. 29 *ad Carelmannine* deutet. Diese Deutung wird nicht unwahrscheinlich durch die Übereinstimmung eines Absatzes (V. 29—35) mit V. 34—37 der Sequenz *Inclita*.

  Domino suo[1]) consecrarunt, quarum
  mentium inhabitator est Christus
  qui consolationis solatium
  contra tribulacionem illis semper ingerit.
Genau wie
  Hic clara natus matri dedit signa,
  caelorum demonstrat se fore deum.
  aquam suam gaudens mutat naturam,
  et convivis unda natu versa vinum placuit.

Auch die unmittelbar vorhergehenden Worte (V. 24—39) haben genau dieselbe Silbenzahl, weichen aber in der Versabtheilung ab:
  Insignes sponse Christi
  a puerilibus annis pudicitiam deo
  amabilem fideliter amaverunt.
  ipse vero integritatem puericie.

Ebenso entsprechen sich in der Silbenzahl die folgenden Absätze (V. 36—43 und V. 50—55 der Sequenz *Inclita*): aber die Verseintheilung weicht wieder ab.
  Sacratissima
  virginitas deo disponente
  in suo gradu usque ad sanguinis effusionem
  Permansit, igitur
  dum nimis hanc dilexit nec
  supplicia nec carceres tyranni furentis expavit.
In der andern:
  Hic in cruce pendens
  quos creavit princeps regum redemit.

---

[1]) Hs. *Domino deo suo*.

inferni confregit vectem alligando principem.
Rex resurgens morte
victor fulget ascendendo thronum.
tenet quas coronas sanctis coronandis imponit.

Es scheinen also auch in dieser Sequenz einzelne Melodien denen des Karlmannsleiches nachgeahmt zu sein, und wir können daraus die Beliebtheit des uns verlorenen Originals entnehmen.

Die Verwendung des Reimes in diesen Leichen ist nicht bei allen gleichmässig. So gut wie reimlos ist der *modus Liebinc*, der einzige erkennbare und vielleicht nicht zufällige Reim ist *deluserat : vicerat* 47. Ebenso der *modus Ottinc*, aus dem man etwa nur *oritur : inmiscentur* 36 anführen könnte.

Die Art des Reimes ist dieselbe, die wir bei den Sequenzen finden. Er geht aus von der letzten Silbe, die tieftonig ist, bei paroxytonischer oder proparoxytonischer Betonung, die entweder beiden Reimworten gemein ist (*deluserat : vicerat*) oder mit paroxytonischer wechselt (*oritur : inmiscentur*), oder endlich beide Worte sind paroxytonisch. So im *modus Carelmanninc* die erste Art *tumulo : domino* 30, die zweite Art *regum : maximum* 16, *emendando : tumulo* 41, *injustae : reniae* 45, die dritte endlich, am häufigsten, *pastorum : deum* 17, *clara : signa* 34 u. s. w. Sehr viele Reime aller drei Arten in der durchgängig gereimten Dionysiusprosa: *populi : maximi, Galliam : gratiam, confinia : occidentalia,* dann *cenobium : famosum, eximius : Arnolfus, originem : virtutem,* endlich *modo : nunciabo, gloriosi : Arnolfi, immenso : homo.* Ebenso im Heribertsleich (1 *subditus : populus,* 2 häufiger, *principium : rerum, aetatis : indolis, sublatus : cancellarius,* am häufigsten die dritte Art *nostris : coeptis, plectrum : regum, nate : sancte* etc.), im Heinrichsleich (1 *mediae : infimae, catholicas : ecclesias,* 2 *coeli : saeculi, demissa : potentia,* 3 *juris : mediocris, Franci : Bawari, omnes : fideles*) und im Konradsleich (1 *contrarium : discordiam,* 2 *aetatis : regiis,* hauptsächlich aber die dritte Art *avorum : regum, junioris : aetatis, fortis : fidelis* u. s. w.).

Genaue Übereinstimmung der letzten Silbe ist in diesem Falle Regel: Ungleichheit der Consonanten ist auch hier selten. So reimen *is : it* (*jussit : populis* XIX, 33, *sanctis : imponit* 55), *is : i* (*annis : imperii* Heinrichsleich 8), *is : ix* (*Baconis : felix* 38), *am : ans* (*clementiam : laetificans* 13), *es : e* (*civiles : strenue* 23), *em : es* (wahrscheinlich 50 *regem : deprecantes*).

Bei Erweiterung des Reimes auf die vorletzte Silbe reimt diese vocalisch oder consonantisch ungenau mit: letzteres in *ago*:*dabo* XX, 1, *vitae*:*contemplativae* Heribertsleich 96, dieser häufiger, *defunctam*:*sanctam* Herib. 106, *plures*:*labores* Konr. 55, *viduarum*: *pupillorum* 87, *publicarum*:*rerum* 100, *privatae*:*vitae* 102.

Vollkommen reimt die vorletzte Silbe mit in *rusticorum*:*pannorum* XIX, 20, und so noch Dionysiusprosa 2. 4. 6, Heribert 41. 125, Konr. 57. 64. 81. 85.

Die gewöhnliche Anwendung des Reimes ist die, dass er zwei unmittelbar auf einander folgende Zeilen bindet: nicht werden vorherrschend, wie bei den Sequenzen, die Schlüsse der Stollen auf einander gereimt. Kein Beispiel des durchgehenden Reimes *a*, und das ist erklärlich, weil hier keine Anlehnung an ein Alleluja stattfindet.

Gepaarte Reime zweier unmittelbar auf einander folgenden Zeilen hat XIX, 11. 28. XX, 1. 5. 33; ebenso der Heribertsleich in den meisten seiner Absätze; der Leich auf Heinrichs II Tod beinahe durchgängig, in dem Absatze V. 44—50, dessen erste Hälfte zwei Paare von Reimen hat, hat die zweite die dritte Zeile reimlos, die vierte mit der ersten und zweiten Zeile gebunden, also dreifachen Reim (*omnes*:*fideles*:*regum*:*deprecantes*). In diesem Leiche kommt einige Mal auch schon gekreuzter Reim vor, V. 20: *suo plurimas*:*imperio*:*barbaricas*, ebenso 29 *gazas*:*tribuit*:*divitias*: *promeruit*.

Das Ende einer Zeile reimt mit der Cäsur: so kann man im Heribertsleiche zum Theil die Reime auffassen, wenn man zwei Kurzzeilen in einen Langvers verbindet

meruit in sedem   pontificalem u. s. w.

In der Dionysiusprosa hat Wolf (S. 466) die Zeilen in der Weise geschrieben, dass Cäsur und Ende reimt; aber bei der Länge der Zeilen ist wohl eher Zerlegung in je zwei Zeilen anzunehmen, der Eingang also zu schreiben:

Audite, fideles populi,
causam rumoris maximi
que sub temporibus modernis
Noricis contigit terris.

Dagegen findet wirklicher Reim von Cäsur und Schluss statt Denkmäler XIX, 16. 20, und mehr noch in der vierfachen Strophe 34—49, entweder nach der dritten oder vierten Silbe des elfsilbigen Verses.

Über die Anwendung der Alliteration kann ich mich begnügen auf Fröhner zu verweisen, der in den von ihm behandelten Texten (Zeitschrift 11, 2—15) die Stäbe durch den Druck bezeichnet hat. Ihr Vorkommen ist gar nicht in Abrede zu stellen und bei dem weltlichen Charakter der Leiche auch wohl erklärlich: dennoch scheint mir Fröhner ihr ein zu grosses Gewicht und Einwirkung auf die Anlage beigelegt zu haben. Auch geht er im Aufsuchen der Stäbe entschieden zu weit, wenn er z. B. im *modus florum* (11, 5) *et* und *erat, usque adeo* (warum nicht lieber *instet*) alliterieren lässt.

Endlich der Refrän: auch ihn angewendet zu sehen, wird bei diesen Leichen nicht Wunder nehmen. In dem Heribertsleiche (Zeitschrift 11, 6) werden nach jeder Halbstrophe die Worte *pater nate spiritus* wiederholt. Noch umfangreicher ist er in dem Leiche auf den Tod Heinrichs II (Zeitschrift 11, 10), in welchem nach jedem Stollen drei Zeilen (nach Fröhners Eintheilung) wiederholt werden, eine Fürbitte für den gestorbenen Kaiser enthaltend. Nur nach den Stollen der vierfachen Strophe (33—43) und dem ersten Stollen der nächsten Strophe fehlt der Refrän: es kann dies aber Vergesslichkeit des Schreibers sein, der auch im Heribertsleich ihn einmal (nach V. 11) ausliess, wo er sicherlich stehen muss.

War der *modus Karelmanninc* ursprünglich von deutschem Texte begleitet, wie Scherer (Denkmäler S. 310) annimmt, so haben wir in den beiden lateinischen Sequenzen, die auf uns gekommen sind, Nachahmungen eines deutschen Originals, wie Ratperts Leich auf den h. Gallus im Rhythmus von Ekkehard in seiner lateinischen Nachbildung nachgeahmt wurde. Einen analogen noch nicht bemerkten Fall gewährt das älteste französische Denkmal in poetischer Form, das Lied auf die h. Eulalia. Dass dieses eine Prosa oder Sequenz sei, ist bereits von Wolf (über die Lais S. 115. 467) ausgesprochen worden. Im wesentlichen damit stimmt überein was Paul Meyer in seiner *notice sur la métrique du chant de Sainte Eulalie* (Extrait de la Bibliothèque de l'Ecole des chartes, 5. série, t. II) Paris 1861, bemerkt, der die Analogie mit den notkerischen Prosen hervorhebt, gleichwohl aber so viele Verschiedenheiten findet, dass er S. 22 schliesst: ainsi donc, il y faut renoncer, le chant de Sainte Eulalie n'est pas une prose notkérienne, mit welchem Rechte, werden wir nachher erwägen. Die anderweitigen Versuche, das metrische des Eulalialiedes zu betrachten, von Littré[1]), K. Simrock[2]) und Gaston Paris[3]) gehen sämmtlich von unrichtigen Gesichtspunkten aus, und kommen daher zu keinem reinlichen Resultate. Ich lasse zunächst den Text folgen[4]).

1 Buona pulcella fut Eulalia,
   Bel avret corps, bellezour anima.

2 Voldrent la veintre   li deo inimi,
   Voldrent la faire   diaule servir.

3 Elle non[5]) eskoltet   les mals consellirs,
   Qu'elle deo raneiet,   chi maent sus en ciel.

4 Ne por or ned argent   ne paramenz,
   Por manatce, regiel   ne preiement.

5 Neule cose non la povret omque pleier,
   La polle sempre non amast lo deo menestier.

6 Et poro fut presentede   Maximiien.
   Chi rex eret a cels dis   sovre pagiens.

7 Il li enortet,   dont li nonque chielt,
   Que d'elle fuiet   lo nom christiien.

8 Ell' ent adunet   lo suon clement,
   Melz sostendreiet   les empedementz,

9 Qu'elle perdesse   sa virginitet:
   Poros furet morte   a grand honestet.

10 Enz enl fou la getterent,   com arde tost.
    Elle colpes non avret,   poro nos coist.

[1]) Étude du chant d'Eulalie et du fragment de Valenciennes, im Journal des Savants 1858 und 1859.
[2]) Die Nibelungenstrophe, Bonn 1858, S. 92.
[3]) Étude sur le rôle de l'accent latin dans la langue française, Paris 1862, S. 127—131.
[4]) Elnonensia. Monuments des langues romane et tudesque . . . publ. par Hoffmann de Fallersleben, Gand 1837, p. 5: Diez, altromanische Sprachdenkmale, Bonn 1846, S. 15—32; E. du Méril, essai philosophique sur la formation de la langue française, Paris 1852, p. 404—413.
[5]) nout Hs. Nach Meyer S. 9 hat das Facsimile nout, welches er auflöst in n'out und daher eskoltet als Particip nimmt. Allein sein Einwand, dass durchgängig im passé erzählt sei (S. 10) ist unrichtig; enortet und adunet (7. 8) sind als Praesentia zu fassen, und auch hier beweist das folgende Präsens conj. ranciet, dass eskaltet Präsens ist. Das Präteritum lautet in at, volat 13.

11 A ezo nos voldret concreidre li rex pagiens;
   Ad une spede li roveret   tolir lo chief.

12 La domnizelle celle kose   non contredist,
   Volt lo seule lazsier,   si ruovet Krist.

13 In figure de colomb   volat a ciel.
   Tuit oram que por nos   degnet preier,

14 Qued auuisset de nos   Christus mercit
   Post la mort et a lui   nos laist venir

   Par soune clementia.

Es ist demnach eine Sequenz, bestehend aus vierzehn Doppelversikeln, keinem Eingang, aber einem Schlusse. Wir haben derartig gebildete früher (S. 30) kennen gelernt: darunter waren auch mehrere mit dreizehn Doppelversikeln, von denen die eine (Morel nr. 30) auch im Umfang der Versikel der Eulaliaprosa nicht sehr ferne steht. Der Einwand Meyers (S. 22), auf den ihn Gautier führte, dass in den Sequenzen kein Enjambement stattfinde, sondern die Strophe immer mit dem Satze abschliesse, beruht auf ungenügender Beobachtung. Man kann im Gegentheil behaupten, dass das Enjambement in den älteren Sequenzen sehr beliebt sei und erst in den jüngern nach regelmässigem Strophensystem gebauten Formen schwinde.

Die Zahl der Silben in den entsprechenden Stollen ist gleich in 1—5. 7—9. 11. 14. In 5 findet Meyer (S. 11) einen Unterschied einer Silbe: aber *neule* ist dreisilbig zu lesen, daher auch seine Meinung, es sei *mestier* auszusprechen (was in jener Zeit unglaublich), nicht nothwendig ist. Um eine Silbe unterscheiden sich die Stollen in 6, 10 und 13, in 6 geht die Cäsur einmal weiblich, einmal männlich aus, ein Unterschied, den wir auch beim Reime der Sequenzen wahrnehmen (S. 41). Stärker ist die Differenz in 12, wo sie drei Silben beträgt, die die erste Hälfte voraus hat. Allein solche Abweichungen haben wir in einer Menge lateinischer Sequenzen auch gefunden, sie geben keinen Anlass zu Textveränderungen, so nahe dieselben auch lägen [1]).

Mehrere Versikel stimmen im Rhythmus und in der Silbenzahl überein: so 2 mit 7, 8 und 9; ebenso 4 mit 14; vielleicht auch 5 mit 11: sie können daher nach gleicher Melodie gesungen worden sein (S. 54).

---
[1]) So brauchte man 13, **2** zu schreiben *qu'elle* für *que*.

Nicht nur die Silbenzahl, sondern auch der Rhythmus der entsprechenden Stollen ist identisch. So haben die beiden Verse von 2 wie die ebenso gebauten Strophen die Form

$$-\smile\smile-\smile\quad\smile-\smile\smile-,$$

d. h. es sind rhythmisch gebaute katalektische dactylische Verse von vier Füssen. In 3 haben beide Verse die Form

$$-\smile\smile-\smile-\smile\ |\ -\smile\smile-\smile-,$$

in 4, 14 $\smile\ \smile-\smile\smile-\ |\ \smile-\smile-,$

in 6 $--\smile-\smile-\smile-(\smile)\ |\ -\smile\smile--$ (oder $\smile-\smile-$),

dasselbe Gesetz also wie bei den lateinischen Sequenzen herrscht auch hier. Und wie bei diesen manche Ausnahmen vorkamen (S. 76 ff.), so auch in der Eulalia: so im elften Absatz in der vorderen Hälfte beider Zeilen. Aber sie gehören zu den Seltenheiten Merkwürdig ist diese Thatsache deswegen, weil sie uns ein romanisches Gedicht, und zwar aus der ältesten Epoche zeigt, in welchem die Verse nicht bloss gezählt, sondern accentuiert werden. Gleichwohl würde es falsch sein, wenn man daraus schliessen wollte, dass in der romanischen Poesie ursprünglich die Verse durchgängig nach dem Accent gebaut wurden.

Der Reim bindet den Schluss je zweier Langzeilen, ein auch bei den Sequenzen häufiger, ja der häufigste Fall. Ausserdem zerfallen die Langzeilen durch Cäsuren an bestimmten Stellen in kleinere Verse, deren Schlüsse aber nicht gereimt sind, wie auch bei den Sequenzen sehr gewöhnlich ist, z. B. Morel nr. 30, 27:

   Gaude fidelis credens in deum
    concio christiana.
   Compatiendo cris et regnans
    cum Christo in gloria.

Der Reim ist durchgehends männlich; auch in den Sequenzen fanden wir, dass der männliche bei weitem überwiegt.

In der Handschrift gehen der Eulaliaprosa folgende sechs gereimte Zeilen voran:

   1 Cantica virginis Eulaliae
    Concine. suavisona cithara.
   2 Est operae quoniam pretium
    Clangere carmine martyrium.
   3 Tuam ego voce sequar melodiam,
    Atque laudem imitabor Ambrosium.

Ich habe sie in drei Absätze getheilt, weil diese Verse nichts anderes sind als eine lateinische Nachbildung der ersten Absätze der Eulaliaprosa. Genau stimmen 1 und 2, denn den ersten Absatz der Eulaliaprosa halte ich gegen Meyer für zehnsilbige Verse, deren Rhythmus auch mit den lateinischen fast ganz übereinstimmt. Denselben Rhythmus, dactylische Verse von zehn Silben, eine in der kirchlichen Poesie des frühen Mittelalters sehr beliebte Form, hat auch der zweite Absatz, und hier ist völlige Harmonie mit dem romanischen Original. Die Änderung *quoniam* für *quam* in 2, 1 ist ebenso durch den Sinn als den Vers bedingt; vielleicht ist *quam* nur falsche Lesung einer Abkürzung. Der dritte Absatz hat in jeder Hälfte eine Silbe mehr als in der Eulaliaprosa: solche Unterschiede haben wir aber auch bei Nachahmungen anderer Sequenzen häufig gefunden (S. 120). Genau würde er sich an den 5. des romanischen Textes anschliessen, wenn man *neule* zweisilbig liest:

neule cose non la povret   omque pleier
tuam ego voce sequar   melodiam

entsprechen sich in Silbenzahl und Rhythmus vollständig. Die Nachbildung ist, wie wir sehen, nur auf einen Theil des Originals beschränkt: ähnliches stellte die Untersuchung beim modus Karelmannine heraus, wo auch die Reihenfolge der Melodien in den beiden lateinischen Nahahmungen von einander abwich, wie hier, wenn der dritte Absatz des lateinischen wirklich dem fünften des romanischen Gedichtes entspricht. Die Anwendung des Reimes ist genau dieselbe wie im Romanischen: er ruht auf der letzten Silbe und verbindet je zwei Langzeilen mit einander.

Zweite Abtheilung.

1. Anlage der jüngeren Sequenzen.

Seit der Mitte des zwölften Jahrhunderts begegnen wir einer Form der Sequenzen, die sich von der notkerischen nicht unwesentlich unterscheidet. Statt der freien Rhythmen, in welchen die Sequenzen Notkers und seiner Nachahmer sich bewegen, treten regelmässigere ein, die sich in gereimte Strophen gliedern. Grade nach der Formverwilderung, die im elften Jahrhundert uns entgegentritt, wo die Silben mehr oder weniger nur gezählt werden, musste die Rückkehr zu grösserer Formstrenge ein Bedürfniss sein, und regelmässigere Formen waren die natürliche Folge. Der musikalische Charakter blieb gleichwohl derselbe: auch jetzt bestand die Sequenz aus einer Anzahl verdoppelter Melodien; jede Strophe zerfiel in zwei rhythmisch gleiche Halbstrophen, die nach gleicher Melodie gesungen wurden, wie früher die beiden Stollen eines Doppelversikels. Der alte Brauch, die Sequenz durch eine nicht gedoppelte Melodie zu eröffnen und mit einer eben solchen zu schliessen, verschwand nicht, wurde aber doch sehr beschränkt. In Frankreich scheinen diese jüngern Sequenzenformen aufgekommen: der fruchtbarste und berühmteste Sequenzendichter nach dieser Richtung, dessen Beispiel von nachhaltigem Einfluss wurde, war Adam von S. Victor, dessen Werke wir in einer, wie es scheint, in Deutschland wenig gekannten[1]) Ausgabe von L. Gautier (Paris 1858, 2 Bände) gesammelt besitzen.

Der Übergang von der älteren in die jüngere Sequenzenform ist natürlich kein plötzlicher gewesen: manche Sequenzen zeigen ihn deutlich, indem sie mehr oder weniger sich noch im alten Stil

---

[1]) Weder Wackernagel noch Morel erwähnen sie.

bewegen und bereits den neuen daneben tragen. Ich führe ein paar derartige Beispiele an, die deswegen nicht grade der Zeit nach der Übergangsperiode angehören, wohl aber nach ihrem rhythmischen Charakter. Auch der Zeit nach gehört, wie schon die Handschrift (12. Jahrhundert) beweist, dem Übergange an die Sequenz *Stola jocunditatis alleluja* (Mone 3, 390), welche ausser dem genannten Eingange und dem aus *alleluja* bestehenden Schlusse acht Doppelabsätze hat, die schon überwiegend den acht- und siebensilbigen trochäischen Vers gereimt verwenden: ein paar Strophen (17—28, 41—46) sind in der beliebten Form der sechszeiligen Strophe (a a b c c b) verfasst. Auch die Sequenz *Ave caro Christi regis* (Daniel 5, 211) bezeichnet diesen Übergang: wie bei vielen älteren Sequenzen gehen hier alle Halbverse in *a* aus. Eine noch ganz im alten Stile gebaute (Daniel 5, 179) schliesst mit dem Übergang in regelmässige gereimte acht- und siebensilbige trochäische Verse. Die Sequenz *Moestae parentis* (Daniel 5, 187) ist zwar in mannichfach wechselnden, aber doch meist regelmässigen Rhythmen verfasst, wiewohl die Prosaschreibung Neale's und Daniel's dies nicht zeigt. Der erste Doppelabsatz (1. 2) in der Mitte und am Ende gereimt (*lacrymas : redempta = maculas : cruenta*) ist in freien Rhythmen; dann aber kommen zehnsilbige Verse, mit der regelmässigen Cäsur nach der vierten Silbe. 3. 4 sind zu schreiben:

Sputa clavos atque ludibria
spinas tulit et saeva verbera.
Mater cernens tanta supplicia
flet discerpens pectus et ubera.

Der Absatz 5. 6 hat in jeder Hälfte drei solche Verse: in 5 ist zu lesen *fili dulcis* für *fili dulcissime*. Verwandter Rhythmus herrscht in 7. 8, aber dieser wie die folgenden sind mehr im alten Stile. Trochäische Rhythmen von regelmässiger Form beginnen mit 11. 12. 13. 14. Aus gereimten acht- und siebensilbigen derartigen Versen bestehen die Abschnitte 17. 18. 32. 33. 34. 37. 38, während 26—31. 35. 36 aus jambischen und trochäischen Rhythmen gemischt sind. Endlich die Sequenz *Virgines castae* (Daniel 5, 343), bei welcher Neale auf Gotschalk als Verfasser räth; die langen Absätze berechtigen dazu noch gar nicht, entschieden widerspricht aber die regelmässige Durchführung der Rhythmen. Der Hauptrhythmus ist der adonische Vers ($-\smile\smile-\smile$): der erste Absatz wiederholt viermal folgende Form:

> Virgines castae,
> virginis summae
> decus praecinentes,

wo die beiden dactylischen Zeilen immer auf einander reimen und die vier trochäischen Schlusszeilen ebenfalls; der Reim ist theilweise Assonanz *(hymnis : dignis, praecinentes : venerantes).* Nur einmal steht der adonische Vers in dem sonst übrigens ebenso gebildeten Absatze 4, wo der adonische ungereimt ist; auch hier wird die Melodie vierfach wiederholt. Aus drei adonischen Versen besteht der ebenfalls vervierfachte Stollen in 2; aus acht wieder bei vierfacher Wiederholung in 6. In 5 beginnt jeder Stollen mit zwei siebensilbigen trochäischen Versen, worauf zwei adonische und zwei sechssilbige trochäische folgen: die Melodie wird nur verdoppelt. Sonst sind die Absätze bloss aus trochäischen Versen gebildet: in 3 besteht der vierfach wiederholte Stollen (die Überlieferung ist lückenhaft, vgl. 5, 345) aus zwei sechssilbigen Versen; in 7 der nur verdoppelte aus acht auf einen Reim ausgehenden siebensilbigen; in 9 aus zwei sechssilbigen (verdoppelt); in 10 aus zwei achtsilbigen (verdoppelt), ebenso in 12; in 11 aus zwei siebensilbigen (verdoppelt), ebenso in 13; in 14 aus drei siebensilbigen trochäischen Versen. Alle sind gereimt. Mischung von sechssilbigen Versen jambischer und trochäischer Betonung hat nur der 8. Absatz. Es gehört mithin diese Sequenz trotz ihrer bunten Rhythmen principiell durchaus schon der jüngern Form an; das Vorkommen der Dactylen ist das einzige, was an die notkersche erinnert.

Auch eine Sequenz von Adam (1, 252) ist zum Theil noch in den alten Formen, zum grösseren Theil aber schon in den jüngeren gebildet; eigentlich folgt nur der Eingang und der Schluss dem Muster der notkerischen Sequenzen.

Ich theile schliesslich noch eine unbekannte Sequenz auf den h. Ludgerus aus dem Graduale Monasteriense fol. 236 mit, die ich nebst der Musik der Gefälligkeit des Herrn Quante in Münster durch Vermittelung von Prof. Deycks verdanke.

> Inclyte psallamus
> omnes Ludgerum venerantes.
>
> Quem sanctum et benignum
> claro carmine dignum
> devotis mentibus recolamus.

Nam praemonstrabat rite
cunctis exemplum vitae
praefulgens opere et sermone.

Hic deo dilectus
presul clarus et rectus
virtutum flore florebat
et signorum luce prefulgebat.
Demones fugavit,
cecos visu beavit
et claudos gressu donavit
et mortuos vita reformavit.

Nunc ergo plebs cum clero
corde flagitet sincero
ut conregnare queat Ludgero.
O Ludgere tu dignare
Christum exorare
ut prestet nobis tecum regnare.

Die Sequenz hat Eingang und drei Doppelversikel. Die rhythmische Verschiedenheit der letzten Doppelstrophe hängt mit der Musik zusammen: *tu*, welches rhythmisch überzählig, ist Wiederholung der vorausgehenden Note, und ebenso sind die überzähligen Silben *corde* musikalisch gleich mit der ersten von *flagitet*, die der ersten von *Christum* entspricht: also das bekannte Mittel der Wiederholung (S. 35).

Die Veränderung der alten freien Rhythmen in regelmässigere war übrigens keine neue Erfindung: in der deutschen Poesie war diese Regelmässigkeit längst dagewesen, indem durch die ältesten deutschen Leiche der paarweise gereimte Vers von vier Hebungen hindurchgeht; nur die Zahl der zu einer Strophe verbundenen Verse macht den strophischen Unterschied. Die Melodie wechselte, doch wurden bei diesen deutschen Leichen die gleichgebauten Strophen zum Theil nach gleicher Melodie gesungen.

Die Art und Weise, wie diese jüngeren Sequenzen aufgeführt und gesungen wurden, ist dieselbe wie bei den älteren: wir haben oben schon (S. 18 ff.) die darauf bezüglichen Zeugnisse zusammengestellt.

Eingang und Schlusssatz gehören, wie ich schon bemerkte, bei den jüngern Sequenzenformen zur Seltenheit. Entschieden unrichtig ist es also, wenn Wackernagel (I, 136) behauptet, es dürfe keine Sequenz, falls der Bau des Gedichtes nicht mangelhaft sein solle, mit einem wieder aus zwei gleichen Theilen bestehenden

Satze endigen, sondern müsse einen schliesslichen Abgesang haben, der die Vollendung aller vorangegangenen Strophenansätze und somit des ganzen Gedichtes bewerkstellige.

Beides, Eingang und Schluss, findet sich am seltensten. Die Sequenz *Are candens lilium* (Mone nr. 538), welche aus neun Doppelstrophen[1]) in gereimten trochäischen Versen besteht, hat einen Eingang von zwei, und einen Schlusssatz von vier Reimzeilen, die auch im Rhythmus von den übrigen abweichen. Derselbe Fall beim Eingang Daniel 5, 288, während der Schluss in der dem letzten Stollen hinzugefügten Zeile besteht. Meistens aber schliessen sich auch Eingang und Schluss rhythmisch an die übrigen Strophen an. Mone nr. 800 beginnt mit einem dreizeiligen Eingang, der aber durch den Schlussreim (a a b) mit den beiden Stollen der ersten Strophe (4—9) gebunden ist, daher man V. 1—9 auch als eine dreitheilige Strophe betrachten könnte; der Schluss besteht darin, dass dem zweiten Stollen der letzten Strophe noch eine Reimzeile hinzugefügt ist:

a a a b | c c c b b.

Eine Halbstrophe als Eingang und als Schluss bei Morel nr. 75, wo nicht nach V. 12 eine halbe Strophe ausgefallen ist, sondern V. 1—3 als Eingang abzulösen sind, der rhythmisch einem Stollen der ersten Strophe (V. 4—9) gleich ist. Ebenso ist der Schluss (V. 66—69) gleich dem Stollen der letzten Strophe.

Auch Adam von S. Victor hat beides zugleich: eine vollständige Eingangs- und Schlussstrophe 2, 219, wo man jedoch den Eingang in zwei gleiche Hälften zerlegen, mithin als Doppelstrophe betrachten kann. 1, 54 besteht der Eingang und die erste Doppelstrophe aus gleichgebauten Versen, der Schluss aber unterscheidet sich auch rhythmisch. In der ihm sicherlich nicht angehörenden Sequenz 2, 470 ist der Eingang (V. 1—3) gebaut wie eine Halbstrophe des ersten Absatzes (V. 4—9), der Schluss besteht in einem der letzten Halbstrophe angefügten Reimverse (V. 62).

Häufiger ist der Fall, dass der Schluss fehlt: wir lernten ihn schon bei Sequenzen älterer Form kennen (S. 29). Auch hier ist gewöhnlich der Eingang eine Halbstrophe, die einem Stollen der

---

[1]) Der sechsten (V. 43—45) fehlt ein Stollen, man müsste sie denn als eine in den Bau der Sequenz eingeschobene nicht repetirte Melodie betrachten, wie sie auch früher vorkommen (S. 46).

ersten Strophe gleichgebildet ist[1]). Oft ist dieser Eingang mit der ersten Strophe zu einer dreitheiligen Strophe zusammengefasst, und da dreitheilige Strophen, d. h. dreimal wiederholte Melodien vorkommen, so ist die Entscheidung ohne Zuhülfenahme der Musik zweifelhaft. So beginnt mit einer dreitheiligen Strophe Mone nr. 991. Morel nr. 272. Adam 2, 335.

Dagegen löst sich der Eingang schon formell ab von der ersten Strophe Mone nr. 853, wo die Verse

> Jocundare plebs fidelis,
> jocundatur jam in coelis
> Christi martyr Blasius

ihn bilden, während die Halbstrophe des ersten Absatzes die Form a a a b hat. Noch mehr bei Adam 1, 343, wo er aus zwei zehnsilbigen Versen besteht; und 2, 239, wo ihn zwei elfsilbige trochäische Verse bilden. Bei Morel nr. 27 ist er rhythmisch dem Stollen der ersten Strophe gleich, aber durch den Schlussreim, der allein steht, getrennt: da jedoch hier auch ungenaue Reime vorkommen (18. 21), kann man auch *demonstratur : transformatum : statum* als dreifachen Reim auffassen.

Ungleich häufiger aber ist das Fehlen des Eingangs, während die Sequenz einen Schluss hat. Dieser Schluss besteht oft nur darin, dass dem zweiten Stollen der letzten Strophe ein Vers hinzugefügt wird. Einen analogen Fall haben wir bei den Notkerischen Sequenzen schon kennen gelernt (S. 45). So lautet in nr. 668 bei Mone die letzte Strophe:

> Ergo vos apostoli
> et electi domini,
> Nostrorum absolvite
> peccatorum vincula
> juvando per saecula.

Noch deutlicher tritt diese Art hervor bei Adam 2, 374:

> Salve splendor firmamenti,
> tu caliginosae menti
> desuper irradia:
> Placa mare, maris stella,
> ne nos involvat procella
> et tempestas obvia.
> amen dicant omnia;

letztere Zeile ist eine häufig hinzugefügte, um den Schluss zu bilden. So nochmals in einer unechten Sequenz 2, 472; und eine andere

---

[1]) Vgl. Wolf, über die Lais S. 298, Anm. 140.

Zeile 2, 101. Die beiden letzten Zeilen der Schlussstrophe werden wiederholt 1, 319; die letzte Zeile, zweimal repetiert, bildet den Schluss 2, 255. 2, 231, und in einer unechten Prosa 2, 458.

Hier ist der Zusatz rhythmisch gleich der letzten Zeile: dagegen besteht er nur aus vier Silben bei Daniel 5, 226, wo nach acht- und siebensilbigen Trochäen das Wort *sempiterna* den Schluss bildet[1]), und ebenso das Wort *alleluia*, das auch sonst den Schluss allein ausmacht (Mone 3, 390) bei Adam 1, 155.

In manchen Sequenzen unterscheidet sich die Schlussstrophe durch anderweitige Abweichungen von den übrigen und von den allgemeinen Gesetzen. So wird bei Adam 1, 345 vor der letzten Zeile des zweiten Stollens der Schlussstrophe ein kürzerer Vers (von vier Silben) eingeschoben und dadurch der Schluss der Sequenz ausgedrückt. Eine dreifach getheilte Strophe bildet den Schluss bei Adam 2, 321: man kann die beiden letzten Zeilen als selbstständigen Schlusssatz ablösen.

In den meisten Fällen ist es ein selbstständiger Satz, der sich rhythmisch entweder an den vorausgehenden anschliesst oder seinen eigenen Rhythmus hat. Eine Anlehnung an die vorausgehende Strophe bei Mone nr. 832, wo der Schluss einem Stollen des letzten Absatzes gleich ist. Die Sequenz, eine Nachahmung des bekannten *Laetabundus* vom h. Bernhard, unterscheidet sich durch diesen Zusatz von dem Original und den übrigen Nachdichtungen. Derselbe Fall bei Wackernagel nr. 262, 11[2]). Daniel 2, 268 (nr. 235). 2, 228 (nr. 251). 5, 216 (nr. 449). 5, 244 (nr. 485). 5, 138 (nr. 250).

Selbstständigen Rhythmus dagegen hat der Schlusssatz bei Mone nr. 988, wo er aus zwei acht- und zwei siebensilbigen trochäischen Versen (a a b b) besteht. Ebenso bei Mone nr. 1050, mit *alleluja* schliessend. Daniel 5, 325 folgen auf die letzte Strophe noch drei achtsilbige trochäische Verse, die Daniel nach Clichtovaeus' Vorgange tilgt, ich glaube mit Unrecht. Analoge Fälle gewähren noch Mone nr. 576. Daniel 5, 148 (nr. 272), wo Daniel den Schluss ebenfalls unrichtig einklammert. Morel nr. 188. Adam 1, 12. 2, 300. Daniel 5, 291 (nr. 572). 5, 346 (nr. 694), mit *Alleluia* schliessend. 5, 168 (nr. 355), V. 39—41. Wahrscheinlich nur ein

---

[1]) Das noch folgende *Amen* lasse ich hier wie anderwärts unbeachtet.

[2]) Doch ist wahrscheinlich der Text unvollständig; sonst würde sich der Schlussreim an den letzten Reim der vorausgehenden Strophe anlehnen.

prosaischer Anhang und zu tilgen ist der Schlusssatz bei Daniel 2, 247 (nr. 269), wie der Übergang des Sinnes beweist; denn das Enjambement ist bei den jüngeren Sequenzenformen ebenso ungewöhnlich als es bei den älteren Regel ist (vgl. S. 167)[1]. Die Zahl der Doppelabsätze (Strophen) ist eine sehr verschiedene: unter drei geht sie nicht leicht hinab. Eine ganz vereinzelte Ausnahme und auch in der Hs. durch die Aufschrift *Sequentia brevissima* bezeichnet ist die Sequenz bei Morel nr. 199, die nur aus einer wie es scheint gar nicht theilbaren Strophe besteht. Auch die aus zwei Strophen bestehende bei Mone nr. 854 ist von höchst selten vorkommender Kürze.

2. Verschiedenheit der Stollen.

Die Melodie der beiden Stollen einer Strophe ist genau dieselbe[2], wie auch ihre rhythmische Gleichheit gefordert wird. Rhythmische Verschiedenheit der Stollen tritt ein in den oben bemerkten Fällen, wo dem zweiten Stollen der Schlussstrophe ein Zusatz hinzugefügt wird. Auch sonst begegnen kleine Abweichungen: in *Super flumen* (Mone nr. 1210) hat die dritte und sechste Zeile der Strophe bald sieben, bald acht Silben, so dass der Auftakt nach deutscher Weise in der Musik nicht mitgerechnet wird, wie V. 15 und 18 sich entsprechen: *et omni laude dignior*, und *rita lingua mens et cor*. Bei Daniel 5, 208 entsprechen sich in der siebenten Strophe die Schlüsse:

nostrae parvitatis,
summae trinitatis —
est concussa ratio,
vix enavigatio

d. h. der weibliche Reim wird nach deutscher Weise für eine Hebung mehr gerechnet. Der umgekehrte Fall ist häufiger, dass die überzählige Silbe des weiblichen Reims nicht mitgerechnet wird (nach romanischer Weise), was vereinzelt auch schon in den älteren Sequenzen vorkommt (S. 41). Bei Daniel 5, 155 (nr. 300) lautet die erste Strophe:

Laudet omnis spiritus
Christum qui divinitus

---

[1] Ein Beispiel gewährt Mone nr. 1035 in der ersten Strophe.
[2] Wolf, über die Lais S. 111. 298.

> coronavit gloria
> Gloriosum confessorem
> quem patronum et auctorem
> haec colit ecclesia.

Häufiger hat die vierte und fünfte Zeile dieser Strophenform männlichen Ausgang statt des gewöhnlichen weiblichen. Adam 1, 40, nr. 4:

> Si crystallus sit humecta
> atque soli sit objecta,
> scintillat igniculum,
> Nec crystallus rumpitur
> nec in partu solvitur
> pudoris signaculum:

und in demselben Gedichte noch Str. 5 und 10. In der sechszeiligen Strophe kommt solcher Wechsel des Reimgeschlechtes noch vor bei Mone nr. 982, Str. 4. Daniel 5, 268, Str. 4. Morel nr. 95, Str. 3. 4; nr. 158, Str. 4; nr. 190, 3. und 5. Strophe; am allerhäufigsten aber bei Adam von S. Victor, der als Franzose diesen Wechsel am wenigsten störend finden konnte. So 1, 18, Str. 5. 6. 8; 1, 88, Str. 4. 6. 8; 1, 107, Str. 2. 4; 1, 124, Str. 3 und 8; 1, 192, Str. 5 und 7; 1, 212, Str. 3. 4 und 9; 1, 305, Str. 2 und 4; 1, 348, Str. 4. 7 und 8; 2, 18, Str. 3; 2, 54, Str. 8; 2, 190, Str. 3 und 8; 2, 210, Str. 6; 2, 230, Str. 10; 2, 246, Str. 1. 2 und 3; 2, 283, Str. 2; 2, 294, Str. 3; 2, 336, Str. 6. Auffallend ist der Gebrauch bei Adam 1, 135, wo nur die fünfte Zeile der Strophe männlichen Reim hat und doch auf die vierte weiblich ausgehende reimt:

> dulcis ardor, ros divine,
> bonitatis germine
> eadem substantia.

Bei andern Strophenformen der Wechsel des Reimgeschlechts: Mone nr. 685, V. 25. 26, verglichen mit 29. 30. Daniel 5, 345, V. 19. 20, verglichen mit 23. 24. Bei Daniel 5, 209 (nr. 437) gehen die erste und dritte ungereimte Zeile der Strophen bald männlich, bald weiblich aus.

Oft unterscheiden sich Strophen, die sonst gleich sind, nur durch das Reimgeschlecht von einander. Mone 880, sind die ersten beiden Strophen sonst einander gleich: beide sechszeilig in der Reimordnung a a b c c b, aber a c sind in der ersten männliche, in der zweiten weibliche Reime. Da alle übrigen Absätze sich paarweise gliedern, so werden auch diese beiden zusammengehören, mithin nur zwei Stollen einer Strophe ausmachen. Mone nr. 521 besteht jede Strophe aus vier achtsilbigen Versen, die zwölfte aber (V. 45 bis 48) hat nur sieben Silben in den beiden ersten Versen, die hier männlich ausgehen. Dieser Fall kommt noch vor bei Mone nr. 1210, V. 43 und 55; nr. 982, Str. 7; Daniel 2, 162; 5, 291, Str. 2 und 6; 2, 212, Str. 3; Morel nr. 237, Str. 6, und ungemein oft wieder bei Adam von S. Victor: 1, 107, Str. 3; 1, 124, Str. 1 und 4; 1, 192, Str. 4; 1, 212, Str. 7; 2, 18, Str. 4 und 5; 2, 175, Str. 6; 2, 190, Str. 4 und 5; 2, 210, Str. 4 und 5; 2, 246, Str. 5, 7 und 8; 2, 283, Str. 4 und 6; 2, 336, Str. 3. Fast überall ist es wieder die sechszeilige Strophe, in welcher V. 1. 2. 4. 5 männlichen Reim haben. Ganz vereinzelt kommt es vor (Adam 1, 242), dass die dritte und sechste Zeile einiger Strophen weiblichen statt männlichen Reim hat (Str. 5—8).

Wie das Reimgeschlecht, so wechselt auch die Reimstellung in den Stollen: für die musikalische Begleitung macht dies keinen Unterschied aus. So wechselt sie in Bezug auf den innern Reim bei Mone nr. 800, V. 34—42, wo zu schreiben ist:

    Vermem istum,   dico Christum,
    nobis natum,   exaltatum
    in crucis patibulo.
    Fit unguentum   vulneratis,
    condimentum   tribulatis,
    solvit a periculo.

Es ist die gewöhnliche sechszeilige Strophe; ein wesentlicher Unterschied wird hier nicht bewirkt[1]. Ebensowenig wenn in der letzten Strophe derselben Sequenz der eine Stollen vierfachen Reim statt zweier Reimpaare hat (V. 52—59); der gleiche Fall nr. 529, 10—19. Oder nr. 946, 21—26, wo durch den Mittelreim in V. 24 eine reimlose Zeile (V. 25) entsteht. Vgl. noch Adam 2, 42, Str. 13, 2, 254, Str. 13, wo die beiden kurzen Verse (67. 68) natürlich in einen zusammengezogen werden müssen. Daniel 5, 183, Str. 3.

Fühlbarer ist der Unterschied, wenn in dem einen Stollen statt gepaarter Reime gekreuzte stehen; so bei Adam 1, 293, Str. 6, wo im ersten Stollen die Reimfolge:

    prostituit : flagitiis ; induit : fimbriis : coelesti,

im zweiten dagegen:

    nuntius : propnus : libidinis : luminis : incesti.

Derselbe Fall 2, 20, Str. 7, wo ausserdem das Reimgeschlecht

---

[1] Vgl. Adam 2, 471, Str. 5.

zweier Zeilen in jedem Stollen verschieden ist. Reimordnung: a b a b | c c c b, a sind weibliche Reime. Vgl. noch 2, 220, Str. 4. In einer Sequenz Adams (1, 82), deren Strophen nach Zahl der Verse und Silben alle einander gleich sind, unterscheidet sich jedoch die Stellung der Reime. Während in der ersten dieselbe ist

      a b a b c c b,

hat die zweite

      a a a a b b b,

die übrigen (3 - 6) aber

      a a a b c c b.

Auch hier wird das Mass der Verse nicht dadurch alteriert. Dies ist aber der Fall Adam 2, 28, wo die vierte Strophe lautet:

 Puer nascitur, novae legis novi regis
 praeco, tuba, signifer.
 Vox praeit verbum, paranymphus sponsi sponsum
 solis ortum lucifer.

Nur wenn man, wie ich hier gethan, die ersten Reime als innere nimmt, bleibt das Versmass dasselbe. Den Wechsel in der Stellung innerer Reime lernten wir schon bei den alten Sequenzen kennen (S. 123).

Viel stärker als die bisher erwähnten Unterschiede der entsprechenden Stollen sind sie in folgenden Fällen. In der bekannten Sequenz *Urbs Aquensis, urbs regalis* (Mone nr. 982) lautet die dritte Strophe:

 Hac in die, die festa,
 magni regis magna gesta
 recolat ecclesia:
 reges terrae et omnes populi,
 omnes simul plaudunt et singuli
 celebri laetitia.

Es entsprechen demnach den siebensilbigen Versen (1. 2) der ersten Hälfte zehnsilbige in der zweiten. Derselbe Fall in der wahrscheinlich nach derselben Melodie gehenden Sequenz Adams (1, 88) Strophe 3. Ferner in der berühmten Prosa *Laudes crucis attollamus* (Adam 1, 348) Strophe 3, die im Wortlaut mit *Urbs Aquensis* zum Theil zusammentrifft. Es gehen beide nach derselben Melodie wie *Lauda Sion salvatorem* (Lossius 297), in deren dritter Strophe dieselbe Unregelmässigkeit wiederkehrt. Nochmals bei Adam (2, 71, Str. 2) und in zwei aufeinanderfolgenden Strophen (2, 106, Strophe 3. 4), die man daher in diesem Falle als Stollen einer Strophe ansehen dürfte. In der dritten Strophe auch bei Daniel 5, 268, nr. 538; bei Morel nr. 138. Statt der vierten und fünften Zeile hat die erste und zweite zehnsilbige Verse: so in der schon erwähnten Prosa Adams (2, 71) in der achten Strophe, welche lautet:

> Roma potens et docta Graecia
> praebet colla, discit mysteria:
> fides Christi proficit.
> Crux triumphat, Nero saevit;
> quo docente fides crevit,
> Paulum ense conficit.

In einer aus zehnsilbigen Versen bestehenden Strophe steht am Schluss des ersten Stollen umgekehrt ein siebensilbiger Vers für den zehnsilbigen: Adam 2, 101, Str. 10.

3. Dreitheilige Strophen.

Statt der zweitheiligen Strophen begegnet man auch dreitheiligen, mit andern Worten: statt der einmal wiederholten Melodie kommt auch zweimalige Wiederholung derselben vor. Der Art sind die oben (S. 174) bemerkten Eingänge und Schlüsse, welche im Bau den folgenden oder vorausgehenden Stollen entsprechen. Aber auch innerhalb der Sequenz kommt solche Verdreifachung vor. Bei Mone nr. 991 lautet die dritte Strophe:

> Virgo prudens anhelavit
> ad sedem sideream,
> Ubi locum praeparavit
> linquens orbis aream,
> Granum sibi reservavit
> ventilando paleam.

Dieselbe Form hat auch die erste Strophe: beide mögen nach derselben Melodie gesungen worden sein. Bei Mone nr. 28 zerfällt der fünfte Absatz (V. 45—56) in drei Theile; jeder besteht aus zwei trochäischen Tetrametern: Mone theilt ab $a\ a\ b\ |\ b\ c\ c$, aber die Hs. hat richtig die Eintheilung $a\ a\ |\ b\ b\ |\ c\ c$. Bei Morel nr. 15 ist die dritte Strophe dreitheilig in der Form:

> a a b c c b d d b.

Nr. 123 bilden die V. 39—59 eine dreitheilige Strophe in der Form:

> $a\ a\ a\ a\ a\ a\ b\ |\ c\ c\ c\ c\ c\ c\ b\ |\ d\ d\ d\ d\ d\ d\ b$,

während der Herausgeber den dritten Theil zur folgenden Strophe zieht und so wiederum die zusammengehörigen Stollen (V 60—69) auseinander reisst. Drei Halbstrophen, durch denselben Schlussreim verbunden (a a a b c c b d d d b) bei Mone nr. 1061, V. 17 bis 28; vermuthlich ist aber eine vierte ausgefallen, da dem entsprechend auch die vier Halbstrophen V. 37—52 durch denselben Schlussreim zusammengehören.

Bei Adam von S. Victor kommt dieser Fall mehrfach vor: 1, 10 sind die vierte und fünfte Strophe dreitheilig in der Form a a a b c c b d d d b; in derselben Weise, aber mit weniger gehäuften Reimen (a a b c c b d d b) 1, 54. 2, 174. 2, 270. 2, 335, wo der mittlere Theil geschrieben werden muss:

In quo jacet,   sicut placet,
verbum patris,   suae matris
salva pudicitia.

Da hier und 1, 54 es beidemal die erste Strophe ist, so kann man die ersten drei Zeilen auch als Eingang ablösen: für die Zusammenfassung bei 2, 335 spricht jedoch der Umstand, dass der Eingang durch Enjambement mit der ersten Strophe verbunden sein würde.

4. Übereinstimmung der Melodienschlüsse.

Die Verschiedenheit der Melodien in den einzelnen Strophen einer Sequenz ist bei weitem nicht so manichfaltig als in den alten Sequenzen, wo es zu den Ausnahmen gehört, dass zwei Doppelversikel nach gleicher Melodie gehen. Wie die rhythmischen Formen der jüngern Sequenzen viel weniger manichfaltig sind, so auch die musikalischen; wie Strophen einer Sequenz rhythmisch gleich gebaut sind, so kann auch ihre Melodie gleich sein. Sie muss es nicht; wir sahen schon bei den älteren Sequenzen, dass Gleichheit des Rhythmus nicht auch Gleichheit der Melodie bedingt. In vielen Sequenzen geht durch alle Strophen dieselbe Form: würden sie demnach alle auch nach derselben Melodie gesungen, so würde das Wesen der Sequenz zerstört und sie gienge in den Hymnus über. Aber auch bei den Sequenzen, die nicht durchgängig gleichmässige Strophen haben, gehen die gleichgebauten Strophen keineswegs immer nach derselben Melodie. In *Lauda Sion salvatorem* (Lossius 297) haben die ersten zehn Strophen dieselbe Strophenform mit Ausnahme des männlichen Reimes in 4, 4. 5 und des verschiedenen

Versmasses in 3, 1. 2 und 4. 5 (vgl. S. 180). Hier sind nicht einmal die Stollen einer Strophe musikalisch gleich, jedoch nur dann findet ein Unterschied statt, wenn auch der Rhythmus abweicht. In den einzelnen Strophen stimmt die Schlussfigur der Musik in grösserem oder geringerem Grade: auf die letzten vier Silben erstreckt sich die Übereinstimmung in dem grössten Theile der Strophen (1—6. 8), auf sechs in 1—5. 9, auf sieben, d. h. die Schlusszeile der Strophe, in 1. 2. 4, und andererseits in 3. 5, wie auch in 8. 10. 11, so dass hier drei Reihen von Schlusscadenzen entstehen, wie wir sonst zwei fanden (S. 47); endlich auf neun in 8 und 10. Nach derselben Melodie gehen zwei Strophen.

Auch in mehreren Sequenzen ist dies der Fall, deren Strophen alle die gleiche Form haben: so in *Jocundare plebs fidelis* von Adam (Lossius 247). Die Stollen entsprechen sich rhythmisch wie musikalisch genau. Die Schlusscadenzen theilen sich in zwei Reihen: die eine umfasst 1—3 und 7, die andere 4—6, für sich allein stehen 8 und 9, die auch unter sich nicht harmonieren, aber dem Schlusse der ersten Reihe sehr nahe stehen. Die Gemeinsamkeit erstreckt sich in jeder Reihe auf die letzten sieben Noten, d. h. den Schlussvers der Stollen; ausserdem harmonieren die drei letzten Noten der vorhergehenden Zeile in 1. 3 und 7, ebenso in 4 und 6, die vier vorhergehenden in 1 und 7, die zwei vorhergehenden in 1. 2. 3 und 7.

In *Mittit ad virginem* (Lossius 195) sind die gleichgebauten Stollen einer Strophe auch musikalisch gleich. In allen Strophen stimmt die Schlussnote überein: im einzelnen harmonieren die ersten drei Strophen in ihren letzten acht Noten. In *Veni sancte spiritus* (Lossius 145) entspricht sich die Musik je zweier Stollen bis auf kleine Unterschiede in der ersten und dritten Strophe. Die gleiche Schlusscadenz erstreckt sich im einzelnen auf die letzten drei Silben (fünf Noten) in 1, 2, 3 und 5, und auf die letzten fünf Silben in 2 und 3.

Stabat mater dagegen zeigt uns mehrere Strophen nach ganz gleicher Melodie gehend: diese berühmte Sequenz hat überhaupt nur drei Melodien, wenn man von kleineren Abweichungen absieht: es geht die erste Strophe nach einer besonderen Melodie, mit der zweiten aber stimmen, mit geringem Unterschiede, 4—7. 9. 10, mit der dritten stimmt 8. Das berühmte *Dies irae*, welches nicht eine Sequenz, sondern Tractus genannt werden sollte, hat vier Melodien, von denen die erste die Strophen 1. 2. 7. 8. 13. 14, die zweite 3. 4. 9. 10. 15. 16, die dritte 5. 6. 11. 12. 17, die vierte 18. 19 umfasst.

5. Rhythmus der entsprechenden Stollen.

Der Rhythmus der entsprechenden Hälften einer Strophe muss derselbe sein. Dabei gilt aber als allgemeines Gesetz, dass Zusammenfallen von Wort- und Versrhythmus nothwendig ist nur am Versschlusse und in der Cäsur: im übrigen braucht der Vers nur nach Silben gezählt zu sein. Indess auch am Schlusse des Verses kommen hier wie bei den Sequenzen in älterer Form Ausnahmen und Verletzungen des Accentes vor; entschiedener bewiesen werden sie hier durch den Reim. Eine Veränderung des logischen Tongewichtes ist es, wenn die Präposition in die Hebung, das von ihr regierte Wort in die Senkung fällt, *á te* (: *beate* : *náte*) Du Méril, poésies latines populaires S. 176, Anm., *per se* (: *universae*) Adam 1, 169; *á te* (: *beate*) Daniel 5, 241. Wirkliche Verschiebung des Accentes in einem Worte tritt aber ein in folgenden Fällen:

a. Ein zweisilbiges Wort wird im Reim auf der letzten statt auf der vorletzten Silbe betont. *quibús* reimt auf *virtútibus* Mone nr. 880, 19. Mone nr. 357, 13 ff. entsprechen sich die Reime *Máriá : plená = regiá : dubiá* in beiden Hälften, daher in der vorderen Verschiebung des Accentes anzunehmen; in derselben Sequenz reimen *quomodo : á modó. dei : tibi* 19—23; ferner *nectareum : deúm* 35. Mone 1041, 12 reimt *piúm* auf *exítium*; 23 *quibús* auf *manibus*. 739, 1 *gyrum : martyrum*: vgl. V. 53. 717, 28 *cernere*: *veré*. Adam 1, 253 reimt *quis fiát : sentiat*; 1, 344 *nos regé*: *protege*; 2, 158 *mens piá : caetera*; 2, 404 *deó : gaudio*; 2, 456 *in dié : laetitiae*; 1, 457 *properat : aquám ferát*. Ferner *illá te: civitate*. Morel 95, 59. *viám : patriam* Daniel 5, 345. Morel nr. 152 werden *poenis*, *nostra* als stumpfe Reime gebraucht; das Gedicht ist offenbar von einem französischen Dichter zu einer Zeit verfasst, als man das Lateinische schon nach heutiger französischer Weise betonte. *tetigit : et ait* Daniel 5, 289. *dei : fidei* Daniel 5, 89, V.53—57, oder umgekehrt *fidéi* zu betonen. *putruit : fuit* Morel nr. 161, 36.

b. Ein dreisilbiges Wort mit mittlerer Kürze wird auf dieser betont statt auf der ersten und dritten. *pia* reimt auf *gratia* Du Méril p. 176, Anm., ebenda *fera : dextéra*. Bei Morel 161, 16 reimen auf einander *reginam : dominam*. Ungleich häufiger ist das entgegengesetzte:

c. Ein dreisilbiges Wort, welches auf der mittleren betont wird, setzt den Ton auf die erste und dritte. So reimen *Simonis : daemonis* Mone 685, 29; sehr häufig *Maria* Mone 368, 15. 357, 13. Daniel 5, 215. Ferner *capillis (: judicis)* 773, 16. 20. *Philippum* Adam 2, 404; *nimirum* Mone 739; *Jacobus* 699, 9; *Messia* Adam 1, 11; *Eliam* 2, 107; *Jacobi* 2, 391; *sentitur* Daniel 5, 268; *regina (: domina)* Morel 200, 17; *meatus (: animus)* Daniel 5, 291. *Bartholomeo (: caneo)* Morel 272, 4, *Bartholomei (: aetheree)* 20. *similis : fidelis* Morel nr. 152. *innupta : gratia* 188, 9 ist wohl in *innuba* zu bessern. *exultas : semitas* 225, 13. *exspecto : judicio* 234, 75.

d. Ein viersilbiges Wort, welches auf zweiter und vierter Silbe betont werden sollte, wird auf erster und dritter betont. Dies ist wohl der häufigste Fall. *perfidias : Elias* Mone 685, 25. *suppliciis : impiis* 483, 28, wo in beiden Reimwörtern der Accent verletzt wird; dass so zu betonen lehrt der Vergleich mit der andern Hälfte der Strophe. Ebenso entsprechen bei Wackernagel 245, 2 die Reime *mulieribus : hominibus* den Reimen *tui : sui* und sind daher wohl auf der vorletzten zu betonen; vgl. Daniel 2, 240. *pulcherrima* reimt auf *ima* Mone 525, 53. *invenitur : colligitur : munitur : eligitur* Mone 773, 7—11. *pontificis : opificis* als weibliche Reime 910, 1. *Hierusalem : Salem* Daniel 5, 240 (2, 2). *fuit : eripuit* 5, 222 (4, 4). *Cyriacus : lacus* 5, 291 (3, 1). *Maria : consortia : hierarchia* Morel 95, 82. *Hierusalem : carnalem* Daniel 5, 256, *adultero : vero* ebenda. *crucifere : vere* 5, 316. *virginei : dei* Morel 161, 39. *sacerdotum : antidotum* Adam 2, 241. Ganz regelmässig ist diese abweichende Betonung geworden in *mulieris, es, em, um*, das auch im Hexameter immer so betont wird. Daher ist ganz gewöhnlich *mulierum : dierum* Mone 518, 2, *: verum* Adam 1, 137. Daniel 5, 269 (7, 1), *: sincerum* Mone 685, 5, *muliere : vere* 1050, 21, *mulieres : heres* 415, 36 u. s. w.

e. Das umgekehrte ist sehr selten, dass ein viersilbiges Wort mit langer Penultima auf der zweiten und vierten Silbe betont wird. Man kann wohl mit Sicherheit behaupten, dass alle Gedichte, in denen dies vorkommt, von französischen Dichtern herrühren, wie das auch bei der Betonung zweisilbiger Wörter auf der letzten

Silbe Geltung hat. In einer Sequenz auf den h. Bernhard (Wackernagel 249, 4) reimen auf einander die Verse:

> verbum hoc altissimi
> nascendo praecinisti,

wo demnach *praecinisti* betont werden muss. Vgl. noch *angelorum* Adam 2, 404, *introisti* Mone 717, 10, wo auch das andere Reimwort seinen Ton zurückzieht, *eremita* 910, 8. *Augustinus* Adam 2, 159, 51[1]). *Magdalene* 2, 470.

In manchen Gedichten ist diese unregelmässige Betonung oder Accentverletzung ungemein häufig. Man vergleiche namentlich Mone nr. 525. 357. 1041. 255. 717. Morel nr. 152. 234. Eigenthümlich ist der Reim bei Adam 2, 297, wo mit einander gebunden werden *gráni : Gethsémani, gýrum : mártyrum, fréti : pérpeti, cibus : rotatílibus*, d. h. immer zwei Worte von verschiedener Betonung, die aber dabei im Verse nicht verletzt wird. Derselbe Fall vereinzelt 1, 135, wo *divine : germine* reimen (vgl. S. 178).

Wenn am Schlusse des Verses die Verschiebung des Tones selten ist, so kommt sie um so häufiger im Innern vor; indess nicht gleichmässig bei allen Versarten. Je länger der Vers ist, desto mehr Freiheit bietet er dem Princip der Silbenzählung: bei ganz kurzen Versen ist eine Accentverletzung kaum möglich, sobald das Reimwort, wie das Gesetz erfordert, Harmonie von Wort- und Versaccent zeigt. So bei viersilbigen trochäischen Versen, z. B. *absque matre | sine patre* Mone nr. 555: bei dieser Versart ist eine Accentverletzung gar nicht möglich, denn schliesst sie mit einem zweisilbigen Worte, so muss das vorausgehende entweder auch ein zweisilbiges Wort sein, welches immer den Accent auf der penultima hat, oder zwei einsilbige, von denen eben jedes accentuiert werden darf: dabei kann höchstens die logische Tonverletzung eintreten, z. B. *á te natum* (vgl. S. 184). Die trochäischen Versmasse sind überhaupt regelmässiger gebildet, nicht etwa als wenn sie einem andern Gesetze unterlägen als die jambischen, sondern weil ihr Bau der Vereinigung von Wort- und Versrhythmus günstiger ist und der Sprachcharakter ihr entgegen kommt. Beim trochäischen Verse von drei Hebungen kann, wenn er nämlich ausgeht, aus demselben Grunde wie beim viersilbigen, keine Accentverletzung stattfinden, er müsste denn mit einem einsilbigen Worte

---

[1]) Da jedoch der Vers reimlos dasteht, so ist wohl ein Fehler des Textes anzunehmen.

schliessen, was äusserst selten vorkommt. Bei weiblichem Ausgange dagegen findet auf der ersten und zweiten Hebung sehr häufig Accentverletzung oder blosse Silbenzählung statt. Namentlich wenn er mit einem dreisilbigen Worte beginnt, das auf der mittleren Silbe betont ist: *morborum exparcit* Mone 685, 48. *sublime profundum, decorem traxisti* Adam 2, 220. *leonis et agni* Wackernagel nr. 245. Nur auf der zweiten Hebung wird der Ton verletzt, wenn der Vers mit einem einsilbigen Worte beginnt, worauf ein zweisilbiges folgt: *Tu parci et magni* Wackernagel 245, *hic rita decedit* Mone 880, 74, *sub quadri figura, tu scala tu ratis* Adam 2, 220. Ganz regelrecht gebaute Verse dieser Art findet man in der Sequenz bei Mone nr. 370, wo nur V. 4 eine Abweichung zeigt.

Beim siebensilbigen Verse in trochäischem Rhythmus ist das Verhältniss dasselbe. Er schliesst fast immer mit einem dreisilbigen kretisch betonten Worte, sehr selten mit einem einsilbigen (Mone 28, 37. 739, 31. Adam 1, 325). Dann kann Accentverletzung also nur auf der ersten und zweiten Hebung eintreten, wenn der Vers mit einem amphibrachyschen Worte beginnt:

> precatu qui viduam Mone 685, 50.
> levita Laurentius 1023, 30.
> felici commercio 967, 9.

Vgl. 967, 30. 880, 4. 6. 19. 33. 46. 82. 878, 15 u. s. w. Beginnt der Vers mit einem einsilbigen Worte, so wird der Accent nur auf der zweiten Hebung verletzt, sobald ein zweisilbiges folgt:

> qui licet spectabilis Mone 880, 13.
> o felix Constantia 17.
> in boni constantia 22.
> nil dei potentia 39;

und so noch V. 73. 75. 86. 88. 90. 94. Da das Gedicht entschieden von einem deutschen Dichter verfasst ist, so sehen wir, dass das Princip der Silbenzählung am Anfang des Verses nicht nur bei den romanischen Völkern, was die lateinische rhythmische Poesie betrifft, Geltung hatte. Sehr regelmässig gebaute Trochäen von sieben Silben bei Mone nr. 828. 930. 1094. Adam von S. Victor lässt den Vers sehr oft mit einem Amphibrachys beginnen, vgl. 1, 10, V. 4. 20. 55. 1, 18, 4. 21. 22. 34. 40. 47. 59. 1, 29, 2. 3. 1, 32, 3. 15. 1, 37, 21. 24. 1, 40, 19. 22. 27. 43. 55. 56. 62 u. s. w. Mitunter beobachtet er das Gesetz, dass in den entsprechenden Zeilen der Stollen dieselbe Unregelmässigkeit waltet: so 1, 41 *Scintillat igniculum* = *Pudoris signaculum*. Wir haben dasselbe auch schon bei älteren Sequenzen gefunden (S. 153). Ein seltener Fall ist der, dass der Vers einsilbig beginnt und mit einem dreisilbigen kretisch betonten Worte fortgesetzt wird: *sed conditum gratia* Adam 1, 11, 28.

Der achtsilbige trochäische Vers hat meistens eine Cäsur nach der vierten Silbe, die auch oft noch durch innere Reime hervorgehoben wird. Da in der Cäsur ebenso wie am Schlusse Wort- und Versaccent zusammenfallen müssen, so kann in diesem Falle überhaupt keine Accentverletzung eintreten; der Vers zerlegt sich in zwei viersilbige trochäische Verse, und das über diese Versart gesagte gilt daher hier vollkommen.

Wenn der Vers keine Cäsur hat, so kann ebenfalls Wort- und Versrhythmus sich decken: z. B. *referat ubérrimarum* Mone 685, 2. *Paulum gentium doctorem* 685, 8. Vgl. noch Daniel 5, 268, 2, 1. 4. 4, 1. 7, 3. Daniel 5, 325, 1, 4. 2, 1. 5. 3, 1. 4. 4, 1. 6, 1. 2. 7, 1. 8, 1. 5. 9, 1. 2. 10, 1. Morel 78, 1. 8. 16. 25. 32. 34. Daniel 5, 247 (490), 1, 2. 4. 5. 2, 1. 2. 4, 4. 7, 2. Morel 237, 4. 5. 10. 28. 29. 40. Daniel 5, 257, 2, 5. 3, 1. 2. 8, 2. 5. 9, 1. 10, 2. 4. 5 u. s. w.

Sehr häufig tritt aber in diesem Falle Verletzung der Betonung im Anfang des Verses ein. Und zwar: auf der zweiten Hebung wenn der Vers mit einem einsilbigen Worte beginnt, worauf ein zweisilbiges folgt, seltener ein dreisilbiges mit kretischer Betonung:

                      mox salvis a poenis atris Mone 880, 45.
                      ad instar evangelistae 880. 47.
                      nec justum nec vitam laedit 55.
                      jam vineae floruerunt 183, 7.

Vgl. unter andern noch Mone 1035, 26. Daniel 2, 234, 1, 7. 2, 6. Daniel 5, 185, 1, 3. 231, 2, 6. 240, 2, 2. Morel 185, 13. Wackernagel 296, 4, 1.

Auf der dritten Hebung: wenn der Vers mit einem dreisilbigen kretisch betonten Worte beginnt, worauf ein zweisilbiges folgt:

                      resera tibi ostensum Mone 685, 71.
                      pascuae donec corona 1035, 36.

Oder er beginnt mit einem zweisilbigen und einsilbigen, worauf ein zweisilbiges folgt:

                      mundus hic daemon profanus 738, 11.

Vgl. noch Mone 1106, 37. Daniel 5, 231, 2, 3. 332, 12, 7. 334, 2, 2. Morel 187, 48. 237, 26.

Auf mehreren Hebungen zugleich: auf den beiden ersten, namentlich wenn der Vers mit einem dreisilbigen Worte, das den Ton
auf der mittleren Silbe hat, beginnt:
> infectum divinis donis Mone 685, 53.
> lucernas in manu gestat 880, 25.
> illapsum te fixus Christe 49.

Oder er beginnt mit einem viersilbigen Worte, das den Ton
auf der zweiten und vierten hat:
> altissima providente Wackernagel 296, 1.
> altissimi patris natum 4, 4.
> Helisabeth Zachariae Mone 658, 1.

Vgl. noch Mone 1106, 19. 32. Daniel 2, 233, 3, 7. 4, 2.
Morel 95, 1. Daniel 5, 240, 1, 2. 3, 2. 4. Morel 187, 39. In
dem letzteren Falle findet nur Verletzung des Accentes statt, nicht
der Cäsur: wenn man, wie man nach den oben erwähnten Beispielen darf (S. 185), wirklich *Hélisábeth* etc. betont, so sind die
Verse ganz correct.

Auf der zweiten und dritten Hebung: der Vers beginnt meist
mit einem einsilbigen Worte, worauf zwei zweisilbige folgen, oder
mit einem zweisilbigen (zwei einsilbigen), worauf ein dreisilbiges
mit mittlerer Länge folgt.
> ex aqua vinum fecisti Mone 1067, 29.
> nos ducas tramite recto 47.
> ad me veniret quod illa 415, 17.
> quo viso serpens antiquus 808, 13.
> et quasi virgo decora 17.

Vgl. noch Daniel 2, 303, 6, 1. 5, 231, 7, 2. Morel 237, 20.
287, 17. Mone 685, 4. 5. 13. 880, 94. 97. 483, 8. 20. 1067, 10.

Auf den ersten drei Hebungen: der Vers beginnt mit einem
dreisilbigen Worte, worauf ein zweisilbiges folgt:
> erecta velox ascendit Wackernagel 296. 5, 4.
> parentes ipsa manere 7, 5.
> consultus deus responsum 8, 1.
> ostensus Joseph puellam 8, 4.

Vgl. noch Mone 1067, 46. 1045, 26. Daniel 5, 231, 8, 5.
Morel 237, 22.

Häufig entsteht in solchen Fällen, wenn man nach den Ac-
centen liest, eine rein dactylische Betonung: so Mone 773, 10. 25:
> ánnulo cújus munítur.
> méruit átque velári.
> cúncta cum pátre causántem Mone 583, 29.
> mátris in sínu pausántem 30:

welche Betonungsweise sich auch sehr häufig in romanischen Versen dieser Art findet:

> áb dezirada compánha.
> fort mi pot esser salvatge.
> senher, mon genh e mon aire.
> senher, so ditz la vilana.

In vielen Sequenzen, die aus sieben- und achtsilbigen trochäischen Versen bestehen, findet man indess wenig oder gar keine Verletzungen der Wortbetonung; so im *Stabat mater* und ebenso Mone nr. 107. 379. 381. 528. 530. 658. 743. 784. 933. 950. 963. 971. 1050. Daniel 5, 257. 276. 280. Morel nr. 78. Auf die Behandlung des achtsilbigen Verses bei Adam von S. Victor gehen wir hier nicht ein, weil ich darüber an anderm Orte speciell handeln werde.

Was die jambischen Versarten angeht, so ist beim Verse von zwei Hebungen, wenn er stumpf ausgeht, eine Verletzung der Betonung nicht möglich, da er dann mit einem dreisilbigen Worte schliesst, dem ein einsilbiges vorhergeht (*et hominem*). Häufiger ist der von drei Hebungen, bei welchem, wenn er stumpf ausgeht, nur auf der ersten Hebung schwebende Betonung eintreten kann, denn die beiden andern Hebungen nimmt das dreisilbige den Vers schliessende Wort ein. So Mone nr. 28:

> In sapientia
> disponens omnia
> superna deitas
> nóbis condolnit
> quos diu tenuit
> díra calamitas,

mit schwebender Betonung im vierten und sechsten Verse. Bei weiblichem Ausgange kann aber auf den beiden ersten Hebungen Accentverletzung eintreten; so Mone 1032:

> pia laude revolvens
> vitae dote probavit.
> cordis organo solvens;

oder auch nur auf der ersten:

> prima nobilitavit;

oder nur auf der zweiten:

> quot in eo probavit.

Vgl. Mone nr. 448.

Beim achtsilbigen jambischen Verse wird auf den beiden letzten Hebungen, die fast immer von einem drei- oder viersilbigen Worte gebildet werden, der Accent beobachtet: dagegen kommt auf den ersten beiden ungemein oft Accentverletzung vor, namentlich wenn der Vers mit zwei zweisilbigen Wörtern beginnt oder mit einem viersilbigen, das auf erster und dritter betont wird:

 exaltantis negotia.
 sumpta quaeque multiplicat Mone 880, 65. 69.
 Genovefae sollemnitas 940, 1.
 felix ortus infantulae 5.
 matri virgo compatiens 19 u. s. w.

Im zehnsilbigen ist die Cäsur nach der vierten Silbe durchgehends Gesetz: sie kann aber ebensogut auf eine unbetonte als eine betonte Silbe ausgehen. Nach dem Versrhythmus sollte man immer eine betonte erwarten ($\smile \_ \smile \_ \acute{\_} \mid \smile \_ \_ \smile \_ \acute{\_}$); allein der Charakter der lateinischen Sprache widerstrebte dem, weil alsdann, wenn nicht ein einsilbiges Wort die vierte Silbe bildet, nur die viersilbigen Wörter mit vorletzter Kürze und dreisilbige mit kurzer Penultima, denen ein einsilbiges vorhergeht, den Vers hätten beginnen können, alle zweisilbigen aber wären ausgeschlossen gewesen. Da nun auch der Schluss ein dreisilbiges Wort erfordert (denn ein einsilbiges am Schluss gehört hier wie überall zu den Seltenheiten), so hätte man zweisilbige Worte fast gar nicht im zehnsilbigen Verse mit stumpfem Reime anbringen können. Um diesen Zwang zu beseitigen, gestattete man sowohl männliche als weibliche Cäsur nach der vierten Silbe, und in der Natur der Sache liegt es, dass die weibliche überwiegt. So kommt bei Adam von S. Victor 1, 68 in einer fast ganz aus zehnsilbigen Versen bestehenden Prosa nur einmal (V. 47) eine männliche Cäsur vor; häufiger 1, 181, wo V. 1. 9. 19. 30. 31. 33. 39. 41 männliche Cäsur haben. Der zweite Theil des Verses nach der Cäsur hat rhythmisch genau denselben Bau wie der sechssilbige jambische Vers; daher das oben (S. 190) gesagte auch für ihn gilt; die schwebende Betonung am Anfang ist auch hier ungemein häufig: vgl. Adam 1, 181:

 Jerusalem et Sion filiae,
 coetus omnis fidelis curiae,
 melos pangas jugis laetitiae,
 alleluja!
 Christus enim desponsat hodie
 matrem nostram, norma justitiae,
 quam de lacu traxit miseriae,
 ecclesiam.

Die Abweichung in der Betonung von sich entsprechenden

Strophengliedern kann sich so weit erstrecken, dass sie den entgegengesetzten Versrhythmus haben. Dieser bei den Sequenzen älterer Form schon beobachtete Fall (S. 83) kommt bei denen jüngerer Form ebenfalls gar nicht selten vor. So bei Mone nr. 255 entsprechen sich V. 33—38 die Stollen:

> Jésu réx benígne,
> tu nóbis tribué
> remissionem peccatorum,
> Ut técum víveré
> váleámus sémper
> in regno tuo per saecula.

Bei Mone nr. 525 lauten die Verse 31—36, die éine Strophe bilden:

> Tempus imples jubilaei,
> libertatem per te rei
> recipiunt abunde.
> Exulta Syon filia,
> sanctorum tibi millia
> deserviunt jocunde.

Es ist die bekannte sechszeilige Strophe des *Stabat mater*, nur dass in der 4—6 der Rhythmus umgekehrt ist. Dass dies der Fall, lehrt die Vergleichung mit der ebenso gebauten Sequenz nr. 524 (vgl. Adam de S. Victor 2, 189), in welcher Strophe 6, die jener entspricht, lautet:

> Tu coelestis paradisus
> Libanusque non incisus
> vaporans dulcedinem.
> Tu candoris et decoris,
> tu dulcoris et odoris
> habens plenitudinem.

Derselbe Unterschied des Rhythmus in den beiden Stollen von 525, 25—30 bei siebensilbigen Versen, wo sich entsprechen:

> Aeternae candor lucis
> orbi quem introducis

und

> Tibi salus omnium
> se dedit in filium.

Bei demselben Rhythmus Mone 397, 17—22; der Verfasser war vermuthlich ein Franzose und kann *nada : Juda* betont haben, doch ist *maneries* (V. 18) kein Beweis für die französische Herkunft, sondern Schreibfehler für *materies*.

Am grellsten tritt die Abweichung hervor, wenn zwei unmittelbar aufeinanderfolgende Zeilen entgegengesetzten Rhythmus haben und aufeinander reimen, wie Mone 1084, 28. 29:
> Munús hoc páter lúminum
> cóntulit quod tótum múndum;

vgl. 37. 38. 43. 44. Daniel 5, 320, 12. Mone 521, 71. Daniel 5, 190, Str. 9, wo eine Verderbniss mit Neale anzunehmen nicht nöthig ist, es reimt wie hier *depositus : sepultus*.

Die Umkehr des Rhythmus ist am häufigsten in der Form des achtsilbigen Verses, der trochäisch oder jambisch ist, und wieder am häufigsten in der sechszeiligen Strophe mit der Reimordnung a a b a a b. Vgl. noch Mone 977, 34—39. 987, 35—40. Daniel 2, 212, 4. 2, 243. 5, 256. 320. 346. Adam 2, 71. Nicht in derselben Strophe, sondern zwischen verschiedenen Strophen einer Sequenz findet diese Umkehr des Rhythmus statt: so bei Daniel 5, 155 (nr. 300), wo die dritte Strophe aus acht- und siebensilbigen jambischen statt trochäischen Versen der übrigen Strophen besteht. Vgl. noch Daniel 2, 220. 243. 259. Adam 2, 247. 389. 457.

In derselben Strophenform jedoch ist die dritte und sechste Zeile ebenfalls acht-, nicht siebensilbig: Mone nr. 1140, wo in den beiden ersten Strophen einmal die 1. und 2., dann die 4. und 5. Zeile jambischen statt des trochäischen Rhythmus haben.

In der aus der sechszeiligen Strophe erweiterten Form kommt derselbe Fall vor. So bei Mone nr. 977 lauten die Verse 58—61, die den ersten Theil einer dreigliedrigen Strophe bilden:
> Vana spernens et levia
> viam tenens non devia,
> in invia non, in via
> fecit domicilia.

Wenn man hier nicht veränderte Betonung *levia : devia* annimmt (vgl. S. 184). Dass indessen eher jambischer Rhythmus anzunehmen, lehrt die Strophe 73—82, denn diese Verse bilden eine Strophe, in deren vorderem Theile die achtsilbigen Verse trochäisch, im hinteren jambisch sind. Vgl. noch Mone 1153, 21—23. Morel nr. 110. Daniel 2, 262, 5. 5, 244. 346. Adam 1, 253, wo die 5. Strophe als achtzeilig geschrieben werden muss.

Bei Strophen aus lauter achtsilbigen Versen kommt derselbe Wechsel des Rhythmus vor: Mone nr. 521. Morel nr. 120. Bei Daniel 5, 292 (nr. 572) schliesst die Sequenz mit einer Halbstrophe von zwei acht- und einem siebensilbigen Verse: jene haben jambischen, dieser trochäischen Rhythmus, der Reim der jambischen Verse schliesst sich aber an den trochäischen Vers der vorausgehenden Strophe (10) an.

Bei andern Versmassen derselbe Wechsel: beim viersilbigen: Adam 1, 26, Str. 9 entsprechen sich die Verse der Stollen:

virgo florem   und concipiens
vellus rorem   et pariens,

die man aber vielleicht besser als achtsilbige Verse schreibt. Beim sechssilbigen nicht selten: bei Morel nr. 31, die fast ganz aus sechssilbigen Versen besteht, wechseln beide Rhythmen ab. Ebenso nr. 200. Daniel 2, 243 (267). Adam 1, 247. 2, 219. In verschiedenen Sequenzen, die nach gleicher Melodie gehen, derselbe Wechsel bei Wackernagel nr. 249, 6, wo die beiden ersten Zeilen der Stollen trochäisch sind, während in den meisten ebenso gehenden jambisch. Endlich beim siebensilbigen Verse in der wohl nach *Veni sancte spiritus* gehenden Sequenz bei Mone nr. 717, die ganz aus siebensilbigen trochäischen Versen besteht, sind mehrere Halbstrophen jambisch in den beiden ersten Zeilen, nämlich die Verse 8. 10. 11. 16. 17. 19. 20. 25. 26. 29. Vgl. noch Morel nr. 237, 31—36; nr. 161. Adam 1, 267, Str. 6 und 7 in den Schlusszeilen der Stollen.

Die meisten Sequenzen, in denen dieser Wechsel des Rhythmus vorkommt, sind wohl von französischen, nicht von deutschen Dichtern: schon das häufige Vorkommen des Gebrauches bei Adam von S. Victor spricht dafür.

6. Vorkommende Rhythmen und Strophenbildung.

Indem wir nun die verschiedenen in den jüngeren Sequenzenformen vorkommenden Rhythmen, wie sie in einer Sequenz zusammengestellt werden, betrachten, beginnen wir im Anschluss an die Manichfaltigkeit der älteren Sequenzen mit den bunter gemischten Formen, gehen zu den einfacheren über, um mit der Durchführung einer Strophenform durch die ganze Sequenz zu schliessen.

Die unregelmässigste Anlage zeigt eine Sequenz Adams (1, 139), in welcher nicht nur die verschiedenartigsten Rhythmen verbunden werden, sondern auch die übliche Zweitheiligkeit der Strophen mangelt: theilbar ist nur die dritte Strophe. Doch kehrt eine Versform (der elfsilbige trochäische Vers) häufig wieder: V. 9 (mit 10 zusammenzufassen). 11. 13. 15. 16. 17.

Was in der Mischung der Rhythmen am meisten an die älteren Sequenzen erinnert, ist die Anwendung des dactylischen Rhythmus, der mehr und mehr verschwindet. Am häufigsten kommt der sogenannte adonische Vers vor: so im Eingange von *Ave Maria gratia plena* (Wackernagel 1, 152), während die übrige Sequenz aus sechs-, sieben- und achtsilbigen trochäischen und zehn- und elfsilbigen jambischen Versen besteht. Wie hier in der Eingangsstrophe, so in der Schlussstrophe bei Mone nr. 500, der übrige Rhythmus ist ziemlich einfach, meist sechssilbige Jamben, daneben sechs- und siebensilbige Trochäen. In einem Absatz mitten in der Sequenz bei Daniel 2, 243 (nr. 267) Str. 7, wo diese Form achtmal wiederkehrt: die Sequenz besteht ausserdem aus sechs-, sieben- und achtsilbigen Versen, bei deren Wechsel zwischen jambischem und trochäischem Falle die oft vorkommende Umkehr des Rhythmus (S. 193) anzunehmen ist. Viele derartige Verse bei Mone nr. 344, wo ausserdem eine bunte Mischung von Rhythmen (vier-, fünf- und siebensilbigen trochäischen und vier-, acht- und zehnsilbigen jambischen) vorkommt. Vorherrschend ist in Verbindung mit dem sechssilbigen jambischen Verse diese Versform bei Morel nr. 17, die in den Abschnitten V. 1—8. 22—47 vorkommt.

In einer Sequenz bei Mone nr. 554 kommt der adonische Vers vielleicht einmal in jeder Strophe vor: ich erwähne sie hier, weil sie nach Mones Eintheilung viel unregelmässiger aussieht als sie wirklich ist. Sie zerfällt nämlich in drei gleichgebaute Strophen, die durch den Schlussreim (: *trinitatis* : *damnatis* : *beatis*) verbunden werden. In jeder Strophe wiederholt sich folgende rhythmische Form:

Ave spes et salus infirmorum,
désperatórum consolatrix

dreimal, zweimal am Anfang und einmal am Schluss; die zweite Form:

Laude plus laudabilis
coeli terraeque gyro dominaris

kehrt zweimal in der Mitte wieder. Eine Sequenz wird daher dies Gedicht nur zu nennen sein, wenn die Melodie der drei Strophen abweicht, was ich nach ihrem Bau nicht glaube. Ebenso verhält es sich mit nr. 170, deren Bau Mone mit dem der Leiche zusammenstellt.

Viel häufiger ist bloss die Mischung von trochäischen und

jambischen Rhythmen. So werden vier trochäische Versarten mit drei jambischen verbunden bei Adam 1, 174, wo jedoch die Form des trochäischen Tetrameters die überwiegende ist (1—6. 11—14. 28. 30—32. 34. 36. 37. 39). Bemerkenswerth ist hier die seltene Anwendung dreizehnsilbiger Verse (jambisch) mit einer Cäsur nach der sechsten Silbe (16, 19), also der französische Alexandriner. Drei trochäische und drei jambische Masse verbunden: sechs-, sieben-, achtsilbige trochäische, sieben-, acht- und zehnsilbige jambische Verse; oft werden die verschiedenen Rhythmen in derselben Strophe verbunden. So Adam 1, 265. Das gleiche Verhältniss trochäischer und jambischer Rhythmen 1, 343. Vier verschiedene trochäische Versmasse mit zwei jambischen bei Wackernagel 1, 220 (nr. 370), in einem ABC-Leiche von Jacob von Müldorf; ebenso bei Daniel 2, 247, wo jedoch die Scheidung der Rhythmen keine strenge ist, indem nach deutscher Weise der Auftakt nicht mitzählt. Zwei jambische und zwei trochäische Versarten sind angewendet bei Mone nr. 28. 1194, wo aber eine Mischung ungleichartiger Rhythmen in derselben Strophe nicht vorkommt. Mit überwiegenden jambischen Rhythmen: sieben- und achtsilbige trochäische Verse werden mit verschiedenen jambischen Versmassen zum Theil in derselben Strophe gemischt (Mone nr. 1140), wo jedoch auch mehrfach Umkehr des Rhythmus anzunehmen ist. Dieselben trochäischen Versmasse mit vier-, sieben- und achtsilbigen jambischen Versen verbunden Mone nr. 538: die kurzen viersilbigen trochäischen Verse sind hier fast immer zwei und zwei zusammenzufassen.

In den meisten Sequenzen überwiegt jedoch der trochäische Rhythmus: wir haben diese Neigung schon bei den alten Sequenzen gefunden. Trochäische Zeilen von verschiedenster Länge enthält die Sequenz Adams 1, 305, in welcher neben der bekannten sechszeiligen Strophe, die zum Theil stumpfe Reime hat, und der Erweiterung derselben, vier-, sieben- und elfsilbige Verse dieses Rhythmus (letztere eine seltene Form) vorkommen: jambische Verse von zehn Silben bilden die 9. Strophe, den Schluss der Stollen je ein achtsilbiger trochäischer. Noch bunter ist die Mischung von vier-, fünf-, sechs-, sieben-, achtsilbigen Trochäen bei Mone nr. 880, wo der eine Absatz (V. 59—72) aus achtsilbigen jambischen Versen besteht. In S. Bernhards bekanntem *Laetabundus* (Wackernagel 1, 125) sind die trochäischen Verse vier-, sieben-, acht- und neunsilbig, im letzten Abschnitt kommen daneben sechssilbige jambische vor. Viersilbige, sechs-, siebensilbige und Tetrameter bei Mone nr. 668, wo nur im Eingang (V. 2. 4) zwei zehnsilbige Verse von jambischer Bewegung. Vier-, fünf-, sechs-, sieben- und achtsilbige bei Mone nr. 372, wo in V. 45—52 in der Reimordnung a a b c c c b nicht wie gewöhnlich b der siebensilbige, sondern der achtsilbige trochäische Vers ist, während a und c sieben Silben haben; im Schlusssatze kommen daneben sechssilbige, im Eingang achtsilbige jambische Verse vor. Sieben-, acht- und neunsilbige trochäische Verse bei Mone nr. 1094, darunter achtsilbige jambische gemischt. Die häufigsten trochäischen Rhythmen sind die von sieben und acht, sowie von sechs Silben: so Mone nr. 933, wo nur eine Strophe aus achtsilbigen jambischen Versen besteht. Der sechs- und siebensilbige überwiegt in der Sequenz bei Morel nr. 161, wo in der zweiten und dritten Strophe die zweite Stollenzeile die jambische Form _ ⌣ _ hat, und in der fünften statt der sechssilbigen Trochäen siebensilbige Jamben den Stollen beschliessen. Noch vereinzelter ist das Vorkommen jambischer Verse bei Mone nr. 357, wo neben vier-, sieben- und achtsilbigen trochäischen zwei kurze jambische von vier Silben vorkommen (V. 31. 34); und bei Mone nr. 297, wo neben der bekannten sechszeiligen Strophe sechs- und siebensilbige trochäische Verse und zwei jambische von acht Silben erscheinen.

Eine bestimmte trochäische Versart überwiegt in Mone nr. 1015, nämlich der achtsilbige Rhythmus, zum Theil durch inneren Reim in zwei Hälften zerlegt: nur vier Zeilen (44. 48. 52. 56) haben jambischen Rhythmus von sechs- und vier Silben. Die gleiche Versart überwiegt Mone nr. 521; daneben treten als gleichbedeutend achtsilbige jambische auf (V. 27. 28. 31. 32. 41—44), also die früher bemerkte Umkehr des Rhythmus. Diese beiden in ihrem Wesen entgegengesetzten, aber in der Silbenzahl sich gleichenden Verse, werden noch öfter mit einander verbunden oder gemischt: vgl. Mone nr. 483. Wackernagel nr. 304. Morel nr. 224. 272. Adam 1, 55. 2, 254. 472.

Die grösste Ausdehnung und Verbreitung hat aber der sieben- und achtsilbige trochäische Vers. Und wiederum am häufigsten erscheint er in der sechszeiligen Strophe, die wir der Kürze wegen nach der bekanntesten Sequenz dieser Form die Stabatstrophe nennen wollen. Wir betrachten zuerst sein Vorkommen in der Mischung mit jambischen Rhythmen: in allen nachfolgenden aber überwiegt der sieben- und achtsilbige trochäische Vers.

Verbunden mit dem vier- und achtsilbigen jambischen bei Adam 2, 456, wo die vorherrschende Form der siebensilbige trochäische Vers (Str. 1—4. 10), daneben eine Stabatstrophe (6) und eine erweiterte von neun Zeilen (9): jambisch sind 7. 8, die zu einer Strophe zu vereinigen, und gemischt mit Trochäen 5.

Mit dem sechs- und achtsilbigen jambischen Verse Adam 2, 382, wo Str. 6 aus jener, Str. 8 aus dieser Versart besteht: ausserdem Stabatstrophen (1. 4. 7), mit männlichem Reime (3), nur weibliche trochäische Verse (9), seltene elfsilbige (5) und mit gekreuzter Reimstellung in 2, wo statt der achtsilbigen Verse je zwei viersilbige stehen.

Mit dem sechs- und zehnsilbigen: Daniel 5, 226, in der dritten Strophe: daneben die Stabatstrophe, auch in erweiterter Form, und acht- und siebensilbige Trochäen in gekreuzter Form (a b a b). Mit sechs- und zwölfsilbigen: Daniel 5, 282, wo ein Absatz (3) ganz aus zwölfsilbigen, ein andrer (6) aus zwölf- und sechssilbigen jambischen Versen besteht.

Der zehnsilbige jambische Vers allein mit jenen trochäischen Versmassen verbunden bei Adam 2, 293, wo der erste Absatz aus jambischen Versen besteht; bei Morel nr. 188 bilden zwei zehnsilbige Jamben den Schluss der Sequenz, in der ausserdem auch noch ein paar viersilbige trochäische Verse vorkommen. Der dreizehnsilbige jambische Vers, aber ohne Cäsur nach der sechsten Silbe (S. 196) kommt, mit Inreim versehen, einmal bei Adam (2, 28) vor: die Reimstellung ist im übrigen meist die gekreuzte.

Am häufigsten aber mischt sich der achtsilbige jambische Vers mit dem acht- und siebensilbigen trochäischen; was mit der beliebten Umkehr beider Rhythmen (S. 193) zusammenhängt. Bei Mone nr. 853 besteht ein Absatz (V. 38—45) ganz aus achtsilbigen jambischen Versen, in einem andern ist ein viersilbiger trochäischer zwischengeschoben (26—33). Auch bei Daniel 5, 230 (467) besteht der dritte Absatz aus achtsilbigen Jamben, und im vorausgehenden ist ein Vers jedes Stollen (3. 7) in dieser Form. Zwei jambische Strophen, beide vierzeilig, die eine gekreuzte, die andre gepaarte Reime, bei Daniel 5, 281 (559), 7, wo die beiden letzten Zeilen mit den beiden ersten von 8 zu verbinden sind. Mone 987 beginnt mit einer vierzeiligen Hymnenstrophe. Mit dem achtsilbigen trochäischen Vers bildet der jambische eine Strophe bei Adam 1, 54, Str. 6 und 7, die als eine zu fassen sind: a a b b c c d d, wo a c trochäisch, b d jambisch. Eine vierzeilige Eingangsstrophe (a a b b) bei Mone 694, welche mit *versus* bezeichnet ist, die nächste Strophe erst (V. 5) führt die Aufschrift *sequentia:* es sollen daher jene vier Eingangsverse den Bibeltext vertreten. Verdoppelt wie bei Adam Mone nr. 800, 44—51; nochmals bei Adam 2, 252, V. 49—56, wo beide Halbstrophen wiederum zu verbinden sind. Morel nr. 272, 36—43. Im Übrigen bestehen die erwähnten Sequenzen aus sechszeiligen (Stabatmater-) Strophen, denselben in erweiterter Form, vierzeiligen in gekreuzter Reimform, oder Strophen, die bloss aus sieben- oder achtzeiligen Trochäen gebildet sind.

Während hier die sieben- und achtsilbigen Trochäen im allgemeinen vorherrschen, ist in den folgenden Sequenzen die sechszeilige aus ihnen gebildete Strophe die herrschende Form. Dazwischen werden vereinzelt andere trochäische und einige jambische Formen eingestreut.

Vier- und achtsilbige jambische Verse im Schlusse einer Sequenz, die fast ganz aus Stabatstrophen besteht (nur die 3. und 6. hat sieben- und sechssilbige Trochäen) bei Daniel 5, 211 (441): indessen scheinen hier die Rhythmen umgekehrt (trochäische = jambischen gebraucht) zu sein.

Sechs- und zwölfsilbige bei Adam 2, 88, wo eine Strophe (4) aus diesen, eine andre (6) aus jenen besteht. Aus beiden Versarten gemischt eine Strophe bei Daniel 2, 221 (240), 9. Sieben- und achtsilbige, wenn nicht Umkehr des Rhythmus anzunehmen, bei Adam 2, 245, Strophe 9; eine Strophe (6) besteht hier aus sieben- und sechssilbigen trochäischen Versen.

Nur eine jambische Versart: der sechssilbige Vers bildet zwei Strophen bei Adam 1, 292, wo 3 und 4 als Halbstrophen zu betrachten sind; in Strophe 6 sind alle, mit Ausnahme der Schlusszeilen der Stollen, die trochäisch gebildet sind, jambische Verse. Sehr verwandt ist die Sequenz 2, 39, die vielleicht sogar nach derselben Melodie geht. Eine einzige Strophe in dieser Versart unter lauter Stabatstrophen: Adam 1, 32; zwei längere Strophen: Adam 2, 228, Strophe 5 und 8; eine sehr lange Strophe bei Mone nr. 658; eine mit Trochäen von gleicher Silbenzahl gemischte Adam 2, 404, wo aber nur die Silben gezählt werden. Die gleiche Mischung bei Adam 2, 79, Strophe 7, aber in geregelter Weise.

Der zehnsilbige jambische Vers in der Hälfte einer Strophe, deren zweite trochäischen Rhythmus hat: wir fanden diesen Fall in *Lauda Sion salvatorem* und den ebenso gehenden (S. 180). Was hier in einem Stollen, geschieht in einer ganzen Strophe bei Mone nr. 977, V. 16—21; Adam 2, 71, Str. 8; 2, 101, Str. 10; und bei Daniel 5, 216, wo aber nicht sieben- sondern viersilbige Trochäen den Stollen beschliessen. Vgl. noch Adam 2, 71, Str. 2. 2, 105, Str. 3. 4. Ein ganzer Absatz in zehnsilbigen Versen ohne Mischung mit Trochäen: Adam 2, 98, Str. 3.

Am häufigsten unter den jambischen Versarten bindet sich auch hier wieder der achtsilbige mit der sechszeiligen Trochäenstrophe. Als Schlussstrophe einer Sequenz mit angefügtem *Alleluia* bei Adam 1, 158; als vorletzte Strophe (achtzeilig) 1, 192, Str. 8 und 9, die zu vereinigen sind; ebenso 2, 212 zu verbinden 9 und 10, die wieder den Schluss bilden; der gleiche Fall 2, 285, 9 und 10; 2, 56, Str. 13 und 14. Mit andern Versarten in derselben Strophe gemischt: bei Adam 2, 409, Str. 8, mit siebensilbigen trochäischen Versen (a a b c c b, wo a c Trochäen sind); mit dem viersilbigen trochäischen Verse, der den Schluss der Stollen bildet: Daniel 5, 269 (539), 8; Wackernagel 1, 189, 9; Mone nr. 1067, 7. 531, 7, und in den wie die erste gehenden Sequenzen (5, 156. 185. 247); als Schluss der Stollen nach achtsilbigen Trochäen, Morel nr. 224.

Neben den vereinzelten jambischen Versen kommen in den erwähnten Sequenzen, wie bemerkt, auch einzelne andere trochäische vor, und die Reimstellung ist zum Theil die gekreuzte, so wie die sechszeilige Strophe zur acht- und zehnzeiligen erweitert vorkommt.

Sequenzen mit überwiegend jambischem Rhythmus gibt es fast gar nicht (vgl. S. 196), solche ausgenommen, in denen dieselbe Strophenform durch das ganze Gedicht geht (von diesen später): nur Mone 1032 wüsste ich anzuführen, wo, wenn man die Verse richtig zusammenfasst, die Sequenz aus sieben-, acht- und neunsilbigen jambischen Versen besteht und nur ein paar trochäische dazwischen stehen.

Bei den Sequenzen in rein trochäischen Rhythmen ist das Überwiegen der sieben- und achtsilbigen Verse und der sechssilbigen Strophe wieder sehr wahrzunehmen. Buntere Mischung ist selten: eine Sequenz aus vier-, sechs-, sieben- und achtsilbigen trochäischen Versen bei Daniel 5, 67, wo zwei Strophen die bekannte sechszeilige Form haben, die meisten aber aus sieben- und sechssilbigen Trochäen, eine aus vier- und siebensilbigen besteht. Bei Daniel 5, 231 sind 5—7 die übliche Strophe, 1. 2 dieselbe erweitert, 3 besteht aus sieben- und sechssilbigen Trochäen, die vierte aber aus elf- und siebensilbigen. Vier-, sieben- und achtsilbige Trochäen bilden die Sequenz bei Mone 355, wo 1 und 4 aus achtsilbigen, 2 und 3 aus siebensilbigen, 6 und 7 aus beiden Versen und 5 aus sieben- und viersilbigen besteht. Statt der viersilbigen öfter sechssilbige Trochäen: Mone 513, worin drei sechszeilige Strophen (eine mit bloss männlichen Reimen), drei Strophen bestehen aus der nicht häufigen Verbindung von acht- und sechssilbigen Trochäen (2. 5. 6). Mone 584 hat vier Strophen: zwei (1. 3) bestehen aus siebensilbigen, eine (4) aus sieben- und achtsilbigen (gekreuzt) und eine aus sieben- und sechssilbigen (2), letztere Verbindung eine in der Vaganten- poesie häufigere als in der kirchlichen. Dieselbe Verbindung neben der von acht- und siebensilbigen Trochäen, bei Mone 1007, Str. 3, wo aber die siebensilbigen Verse ungereimt sind (a b c b d b c b). In der kurzen Sequenz bei Mone 854 besteht die erste Strophe aus acht- und siebensilbigen, die zweite aus sechs- und siebensilbigen Trochäen, erstere mit Inreimen und den längeren vorangehend:

    Lupus ut astutus
    ne submergat inferis,
    Polo sine dolo
    reddat piis angelis.

Die sechszeilige Strophe von acht- und siebensilbigen Versen ist die vorherrschende Form in folgenden rein trochäischen Sequenzen: Daniel 5, 155 (300), wo in einer Strophe (3) der Rhythmus um- gekehrt, aber die Silbenzahl gleich ist; die vierte besteht aus sieben- und sechssilbigen Trochäen, die sechste (V. 31—40 bilden eine Strophe) aus adonischen Versen und sechssilbigen Trochäen: für letztere wird einmal (39) ein siebensilbiger gesetzt (also nach der deutschen Art der Ausgang ⌣́ ⌣ ⌣́ für ⌣́ ⌣). Ebenso besteht eine Strophe aus sieben- und sechssilbigen Versen: Daniel 5, 185; zwei Strophen 5, 186, Str. 4 und 5. Die Reimbindung ist hier überall a a b c c b. Drei Strophen, von denen die eine zehnzeilige, also erweiterte Form hat, Mone nr. 709, 25—34. Neben zwei Strophen in der gewöhnlichen Form (sechszeilig) eine in erweiterter Mone nr. 685, 25—32, deren vordere Hälfte aber lückenhaft und bei Mone ganz falsch abgetheilt ist: man lese:

    Sicut Enoch et Elias
    antichristi perfidias
    venient destruere
    quas in mundo (vetere)

seminavit idem:
> Sic hi magi Simonis,
> quas virtute daemonis
> invenit versutias
> sub Herode nimias,
> destruxerunt pridem.

Andere trochäische Versformen werden selten eingemischt: Mone nr. 1050 besteht neben der ursprünglichen Form (a a b c c b) aus Strophen in erweiterter Form (3. 4. 6. 8), die eine (7) hat nur männliche Reime, die fünfte aber besteht aus je zwei neunsilbigen trochäischen Versen, worauf ein siebensilbiger folgt: ein Stollen lautet demnach:

> Caesa flamma usta piceis
> pendens uncis fracta ferreis,
> imbre fuso sanguinis.

Den Eingang bilden zwei elfsilbige trochäische Verse bei Adam 2, 239, während die Sequenz sonst aus Stabatstrophen in ursprünglicher, modifizierter und erweiterter Form besteht.

Statt der acht- und siebensilbigen Versform ist vorherrschend die sieben- und sechssilbige bei Daniel 5, 208, wo nur Strophe 1. 2 die Stabatstrophe haben: 3 und 4, die zu verbinden, sind siebensilbige Verse, 5 und 6, die ebenfalls zu verbinden sind, sieben- und sechssilbige, ebenso 8; die siebente hat folgende Form:

> a b c b   d e d e,

wobei nur b sechssilbig, also der weibliche Ausgang für eine Hebung mehr nach deutscher Art gerechnet. Noch mehr überwiegt die sieben- und sechszeilige Form bei Morel nr. 198: 1—3. 8—10 in der sechszeiligen Form, 4 und 5, 6 und 7, die paarweise zu verbinden sind, in gekreuzter Reimordnung (a b a b c d c d), nur die letzte Strophe aus acht- und siebensilbigen in gekreuzter Reimordnung mit inneren Reimen. Ähnlich bei Daniel 5, 346: 1—3 haben gekreuzte Reimordnung, 4 und 5 die sechszeilige Form, am Schluss steht eine Stabatstrophe. Die gekreuzte Reimform überwiegt bei Mone 370, nämlich Strophe 3—7, während 1 die seltene Verbindung von acht- und sechssilbigen Trochäen hat (a a a b a a a b, wobei b sechssilbig ist); die zweite ist eine Stabatstrophe.

Fast ganz aus siebensilbigen Trochäen besteht *Martyr Christi Barbara*, Mone 828, Str. 1—4, nur die fünfte hat achtsilbige: da aber der männliche und weibliche Reim oft gleich gesetzt werden

(S. 41. 177), so kann die Sequenz recht wohl nach der Melodie von *Veni sancte spiritus* gehen.

In einer Reihe von Sequenzen ist die Form acht- und siebensilbiger trochäischer Verse die einzig angewendete: auch hier herrscht die sechszeilige Strophe in der Form a a b c c b bei weitem vor. Neben dieser Form ist die einfach gekreuzte (a b c d) Reimstellung die häufigste: so Mone 991, wo letztere drei Strophen umfasst, die Stabatform nur eine (2). Vgl. Daniel 5, 168. Sehr oft bei der gekreuzten Reimstellung auch innerer Reim: Mone 992, 31—46:

Pater scripsit   et indixit,
flumen scribens docuit,
Natus scribens   atque libens
quam implere voluit.

Ebenso Mone 946, 1—8. Adam 1, 40, 5—16. 1, 168, Str. 3. Die erste und dritte Zeile kann aber auch ungereimt sein und dann darf man die Verse auch als Tetrameter ansehen: so Adam 2, 377, Str. 2. 3.

Neben der sechszeiligen Strophe und der gekreuzten Reimstellung kommt auch die im Reimgeschlecht abweichende vor: Daniel 5, 291 (572), wo folgende Vertheilung:

1. 3. 4. 5. 7. 8 sechszeilige Strophe,
2. 6 dieselbe, aber mit männlichen Reimen.
9. 10 gekreuzte Form.

Ebenso Daniel 2, 217; vgl. auch Daniel 5, 325.

Statt der im Reimgeschlechte abweichenden sechszeiligen Strophe kommt die erweiterte Form der ursprünglichen vor: Daniel 5, 88, wo Str. 2—7. 10. 11 die ursprüngliche Form haben, 8 und 9 zwei verschiedene Erweiterungen (a a b c d d b c und a a b b c d d c c c); die erste hat gekreuzte Reimstellung mit Inreim.

Beides, die erweiterte und durch männlichen Reim modifizierte Form neben der ursprünglichen Strophe und der gekreuzten Reimform in den gleichen Sequenzen Mone 524. 525 (= Adam 2, 189). Ferner Adam 1, 124, wo die ursprüngliche Form in Str. 2. 6. 7, mit theilweise männlichen Reimen in 3 und 8, mit nur männlichen in 1 und 4, erweitert in 9, gekreuzte Reimordnung mit Inreimen in 5, wo demnach die beiden kurzen Zeilen zusammengefasst werden müssen. Bunter ist die Mischung bei Adam 1, 18, wo die ursprüngliche Form nur in 7 und 10, mit theilweise männlichen Reimen in 5, 6 und 8, erweitert in 11, sonst aber gekreuzte Form theils mit nur männlichen, theils mit männlichen und weiblichen Reimen (1. 2. 3. 4. 9). Vgl. damit 1, 212. Fast nur die gekreuzte Reimordnung in der Sequenz bei Daniel 5, 242. Die gepaarte ist aber äusserst selten: bei Morel nr. 201 haben Str. 1—3 und 5 die übliche sechszeilige Form, 4 die erweiterte und 6 die gepaarte Reimordnung (a a b b a a b b, wo a achtsilbige Verse sind). Die sechszeilige Strophe, zweimal mit männlichen Reimen, bei Adam 2, 174: daneben zweimal (7. 8) neunzeilige Strophen aus siebensilbigen Versen, dreitheilig gebaut (a a b c c b d d b). Adam 2, 297 haben Str. 3. 4. 7—9 die gewöhnliche Form; in 1. 2 sind zwei Zeilen männlich gereimt, aber mit dem weiblichen Ausgang gebunden, 5 und 6 unterscheiden sich von der gewöhnlichen Form dadurch, dass auch die dritte und sechste Zeile weiblich ausgehen, was sehr selten vorkommt.

Fast ganz aus siebensilbigen Versen besteht die Sequenz *Affluens deliciis*, Mone nr. 450: nur im Schlusssatze kommen zwei weibliche Reime vor; überwiegend sind sie bei Adam 2, 500, wo nur drei Strophen die bekannte sechszeilige Form haben (4. 8. 9); die meisten andern sind jedoch nur Modification derselben mit männlichen Reimen (1—3. 7). Vgl. auch Daniel 5, 345.

Die letztere Art, dass eine Sequenz ganz aus der sechszeiligen Strophe mit Modificationen und Erweiterungen besteht, ist eine sehr gewöhnliche. Das häufigst vorkommende ist die regelmässige Form und daneben die erweiterte: letztere bildet fast immer den Schluss der Sequenz. Die Erweiterung geschieht meist in der Art, dass statt des doppelten Reimes in jedem Stollen dreifacher oder noch mehrfacher steht.

Eine Reihe von sechszeiligen Strophen beginnt die Sequenz, und sie schliesst mit einer oder mehreren achtzeiligen. Mone 415 hat fünf sechszeilige, am Schluss zwei achtzeilige: ein Stollen der letztern lautet:

 Clamat senex voce clara
 amplexata tot praeclara
 insignia deo cara,
 voce pandens veteri.

Bei Adam 1, 316 kommt die erweiterte Strophenform dreimal am Schluss, einmal in der Mitte vor (Str. 3); es wird als Schluss der Sequenz noch ein zweizeiliger Absatz angefügt. Drei Schlussstrophen bei Adam 2, 63; zwei 2, 162. Morel nr. 233, wo die beiden ersten Strophen entstellt und so zu bessern sind:

> Christus ecclesiae sponsus
> ad nos venit sic abscousus,
> totum mundum latuit.
> Sic pro nobis incarnari
> atque matrem desponsari
> sancto Joseph voluit.
>
> Joseph mysterium nescit,
> vehementer obstupescit,

aber V. 9. 10 weiss ich nicht zu bessern. Ferner Daniel 5, 225. Vier achtzeilige Strophen Morel nr. 75, wo die Sequenz ausserdem einen Eingang und Schluss (jeden von einer halben Strophe) hat.

Neben der achtzeiligen Erweiterung noch die zehnzeilige: die Reihenfolge ist die, dass die zehnzeilige der achtzeiligen folgt, also eine immer grössere Erweiterung der Strophe nach dem Schluss der Sequenz hin eintritt. So bei Mone nr. 1035, wo Str. 1—5 die sechszeilige Form haben: die sechste hat achtzeilige, die siebente zehnzeilige Form, ein Stollen der letzteren lautet:

> Ave spes o captivorum,
> relaxator vinculorum,
> consolator miserorum,
> forma vitae, via morum,
> adjutor promptissime.

Ferner Adam 1, 135, wo die zehnzeilige wieder den Schluss macht, und die achtzeilige ihr vorhergeht, aber ausserdem noch dreimal vorkommt (2. 4. 6). Zwei achtzeilige, eine zehnzeilige als Schluss: 2, 127.

Die zehnzeilige Erweiterung allein ohne die vermittelnde achtzeilige: Mone 529, wo aber der zweiten Strophe ein Stollen fehlt, wie man aus den Reimen sieht: die dritte ist zehnzeilig, in ihrer zweiten Hälfte hat sie jedoch statt der vierfachen Reime zwei Reimpaare (a a a a b | c c d d b); derselbe Fall bei Daniel 5, 183 (402). Dagegen die reguläre Form als Schlussstrophe bei Daniel 5, 331 (673). Die gepaarte Form der erweiterten zehnzeiligen Strophe in beiden Stollen: Adam 1, 331 in Str. 9, die letzte hat eine andere Art der Erweiterung, statt der gepaarten Reime stehen Verse mit Inreimen, so dass ein Stollen lautet (bei Gautier sind die kurzen Verse getrennt):

> Fons signate   sanctitate,
> rivos funde,   nos infunde;

fons hortorum   internorum,
riga mentes   arescentes
unda tui rivuli.

Selten kommt es vor, dass nach den erweiterten Strophen am Schlusse noch eine gewöhnliche sechszeilige steht: so bei Adam 1, 256, wo nach sechs sechszeiligen eine acht- und eine zehnzeilige folgt, eine sechszeilige aber wieder den Schluss bildet. Vgl. noch Daniel 5, 246, wo die sechste und siebente zur achtzeiligen Form erweitert sind, und eine sechszeilige schliesst; Daniel 5, 178, die vorletzte achtzeilig, ausserdem in der Mitte eine zehnzeilige, in der aber die Stollen nicht vierfachen Reim, sondern Reimpaare haben (a a b b c | d d c c c).

Eine andere Form der Erweiterung nach dem Schluss hin ist die, dass statt der zwei Stollen drei gesetzt werden: so bei Adam 2, 270, wo die beiden letzten Strophen neunzeilig statt sechszeilig sind.

Derselbe Fall, aber nicht unmittelbar am Schluss, und mit Häufung der Reime verbunden, bei Morel nr. 123, wo Str. 1—5 die sechszeilige Form haben (dabei aber in mehreren Versen Umkehr des Rhythmus, 7. 8. 22. 23), dann achtzeilige Form (6), zehnzeilige (Str. 8), zwischen beiden eine dreitheilige Strophe (V. 39 bis 59 bilden eine Strophe), deren Stollen alle sechsfachen Reim haben, also:

Quod praecessit in figura
nube latet sub obscura,
hoc declarat genitura
semel matris, virgo pura
pariendi vertit jura,
fusa mirante natura
deitatis pluria.

Am Schluss nimmt die Reimhäufung wieder ab, indem noch eine sechszeilige Strophe folgt.

Die Sequenz bei Daniel 5, 314 (631) besteht im wesentlichen aus der sechszeiligen Strophe (je zwei bei Daniel sind zusammenzufassen), dann folgt die achtzeilige Erweiterung: zwischen je zwei Strophen sind je zwei achtsilbige trochäische Verse, die Fragen des *Chorus* enthaltend, eingeschoben, und am Schluss geht die Sequenz in das *Victimae paschalis* über. Ganz ähnliche Anlage hat Morel nr. 124.

Eine Variation der sechszeiligen Form: Daniel 5, 243, Str. 1, wo die dritte und sechste Zeile weiblichen, die andern dagegen männlichen Reim haben; die 3. 5. und 6. Strophe haben eine modifizierte Form der achtzeiligen Strophe, indem eine Halbstrophe lautet:

> Tempus tetrum ut amantis,
> in agone decertantis
> demonstratur, si cernatur
> Dorothea nobilis.

Auch hier tritt am Schlusse nach den erweiterten Strophen wieder eine sechszeilige ein. Dieselbe Variation in der offenbar nach derselben Melodie gehenden Sequenz bei Mone nr. 773 (Wackernagel 305). Ähnlich ist die Modification der achtzeiligen Strophe, in welcher die vierte und achte Zeile weiblichen Reim haben: Morel nr. 110, V. 33—40, während die übrigen Zeilen des zweiten Stollen männlich ausgehen, im ersten zwar acht Silben, aber umgekehrten (jambischen) Rhythmus haben.

Die gewöhnliche Modification der sechszeiligen Strophe ist die, dass die beiden ersten Zeilen jedes oder eines Stollen männlich ausgehen. Die regelmässige, modifizierte und erweiterte Form bilden die Sequenz. Die erweiterten Formen pflegen auch hier den Schluss zu bilden. Adam 1, 107, wo zwei Strophen (2. 4) in einem Stollen, eine (3) lauter männliche Reime hat: die acht- und zehnzeilige Erweiterung bilden den Schluss. Ferner 2, 18, wo männliche Reime im zweiten Stollen (3), lauter männliche (4. 5), von Str. 6 an erweiterte Formen kommen: die erste (6), zehnzeilig, besteht aus lauter männlich reimenden Versen, dann folgen drei achtzeilige (7—9), deren erste aber in ihren Stollen nicht ganz harmoniert, und am Schluss zwei zehnzeilige. Bei Adam 2, 335 haben die gewöhnliche Form 2. 4. 5. 7, mit innerem Reim 8, mit männlichen Reimen im zweiten Stollen (6), mit lauter männlichen (3), die erste Strophe ist dreitheilig (neunzeilig), der mittlere Stollen hat Inreim und ist daher zu schreiben:

> In quo jacet, sicut placet,
> verbum patris, suae matris
> salva pudicitia.

Am Schluss erweiterte Strophen: zwei achtzeilige (9. 10) und eine zehnzeilige, in der aber statt des vierfachen Reimes zwei Reimpaare (11). Bei Daniel 2, 212 hat Str. 7 männliche Reime, 10. 11 sind acht-, 12 ist zehnzeilig. Morel nr. 95 haben zwei Halbstrophen (3. 4) männlichen Reim, am Schlusse zwei acht- und eine zehnzeilige

Strophe. Daniel 2, 162 hat die fünfte nur männliche Reime, je eine acht- und zehnzeilige bilden den Schluss. Auch die erweiterten Strophen zeigen dieselbe Modification: männliche statt weibliche Reime; so Adam 1, 228, wo 7 und 8 (als eine Strophe zu fassen) eine zehnzeilige Strophe bilden (a a a a b | a a a a b) mit lauter männlichen Reimen; den Schluss bildet eine achtzeilige in gewöhnlicher Form. Adam 2, 114 ist die erste Strophe eine gewöhnliche sechszeilige, aber mit Inreimen, daher auch sechszeilig (nicht zehnzeilig) zu schreiben; ebenso 2. 4 und 11. Die siebente ist erweitert (zehnzeilige Form), aber mit nur männlichen Reimen; die zwölfte eine erweiterte achtzeilige mit Inreimen, und der Stollen zu schreiben:

Parum sapis vim sinapis,
si non tangis, si non frangis;
et plus fragrat quando flagrat
thus injectum ignibus.

Am Schluss eine zehnzeilige, wo aber statt der vierfachen Reime wieder zwei Reimpaare. Endlich Adam 2, 202, wo Str. 2. 3 gewöhnliche Form, aber innern Reim haben; den Schluss bilden eine zehnzeilige Strophe mit bloss männlichen Reimen (8) und eine vierzehnzeilige, durchgängig mit Inreimen, also entsprechend der sechsfachen Reimhäufung (bei Morel nr. 123): die Strophe ist folgendermassen zu schreiben:

Imperatrix supernorum,
superatrix infernorum,
eligenda via coeli,
retinenda spe fideli,
separatos a te longe,
revocatos a te junge
tuorum collegio:
Mater bona, quam rogamus,
nobis dona quod optamus,
ne sic spernas peccatores
ut non cernas precatores;
reos sibi diffidentes,
tuos tibi confidentes
tuo siste filio!

Eine Sequenz, die nur aus erweiterten Strophen besteht, findet sich bei Daniel 5, 322, wo 1—5 die achtzeilige, 6 aber die zehnzeilige Strophenform hat.

7. Rhythmische Gleichheit aller Strophen.

Die letzterwähnte Art von Sequenzen nähert sich durch die Gleichmässigkeit des Rhythmus schon sehr denen, in welchen durch alle Strophen dieselbe Form hindurchgeführt wird. Ein formeller Unterschied der Sequenz und des Hymnus besteht bei den in gleichförmigen Strophen gebauten Prosen nicht, wiewohl wir sehen werden, dass die angewandten Rhythmen keineswegs dieselben sind; musikalisch aber unterscheiden sich die Strophen von einander, indem zwar mehrere, aber nicht alle Strophen einer Sequenz, nach derselben Melodie gehen dürfen (S. 182).

Die Zahl der Strophenformen, welche als durchgehende in den Sequenzen zur Anwendung kommen, ist keine sehr grosse. So wenig es nun in ein und derselben Sequenz nothwendig ist, dass gleichgebildete Strophen nach derselben Melodie gehen, ebensowenig brauchen zwei aus gleichen Strophen bestehende Sequenzen der gleichen Melodie zu folgen. Wenn jedoch verschiedene Strophenformen in einer Sequenz zur Anwendung kommen, und dieselben kehren in gleicher Folge in einer andern wieder, so ist im hohen Grade wahrscheinlich, dass beide derselben Melodie folgen. Bei durchgängiger Gleichheit der Strophenform ist diese Wahrscheinlichkeit nur dann anzunehmen, wenn die Zahl der Strophen gleich ist. Indess bei der so unendlich häufigen sechszeiligen Strophenform möchte auch dies Kriterium kein sicheres sein, wohl aber bei den minder häufigen. Auf der andern Seite können auch bei nicht vollkommener Übereinstimmung der Sequenzen dieselben, so weit sie übereinstimmen, nach derselben Melodie gehen. Adam 1, 30 wiederholt nach der dritten Strophe einer Sequenz fünf Strophen einer andern: was hier mit Wiederholung derselben Worte bestimmt bezeichnet ist, gibt sich anderwärts durch Gleichheit der Rhythmen zu erkennen.

Indem wir die Reihe der in gleichmässigen Strophen gebauten Sequenzen mit denen beginnen, die in der sechszeiligen Strophenform als der häufigsten verfasst sind, stellen wir sie nach der Zahl der Strophen zusammen, ohne damit behaupten zu wollen, dass die von gleicher Strophenzahl auch nach der gleichen Melodie gegangen seien.

Dreistrophige Sequenzen:

Alma virgo Christum regem. Daniel 5, 240.

Audi virgo mater Christi. Daniel 5, 334.
Imperatrix angelorum. Mone 585, jede dritte Zeile ist Refränzeile.
Laudes deo referamus. Morel nr. 213.
Resurgenti nato tuo. Daniel 2, 160.
Salve pater Augustine. Mone 815.

Vierstrophige:
Gaude virgo quae de coelis. Mone 456.
Laeta quies magni ducis. Mone 834.
Salva parens matris Christi. Mone 784;
und von Adam de S. Victor:
Coeli solem imitantes. 2, 401.

Fünfstrophige ungemein zahlreich:
Adest dies gloriosa. Mone 1023.
Coeli chorus esto gaudens. Daniel 5, 280.
Duae vere sunt olivae. Mone 687.
Dulcis sonet harmonia. Daniel 5, 184.
Exultemus et laetemur. Mone 1164.
Felix vitae hic confessor. Daniel 5, 341.
Florem spina coronavit. Daniel 5, 187.
Gaude mater Anna gaude. Daniel 5, 276.
Gaude turma triumphalis. Daniel 5, 339.
Hac in die gloriemur. Daniel 2, 214.
Hodiernae festum lucis. Daniel 2, 214.
Illibata mente sana. Wackernagel nr. 418.
In hac valle lacrimarum. Daniel 5, 311 [1]).
Jocundetur ex affectu. Daniel 5, 338.
Margaritam preciosam. Morel nr. 488, akrostichisch.
Mater patris nati nata. Morel 165.
Paulus Syon architectus. Daniel 5, 75.
Psallens deo Sion gaude. Mone 745.
Quadriforme crucis signum. Daniel 5, 91.
Salvatoris mater pia. Mone 530.
Salve salve sancta parens. Daniel 5, 303.
Sit laus tibi Jesu Christe. Mone 699.
Spe mercedis et coronae Daniel, 5, 148 [2]).

---

[1]) Eine Sequenz mit demselben Anfange (Mone nr. 1084) hat neun Strophen.
[2]) Eine Halbstrophe aus sieben- und sechssilbigen Trochäen ausserdem als Schluss.

Tibi cordis in altari. Mone 528.
Voce dulcis melodiae. Daniel 5, 284.
Auch bei Adam mehrfach:
Nato nobis salvatore. 1, 36.
Jubilemus salvatori. 1, 329.
Hodiernae lux diei. 2, 373.
Unter den sechsstrophigen steht billig voran:
Stabat mater dolorosa.

Sechs Strophen hat der Text bei Wackernagel nr. 214, welche Mone als den ursprünglichen betrachtet und Innocenz III beilegt, während der erweiterte Text von zehn Strophen dem Jacoponus von Todi (Wackernagel nr. 262) gehöre.

Sechsstrophig sind noch:
Bibe nunc Samaritana. Morel 78.
Plebs parentis pietatis. Mone 679.
Regem regum veneremur. Daniel 5, 299.
Sancti visu columbino. Daniel 5, 342.

Nach diesen wenig zahlreichen Beispielen zu schliessen, muss die angenommene ursprüngliche Form des Stabat mater nicht die verbreitete gewesen sein, denn bei der Beliebtheit derselben würden sich sonst mehr Nachahmungen in dieser Form finden.

Auch die siebenstrophigen sind nicht häufig:
Ad honorem summi regis. Mone 967.
Ad honorem trinitatis. Adam 2, 478.
Cum suprema melodia. Morel 237 [1]).
In hac die laetabunda. Mone 808.
In hoc festo corde praesto. Daniel 5, 237.
Laetabundus plaudat mundus. Daniel 2, 239 [2]),
sicherlich nach derselben Melodie gehend.

Die achtstrophigen kommen dagegen häufig vor:
Augustini magni patris. Adam 2, 464.
Coeli regem attollamus. Mone 785.
Gaude Syon de decore. Mone 971.
Gaude Syon quod egressus. Hymni et sequentie g iiij.
Gratuletur orbis totus. Mone 1045.
Laeto corde resonemus. Mone 1106.

---

[1]) Die sechste Strophe hat männliche Reime.
[2]) Durchgängig mit inneren Reimen; bei Daniel fälschlich als carmen δεκάκωλον aufgeführt.

Luce lucens in aeterna. Daniel 2, 220 [1]).
Sursum corda dirigamus. Mone 963.
Tibi Christe redemptori. Daniel 2, 259.
Virgo dei Margareta. Daniel 2, 226.

und bei Adam:
Postquam hostem et inferna. 1, 101.
O Maria stella maris. 2, 360.

Ebenso häufig sind die neunstrophigen:
Ave plena dignitatis. Morel 187, Daniel 5, 333 [2]).
Collaudetur rex virtutum. Morel 544.
Ecce arbor salutaris. Mone 107.
Haec regina ter beata. Daniel 5, 298.
Hic est dies celebrandus. Mone 738.
In hac valle lacrimarum. Mone 1084.
In triplici hierarchia. Daniel 5, 311.
Jubilemus in hac die. Daniel 5, 137.
Laeta coeli hierarchia. Daniel 5, 270.
Tu beatus es Barjona. Daniel 2, 224.
Venerandae venustatis. Daniel 2, 225.
Vito plaudat omnis aetas. Daniel 2, 228 [3]).

Bei Adam:
Praecursorem summi regis. 2, 167.
Plausu chorus laetabundo. 2, 417.

Zehnstrophige:
Dulce melos cum concentu. Mone 1208.
Ex Aegypto Pharaonis. Daniel 5, 256.
Gaude felix Agrippina. Daniel 5, 257.
Laeto cordis cum fervore. Daniel 2, 218 [4]).
Majestati sacrosanctae. Mone 950.
Mundi decor, mundi forma, Morel 501.
Regi regum jubilemus. Morel 492.

---

[1]) Die sechste mit umgekehrtem Rhythmus.

[2]) Die erste Strophe ist offenbar entstellt, wie der Sinn und das Metrum beweist; auch die letzte ist unvollständig. In Daniels Texte ist wenigstens die fünfte Zeile der ersten Strophe noch vorhanden.

[3]) Und eine Halbstrophe als Schluss.

[4]) Die letzte Strophe dreitheilig, wahrscheinlich der dritte Stollen als Schluss der Sequenz abzulösen. Eine solche Halbstrophe als Schluss hat Wackernagel nr. 262.

Bei Adam:
> *Profitentes unitatem.* 1, 144.
> *Verbi vere substantivi.* 1, 241 [1]).

Da auch diese Form selten ist, so ist nicht anzunehmen, dass die zehnstrophige Erweiterung des Stabat mater das Vorbild dieser Sequenzen gewesen. Eine eingehende Untersuchung über die Texte dieser berühmtesten Sequenz ist auch nach Mone noch erwünscht.

Grössere Strophenzahlen gehören zu den seltenen. Elfstrophig ist:
> *De parente summo natum.* Daniel 2, 287.

Zwölfstrophig:
> *Salve mater salvatoris.* Mone 522.
> *Splendor gloriae paternae.* Morel 536.

Dreizehn Strophen hat:
> *Qui procedis ab utroque.* Adam 1, 115.

Vierzehn:
> *Ad exempla triumphantis.* Morel 546.
> *Praecursoris et baptistae.* Daniel 2, 169.

Fünfzehn:
> *Recordare sanctae crucis.* Daniel 2, 101.
> *Ave virgo singularis.* Adam 2, 351.

Endlich neunzehn:
> *Sponsa Christi et decora.* Daniel 2, 257,

wo der Schluss unecht ist. Bei Daniel ist sie gar nicht in Strophen abgetheilt.

Die übrigen Sequenzen mit durchgehenden Strophenformen lassen sich am besten nach den darin angewandten Rhythmen ordnen.

Nur eine Versform wird angewendet: und zwar eine trochäische. Am häufigsten kommt so verwendet der siebensilbige trochäische Vers in der sechszeiligen Strophe vor. Die Reimordnung ist a a b c c b. Der Typus dieser Form ist die berühmte Sequenz *Veni sancte spiritus*, die auch Wackernagel noch (1, 105) irrig dem König Robert von Frankreich zuschreibt. Die erste Strophe möge als Probe hier stehen:

> Veni sancte spiritus
> et emitte caelitus
> lucis tuae radium.

---

[1]) Einige Strophen haben in dritter und sechster Zeile weiblichen Reim.

Veni pater pauperum,
veni dator munerum,
veni lumen cordium.

Statt neuer Reime im zweiten Stollen können auch dieselben durch beide Stollen hindurchgehen, also die Form a a b a a b; oft kommen in einer Sequenz beide Arten der Reimbindung vor. Die erwähnte Sequenz ist fünfstrophig: und ebenso sind gebildet: Mone nr. 368. 698. 878. 1041. Morel nr. 414. 422. 503. Daniel 2, 197. 5, 73; namentlich ist die wörtliche Anlehnung an die Originalsequenz zu erkennen in *Veni virgo virginum* Mone 556. Bei Mone 717 findet zum Theil Umkehr des Rhythmus statt.

Sieben Strophen bei derselben Strophenbildung hat Daniel 5, 153; und neun Strophen Adam 1, 323. Bei Mone nr. 109 besteht die Sequenz aus neun Halbstrophen, es werden also vier Strophen mit Eingang oder Schluss (S. 174. 176) anzunehmen sein. In der Reimbindung verschieden ist die Sequenz bei Mone nr. 377, nämlich a a a b b b, im ganzen sechs Strophen, nach jeder Halbstrophe werden vier Zeilen als Refrän wiederholt.

Eine untheilbare Strophenform aus siebensilbigen trochäischen Versen hat Mone 376, die Strophe ist siebenzeilig und geht nur auf einen Reim aus; am Schlusse folgt noch eine vierzeilige Strophe und ausserdem Alleluja.

Die achtsilbige trochäische Versform ist angewendet in dem Tractus *Dies irae,* wo jede Halbstrophe (dreizeilig) auf einen Reim ausgeht. Vierzeilig ist jede Strophe bei Adam 2, 181 in der Reimordnung a a b b, man könnte auch hier je zwei als Halbstrophen zusammenfassen, doch bliebe eine halbe am Schlusse übrig. Sechs Strophen bei Morel 285; neun nr. 120, wo aber willkürlicher Wechsel mit dem achtsilbigen jambischen Verse herrscht. Ebenfalls vierzeilig, aber alle auf denselben Reim ausgehend, bei Mone 578, sechs Strophen.

Aus sechssilbigen trochäischen Versen besteht die Sequenz bei Morel nr. 200, und zwar gepaarten Reimen: wenn man je zwei Halbstrophen zusammenfasst, sind es fünf Strophen in der Reimform a a b b, am Schlusse jedes Stollen wird *Maria* als Refrän wiederholt. Der Rhythmus ist willkürlich mit jambischem untermischt.

Eine eigenthümliche Strophenform hat die Sequenz bei Daniel 5, 235 (474), wo jeder Vers, aus zehn Silben bestehend, in der Mitte eine männliche Cäsur hat: je drei solcher Verse bilden eine Halbstrophe, deren im Ganzen sechs. Die erste lautet:

>Tuba domini, Paule, maxima,
>de coelestibus dans tonitrua,
>hostes dissipans, cives aggrega.

Diese Versform findet sich auch bei romanischen Dichtern: so beim Mönch von Montaudon (Mahn, Gedichte der Troubadours nr. 408), wo auch die Strophenform bis auf den kurzen Vers am Schluss gleich ist:

>Manens escomes lo frayri primiers
>per erguelh d'aver, quar si sent sobriers.
>frairi, dis manens, trop vos faitz parliers
>de gran gualaubia.

Jambische Versformen: am häufigsten der achtsilbige, der in der Hymnenpoesie die vorherrschende Form ist, wie in ihr zur vierzeiligen Strophe verwendet, die entweder nur einen Reim oder gepaarte Reime hat: beides wechselt meist in derselben Sequenz. So bei Daniel 2, 250, wo Daniel theils vierzeilige, theils zweizeilige Strophen annimmt; es sind aber im Ganzen 15 vierzeilige. Ferner Mone 417 (Wackernagel 419): eine Parodie auf *Veni creator spiritus* mit Wackernagel darin zu erblicken, ist deswegen nicht glaublich, weil die Parodie sich auch musikalisch an das Original anlehnen würde, dieses aber ein Hymnus ist. Gleichwohl könnte die Melodie des Hymnus in der Sequenz benutzt sein. Morel nr. 285 hat sechs derartige Strophen. Bei manchen findet auch daneben die gekreuzte Reimordnung (a b a b) statt: so bei Adam 1, 63. 2, 8. 2, 13. 2, 145. 2, 157. 2, 281. 2, 302. 2, 434, zum Theil mit überwiegender gekreuzter Ordnung.

Aus zehnsilbigen Jamben, mit denselben Variationen der Reimstellung (gepaart, vierfach oder gekreuzt) besteht die Sequenz Adams 2, 275. Nur gepaart erscheint diese Form bei Daniel 5, 215.

Der sechssilbige jambische Vers zur Strophenbildung verwendet, erscheint in der Form a a b c c b als sechszeilige Strophe bei Morel nr. 246 und Daniel 5, 285 (= Morel nr. 26), wo Daniel in Langzeilen schreibt statt:

>Laetetur hodie
>matris ecclesiae
>sancta devotio:
>Anniversaria
>reduxit gaudia
>transfiguratio.

Mit Unrecht erblickt Neale (epist. crit. p. 30) in dieser und ähnlichen Versformen dactylische Bildung: den Grund, warum die erste Hebung häufig schwebende Betonung hat, haben wir oben (S. 190) angegeben. Zehnzeilige Strophen: Morel nr. 306.

Bei Morel nr. 31 besteht die siebenzeilige Strophe, die dreitheilig gegliedert ist, aus sechs sechszeiligen Versen, denen am Schluss ein achtzeiliger folgt:

a b a b c c c.

Die Anwendung mehrerer Versformen in derselben Strophe ist bei weitem das gewöhnliche. Und hier treffen wir wieder am häufigsten unter den trochäischen die Verbindung des acht- und siebensilbigen Verses. Die erweiterte Form der sechszeiligen Strophe (a a b c c b) in a a a b c c b kehrt häufig wieder. So in dreistrophigen Sequenzen: Mone nr. 381. 518. 989. Daniel 2, 161. 5, 124. 127. 183. 207. 245. 264. Morel 287. 476. 520. Daniel 5, 331 ist die Reimstellung a a a b a a a b.

Ebenso in vierstrophigen: Daniel 2, 233. 234. 5, 336; mit einer halben Strophe als Schluss 5, 244.

In fünfstrophigen Mone 379, und nr. 1153, wo noch eine Halbstrophe am Schluss mehr ist. Daniel 2, 235. Morel 493. Bei Adam 1, 10 wiederholen die vierte und fünfte Strophe die Melodie dreimal, haben also jede zwölf Zeilen.

In sechsstrophigen: Daniel 5, 304. Adam 1, 337; in siebenstrophigen: Daniel 5, 289. 2, 236; und mit einer halben Schlussstrophe 5, 135. In achtstrophigen Mone 805. 1064, wo eine Strophe (V. 17—28) die Melodie dreimal wiederholt. In neunstrophigen Daniel 2, 134. 340.

Nur aus zwei Strophen besteht die Sequenz *Quem pastores laudavere* Wackernagel nr. 256. 257, wo jedoch die dritte Stollenzeile in den verschiedenen Bearbeitungen verschieden gereimt ist, in einer als Korn, d. h. als durchgehender Reim, der in derselben Strophe nicht gebunden wird.

Die bekannteste dieser Sequenzen ist *Verbum bonum et suave*, welche auch als *Vinum bonum et suave* parodiert worden ist: eine andre Nachahmung ist *Summe bone et suavis* (Mone nr. 1153). Die erste Strophe möge als Probe dieser klangreichen Form hier stehen:

> Verbum bonum et suave
> personemus, illud ave,
> per quod Christi fit conclave
> virgo mater filia.
> Per quod ave salutata
> mox concepit fecundata
> virgo, David stirpe nata,
> inter spinas lilia.

Dieselbe Form, aber mit achtsilbigen Versen am Schlusse der Stollen in der sechsstrophigen Sequenz bei Mone nr. 583.

In der einfach gekreuzten Form als vierzeilige Strophe kommen diese Versarten vor: Mone 414, wo der Herausgeber die Verse als Langzeilen (Tetrameter) schreibt, und je zwei eine Strophe bilden lässt. Da jedoch die Cäsuren gereimt sind, so kann man auch jeden Vers in zwei kleinere zerlegen: die Reimordnung ist a b a b. Ungereimt sind dagegen die Cäsuren bei Mone nr. 665. 731. Gereimt wieder bei Morel nr. 286. Daniel 2, 203. Ausserdem werden die achtsilbigen Verse noch mit Inreimen versehen: so Daniel 2, 205. Adam 2, 365, wo die Strophenform demnach so zu gestalten ist:

> Orbis totus   unda lotus
> christiani lavacri
> Ad Mariam   matrem piam
> voce clamat alacri.

Hier folgt am Schlusse der Sequenz, die zehn solche Strophen hat, noch ein Absatz von zwei zehnsilbigen Versen.

Nächstdem ist die Verbindung des sieben- und sechssilbigen trochäischen Verses die häufigste. In der sechszeiligen Strophe in der üblichen Form (a a b c c b) bei Mone 1037, fünf Strophen. Sechs Strophen mit einer Halbstrophe als Eingang bei Morel nr. 27:

> Adest dies celebris,
> quo pacatus miseris
> deus demonstratur.

Dieselben Versformen bei gekreuzter Reimordnung in achtzeiliger Strophe (a b a b a b a b) bei Mone nr. 739, sieben Strophen; Daniel 2, 230, achtzehn Strophen, und 232, vier Strophen. Die ungleichen Versstellen sind aber in den beiden letzteren auch ungereimt. Diese Strophenform, die eigentliche Lieblingsform der Vagantenpoesie, ist bei Sequenzen selten. Dieselbe Reimordnung bei vierzeiliger Strophe in einer Sequenz von vierzehn Strophen (wenn nicht je zwei zu verbinden sind): Daniel 2, 201.

Der siebensilbige trochäische Vers verbindet sich auch mit dem viersilbigen zur sechszeiligen Strophe (a a b c c b): Adam 1, 74:

> Morte sua simplici
> nostrae mortis duplici
> fert medelam;
> Vitae pandit aditum,
> nostrum sanat gemitum
> et querelam.

Statt a a — c c steht überwiegend a a — a a. Die Sequenz hat neun Strophen. Die sechszeilige Form wird erweitert zur achtzeiligen in einer fünfstrophigen Sequenz (Mone 842), wo ein Stollen lautet:

> Benedicte merita
> [ut] reboentur inclyta,
> nostras mentes excita
> prece pia.

Dieselbe Form bei gleicher Strophenzahl, so dass unzweifelhaft beide Sequenzen nach gleicher Melodie gehen, bei Adam 2, 481. Aus denselben Rhythmen besteht die Sequenz bei Daniel 2, 242, wo der Bau folgender ist:

> Costi regis filia,
> tua te familia
> veneratur
> et precatur
> tua patrocinia;
> virgo pura,
> fac futura
> nos frui laetitia.

wenn hier nicht die kurzen Verse zu achtsilbigen zu vereinigen sind. Aus acht- und sechssilbigen Trochäen besteht eine Sequenz Adams (1, 223), deren erste Strophe lautet:

> Rosa novum dans odorem,
> adornatum ampliorem
> regiae coelestis,
> Ab Aegypto revocatur,
> illum sequi gratulatur
> cujus erat testis.

In gekreuzter Form, aber mit reimlosen Versen an den ungeraden Stellen (a b c b d e f e) bei Daniel 5, 209 (437).

Mischung jambischer Versarten ist wieder selten: acht- und siebensilbige jambische Verse bei Daniel 2, 195 in der Form a b a b, wo jedoch häufig a b c b, so dass man auch jambische Tetrameter mit Cäsur nach der achten Silbe annehmen kann.

Endlich die Verbindung jambischer mit trochäischen Rhythmen. Hier ist die häufigste die des zehnsilbigen jambischen Verses mit dem viersilbigen trochäischen am Schluss des Stollen. In achtzeiliger Strophe bei Adam 1, 68. 1, 181. 2, 312, der erste Stollen lautet:

> Salve dies, dierum gloria,
> dies felix, Christi victoria.
> dies digna jugi laetitia,
> dies prima.

Der viersilbige Vers entspricht dem Theile des zehnsilbigen vor der Cäsur. Diese Form wird erweitert zur zehnzeiligen bei Adam 1, 271:

> a a a a b c c c c b.

Der zehnsilbige jambische Vers mit dem siebensilbigen trochäischen verbunden, so dass jede Versart zwei Zeilen des Stollen einnimmt, bei Daniel 5, 278. Ein Stollen lautet:

> Felix mundus ex coeli lumine
> mira prorsum in altitudine
> de stellarum ordine
> fulgens pulchritudine.

Zwei Stollen sind zu einer Strophe zusammenzufassen.

Achtsilbige jambische und trochäische Verse in sechszeiliger Strophe bei Wackernagel 304, eine Nebenform der bekannten sechszeiligen (Stabat mater) Form, die daneben in der Sequenz wirklich vorkommt.

Der achtsilbige jambische verbunden mit dem siebensilbigen trochäischen, bei Morel nr. 152, wo der erste Stollen lautet:

> Gaude turba fidelium
> mentis colens martyrium
> eius quae dedit filium
> in mortem pro miseris.

Da daneben statt der achtsilbigen Jamben achtsilbige Trochäen vorkommen (V. 9—11), so ist auch diese Strophenform nur als Abart der erweiterten Strophe in trochäischem Rhythmus (S. 216) zu betrachten und Umkehr des Rhythmus anzunehmen.

Endlich eine untheilbare Strophenform aus sieben- und fünfsilbigen trochäischen, wie aus acht- und siebensilbigen jambischen Versen: Mone 448, wo die erste Strophe lautet:

>Mater summi domini
>sine tactu termini
>salutem donat homini:
>regina generosa
>natum peperit,
>hostem conterit
>Maria gloriosa
>suavis et formosa.

Dazu kommt noch ein vierzeiliger Refrän, der rhythmisch die letzten vier Zeilen der Strophe wiederholt.

Untheilbar ist auch die bloss aus siebensilbigen trochäischen Versen bestehende Sequenz Adams *Mundi renovatio* (1, 82), wo die Reimordnung der einzelnen Strophen nicht durchgängig dieselbe ist: die vorherrschende ist:

>a a a b c c b (Str. 3. 4. 5. 6),

in Strophe 1 aber:

>a b a b c c b,

und in der zweiten:

>a a a a b b b.

8. Nachahmung beliebter Sequenzen.

Unter den erwähnten sind viele, die rhythmisch gleich gebaut, auch nach gleicher Melodie gehen. Die Regel ist auch hier wie bei den älteren Sequenzen, dass die Texte sich Silbe für Silbe, Vers für Vers decken. Sicher ist auch ohne Kenntniss der Melodie Übereinstimmung derselben anzunehmen, wo in zwei Sequenzen nicht derselbe Strophenbau durchgeführt wird, sondern verschiedene Rhythmen und Reimverbindungen angewendet sind; denn grade die übereinstimmende Anordnung in diesem Falle darf als ein Beweis gleicher Melodie angesehen werden. Indessen ist, wie ich schon bemerkte, vollständige Gleichheit aller Strophen nicht einmal nothwendig, indem auch einzelne Choräle in Nachahmungen hinzugefügt wurden oder wegblieben. So gehen nach derselben Melodie:

1. *Laudes crucis attollamus* von Adam de S. Victor (1, 348. Daniel 2, 78).

2. *Lauda Sion salvatorem* von Thomas von Aquino. Mone 1, 276. Wackernagel 1, 143.

3. *Lauda sponsa genitricem.* Morel nr. 138.
4. *Pia voce praedicemus.* Meister, das katholische Kirchenlied 1, 122.

1 ist die Originalsequenz, 3 wiederum eine Nachahmung von 2. Jene hat aber dreizehn Strophen, die Nachahmungen nur zwölf. Sie stimmen genau in Strophe 1—6, 9—13 des Originals, dazwischen liegen aber im Original noch zwei Strophen, beide mit männlichen Reimen in der vierten und fünften Zeile, in den Nachahmungen eine mit weiblichen Reimen (in der gewöhnlichen Form). Die männlichen Reime des Originals in 4, 4. 5 (V 24. 25) haben aber auch die Nachahmungen.

Wahrscheinlich gehen auch:

Urbs Aquensis urbs regalis. Mone 982,

und die dieser nachgebildete

Urbs Thuregum urbs famosa,

ferner:

Zyma vetus expurgetur. Adam 1, 88,

nach der obigen Melodie, in der letzteren Sequenz ist auch die Strophenzahl dem Original gleich, die ersteren beiden haben nur neun Strophen, es fehlt die Wiederholung der einen erweiterten Form (11. 12) und ausserdem stehen statt der fünf sechszeiligen Strophen (6—10) nur zwei (V. 31—42).

Ebenso gehen nach gleicher Melodie *Ave virgo gratiosa* (Mone 525) und *Salve mater salvatoris* (nr. 524. Adam 2, 189), letztere das Original und von Adam: die Nachahmung hat am Schluss eine Strophe mehr, wahrscheinlich die letzte Melodie noch einmal.

Ferner:

1. *Clara chorus dulce pangat voce nunc alleluia.* Adam 1, 174.
2. *Congaudentes exultemus vocali concordia.* Adam 1, 202.

In beiden stimmen alle Strophen überein, wenn auch ihr Aussehen durch Gautiers Verseintheilung theilweise verschieden geworden: nur in Strophe 4 hat die zweite Sequenz in jedem Stollen eine Silbe mehr: ausserdem fügt sie am Schlusse noch eine Strophe hinzu (13), die die andere nicht hat.

Ebenso sind gleich:

1. *Gaude prole Graecia.* Adam 2, 252.
2. *Mane prima sabbati.* Adam 2, 470,

aber wohl nicht von dem Dichter. Indessen erstreckt sich hier die Übereinstimmung nicht auf alle Strophen (vgl. vielmehr S. 223).

Dagegen ist die Übereinstimmung vollkommen und oft auch im Ausdruck verräth sich der gemeinsame Ursprung in folgenden sechs Sequenzen:
1. *Deum Jesu Christi patrem.* Daniel 5, 269.
2. *Diadema salutare.* Daniel 5, 185.
3. *Doctor Thoma, mundi lumen.* Daniel 5, 247.
4. *Gratulemur dulci prosa.* Daniel 2, 157.
5. *In coelesti hierarchia.* Mone 3, 271.
6. *In supernis concors choris.* Morel 551.

Sicherlich auch noch die folgenden zwei, die aber nur acht statt zehn Strophen haben:
7. *Ave Martha gloriosa.* Mone 1067.
8. *Ave virgo gloriosa.* Mone 534,

und endlich die um eine Strophe reichere Sequenz (11 Strophen):
9. *Altissima providente.* Wackernagel 1, 189.

Ferner gehen nach derselben Melodie unzweifelhaft:
1. *Costi regis filia.* Daniel 2, 242.
2. *Florem mundus protulit.* Daniel 2, 208.

Nur fehlt in letzterer der Refrän der Strophe, und es sind nur acht statt zehn Strophen.

Wiederum:
1. *Ave Maria gratia plena.* Mone 2, 112.
2. *Ave Mariae mater serena.* Daniel 2, 240.
3. *Salve crux, arbor vitae praeclara* von Adam de S. Victore (2, 219).

Ferner:
1. *Stella maris o Maria.* Mone 529.
2. *Veneremur crucis lignum.* Daniel 5, 185,

in der ersten fehlt, wie der Reim beweist, eine Halbstrophe nach V. 9. Mone bemerkt, dass die Schlusszeilen (10—19) auch in einer andern Sequenz (nr. 525) sich finden; da sie nun in dieser einen dem Original fehlenden Zusatz bilden (vgl. S. 221), so sind sie wohl zu streichen.

Ferner:
1. *Laus sit regi gloriae.* Mone 773.
2. *Hortum regis gloriae.* Daniel 5, 243,

die auch im Wortlaut sich an die erstere anschliesst.

Ferner:
1. *Christus dilectus ecclesiae sponsus.* Morel nr. 233, mit entstellter erster und zweiter Strophe (S. 205).
2. *Quam figurat lux primaeva.* Daniel 5, 225.

Ebenso:
1. *Decet hymnus cunctis horis.* Mone 415.
2. *De profundis tenebrarum.* Adam 2, 162,

wahrscheinlich das Original. Im ersteren Texte hat Mone mit Recht die zweite Zeile gestrichen. Ebenso gehen gleich folgende vier Sequenzen:

1. *Ecce dies celebris.* Adam 1, 54, wohl das Original der übrigen.
2. *Eia Christo cantica.* Morel nr. 272.
3. *Exultet ecclesia.* Mone 800.
4. *Mane prima sabbati.* Adam 2, 470,

aber nicht von dem Dichter. 2 und 4 fügen als Schluss die Zeile *Amen dicant omnia* hinzu, auch 3 wiederholt rhythmisch die letzte Zeile, 1 aber hat dafür zwei Zeilen, die, unter sich nicht gleich, auf einander reimen.

Grosse Verwandtschaft zeigen rhythmisch die beiden Sequenzen Adams 1, 292 und 2, 39, so dass wenigstens eine theilweise Wiederholung der Melodie anzunehmen ist.

Keine Sequenz aber ist mehr nachgeahmt worden als S. Bernhards berühmte Sequenz *Laetabundus*, von der es auch ausser der deutschen Nachahmung Heinrichs von Laufenberg (Wackernagel 2, 586) ein paar altfranzösische gibt (Wolf, über die Lais S. 439. 441)[1]. Die erste Strophe des Originals lautet (Wackernagel 1, 125, Daniel 2, 61, Wolf, über die Lais, Notenbeilage II):

> Laetabundus
> exultet fidelis chorus,
> alleluia.
> Regem regum
> intacta profudit thorus,
> res miranda.

Nach derselben Melodie gehen, wie die Übereinstimmung der

---

[1] Verwendet wird diese Sequenz in einem lateinischen Drama: Carmina Burana S. 84.

Form beweist, die hier grade sehr charakteristisch ist, folgende 26 Sequenzen:

1. *Ad honorem superni cantemus regis alleluia*, auf die h. Katharina. Daniel 2, 170. 5, 324: nur der Anfang, der indess schon genug beweist.
2. *Ave mater qua natus est orbis pater, o Maria*, auf Maria. Mone 373.
3. *Bone doctor et salutis viae ductor, o Bernharde*, auf den h. Bernhard. Mone 846.
4. *Christo laudes persolvat hic chorus psallens die ista*, auf Johannes den Evangelisten. Adam 1, 246, von dem Herausgeber als eine Sequenz im notkerschen Stile betrachtet. Auch Daniel 2, 174 führt sie an, aber mit der Variante *decantet* für *persolvat*.
5. *Egidio psallat coetus iste laetus alleluia*, auf den h. Aegidius. Daniel 2, 190, vgl. Meister 1, 122, Wolf S. 293.
6. *Gratulemur hoc die sacro canentes alleluia*, auf den h. Achatius. Morel 305.
7. *In Wolfgangi canamus honorem Christo dulce melos*, auf den h. Wolfgang. Mone 1214.
8. *Laetabunda psallat plebs cum mente munda christiana*, auf den h. Ludwig. Der Anfang bei Daniel 2, 84.
9. *Laetabandi cordis mundi dulce melos alleluia*, auf die h. Barbara. Mone 832.
10. *Laetabundus, baptista, te laudat mundus*, auf Johannes den Täufer. Morel nr. 225. Die erste Strophe ist aber lückenhaft und unvollständig: nach *mundus* fehlt *alleluia*.
11. *Laetabundus Bernhardo decantet chorus alleluia*, auf den h. Bernhard. Wackernagel 1, 154, der in der ebenso gebauten Sequenz bei Daniel 2, 193, Mone 3, 306 Fehler im ersten Stollenpaar entdecken will, die dieselbe nicht enthält.
12. *Laetabundus Elisabeth decantet chorus alleluia*, auf die h. Elisabeth. Morel 401.
13. *Laetabundus exultet fidelis chorus alleluia*, auf die h. Katharina. Morel 452.
14. *Laetabundus exultet fidelis chorus coeli curiae*, auf das Fest der Kirchweihe. Daniel 5, 215.

15. *Laetabundus exultet nunc fratrum chorus alleluia*, auf Thomas von Aquino. Morel 545.
16. *Laetabundus exultet virgini chorus Katharinae*, auf die h. Katharina. Morel 448.
17. *Laetabundus fidelis in coelis coetus jucundetur*, auf den h. Colomannus. Daniel 2, 192.
18. *Laetabundus Francisco decantet clerus alleluia*, auf den h. Franciscus. Mone 230. Daniel 2, 193.
19. *Laetabundus nunc totus decantet mundus dulce melos*, auf den h. Vincentius. Morel 562.
20. *Morsus anguis nos omnes in lumbis Adae sauciavit*, auf den Leib Christi. Mone 208.
21. *Plaudant chori hanc diem praeclaram omnes concinantes*, auf das Fest der Kirchweihe. Mone 255.
22. *Regi regum decantet fidelis chorus alleluia*, auf die h. Barbara. Mone 827.
23. *Regi regum decantet fidelis chorus alleluia*, auf die h. Katharina. Morel 449.
24. *Sanctae Annae devotus decantet chorus alleluia*, auf die h. Anna. Der Anfang bei Daniel 2, 196.
25. *Sanctissimae virginis votiva festa recolamus*, auf die h. Katharina. Hymni et sequentie g iiij; cf. Daniel 2, 197.
26. *Veneremur hac die solemni sanctum Leonhardum*, auf den h. Leonhard. Morel 471.

Die Anlehnung zeigt sich bei vielen schon in der theilweisen Beibehaltung des Textes: in der Form finden sich mitunter kleine Abweichungen. Die Reimbindung im ersten Absatze ist verschieden: nur die Schlüsse der Stollen werden gereimt in 4. 22. 25); ausserdem reimt auch noch der Schluss der vorletzten Zeile mit: so im Original S. Bernhards:

chorus, alleluia = thorus, miranda.

Ebenso in nr. 18, wo Mones Verseintheilung unrichtig ist. Dagegen werden die beiden letzten Zeilen jedes Stollen auf einander gereimt in 21:

chori, omnes, concinantes =
tota, devota, benigna,

im zweiten Stollen auch noch die erste Zeile. Die Reimbindung ist wie im Original, nur hat der erste Stollen noch zwei Reime (einen innern) mehr, 9, wo Mones Abtheilung so zu ändern ist:

> Laetabundi
> cordis mundi   dulce melos
> alleluja,
> Virgo Christi
> Barbara quae scandit coelos,
> res miranda.

Die Schlüsse der Stollen reimen, und die beiden andern Stollenzeilen gepaart: so in 2:

> mater : pater, Maria = nata : creata : Maria.

Derselbe Fall in 3 und 19, in letzterer die Reime des ersten Stollen wiederholt (a a b a a b). Dasselbe, aber nur im ersten Stollen 10.

Die Schlüsse der Stollen reimen, und die andern Zeilen gekreuzt: 7 und 20:

> Wolfgangi : Christo : melos = pangi : isto : coelos.

Endlich bei derselben Reimbindung noch ein paar innere Reime in jeder zweiten Stollenzeile: in 17:

> Laetabundus
> fidelis   in coelis   coetus
> jocundetur.
> Totus mundus
> volenter   decenter   laetus
> moduletur.

Die Versbildung dieser zweiten Stollenzeile ist, diesen Inreimen entsprechend, meist:

$$\smile - \smile \quad \smile - \smile - \smile,$$

nur selten findet man rein trochäische Form, wie in 9.

Im dritten Absatz haben die beiden ersten Zeilen der ersten Stollen fehlerhaft nur sechs Silben bei Mone 1214: es ist V. 13 mit AB zu lesen *scholarum*, und 14 *columen* für *culmen* zu schreiben. Bei Mone 832 hat eine Zeile im dritten und vierten Absatz eine Silbe zu viel, weiblichen Ausgang für männlichen, der rhythmisch vielleicht dem männlichen gleich gerechnet werden muss (S. 41).

Im fünften Absatz ist die übliche Reimbindung a a b c c c b, dafür hat 22 a a b c d d b c.

Zahlreiche Abweichungen finden sich im Schlusse. Die gewöhnliche Reimbindung ist hier die des Originals:

> Infelix propera,
> crede vel vetera,
> cur damnaberis,   gens misera.

> Natam considera,
> quem docet litera,
> ipsum genuit puerpera.

Der rhythmische Fall der letzten Stollenzeile ist gewöhnlich auch derselbe wie hier. Statt dessen die Form — ◡ ◡ — ◡ ◡ — ◡ — in 7. Jambischen Rhythmus der letzten Zeile hat nr. 14. Nur acht Silben hat die Schlusszeile in 25.

Es wird aber auch noch ein Reim und eine Silbe angefügt, so dass die Bildung ist wie in 2:

> Ave puerpera,
> lapsos de vipera
> reduc ad aethera,
> o Maria.
> Candens flos lilii
> loca nos ad pii
> dexteram filii,
> o Maria.

Ebenso in 3; und dieselbe, aber bei jambischem Rhythmus der letzten Zeile und gleicher Silbenzahl mit dem Original, in 22:

> omni crimine gens misera =
> rex de virgine puerpera.

Dreifache Wiederholung der Schlussmelodie in 9.

Die Anfangsverse der Schlussstrophe sind überwiegend jambisch: trochäisch meist bei Adam 1, 247, wo so abzutheilen ist:

> Hunc vocans visitat
> Christus et hic intrat
> vivus foveam, petit aethra.
> Nunc te, Christe, nostra
> rogant vox et vota,
> ipsi socia nos per saecla.

Die Schlusszeilen der Stollen haben überwiegend in allen Strophen die Form — ◡ — ◡ und reimen auf einander, aber nur die letzte Silbe wie auch im Original, auf *a*: mitunter findet man volleren klingenden Reim, aber dann nur je zwei Stollen, wie in 7:

1. melos : coelos, 2. sprevit : crevit, 3. decanatus : monachatus u. s. w.

Ebenso in 14. 17. Oder je zwei Stollen reimen unter sich strenger, mit den andern aber auf der letzten Silbe, d. h. alle in *a*: so in 22. Mitunter aber sind die Schlüsse der Stollen und Strophen gar nicht durch Reime verbunden, wie in 21, meist auch in 25.

Statt der viersilbigen Schlusszeile hat 14 mehrfach fünfsilbigen, so gleich in der ersten Strophe *coeli curiae = regis gloriae*, und ebenso in Absatz 5—8. Es muss hier nach deutscher Weise der weibliche Reim für eine Hebung mehr gerechnet werden.

9. Reim.

Der Reim ist in den jüngeren Sequenzenformen durchgeführt. Nur selten trifft man einzelne Verse einer Sequenz, die des Reimes entbehren, ganz ungereimte gar nicht. Mehrere Beispiele von ungereimten Versen lernten wir eben in einigen Nachahmungen des *Laetabundus* kennen; andere sind bei Mone nr. 584, wo die erste Stollenzeile der letzten Strophe ungereimt ist. In der bekannten sechszeiligen Strophe sind die dritte und sechste Zeile, die Schlüsse der Stollen meist ungereimt bei Mone 950, nämlich 9. 12, 15. 18, 27. 30, 33. 36, 45. 48, 51. 54, 57. 60. So auch Daniel 5, 257, und in der erweiterten Form 5, 212. Einzelne reimlose Verse nr. 372, wenn man sie nicht als Cäsuren ansieht, wie V. 15. 16, wo alsdann der trochäische Tetrameter sich ergiebt, vgl. Mone 414. 1015. In den ungraden Verszahlen der Vagantenstrophe (aus sieben- und sechssilbigen Trochäen) fehlt der Reim manchmal: vgl. Mone 739. 1007. Daniel 5, 208. Auch bei Adam von S. Victor finden sich, wiewohl selten, reimlose Zeilen: vgl. 1, 174. 1, 181. 2, 31. 2, 354. Von anderen Sequenzen vgl. noch Daniel 5, 298. 5, 209.

Sehr häufig erstreckt sich bei trochäischem Versausgange der Reim nur auf die letzte Silbe. Dies darf Wunder nehmen, da vom zwölften Jahrhundert an in der deutschen Poesie, wenn auch nicht Gleichheit, so doch Ähnlichkeit der vorausgehenden Silbe erstrebt wurde. Findet man aber auch in Deutschland im zwölften Jahrhundert noch die letzte Silbe allein gereimt, so ist dies doch in der romanischen Poesie bei weiblichem Ausgange durchaus nicht üblich: Assonanz derselben wird wenigstens gefordert. Trotzdem haben die lateinisch dichtenden Franzosen wie Adam von S. Victor, den Reim auf der letzten Silbe bei trochäischem Versausgang häufig. Bei Mone nr. 1015 kommen neben vielen genauen zweisilbigen Reimen noch eine Zahl solcher vor, bei denen nur die letzte Silbe reimt, *riae : pede* 18. 19, *quoque : fugae* 24. 25, *intacti : adepti* 8. 9, *pietatis : viris* 42. 43, *effusione : sepulturae* 57. 58, und einmal reimt eine tieftonige Silbe auf eine hochtonige, *viros : quos* 13. 14 (vgl. S. 130). Ebenso Mone 1084, wo auch öfter proparoxytonische mit paroxytonischen Wörtern gereimt werden, wie in den älteren Sequenzen, vgl. *luminum : mundum* 28, *illa : Monica* 43. Andere Belege des Reims auf der letzten Silbe gewähren die Nachahmungen des *Laetabundus*, da das Original selbst mehrfach derartige hat: *alleluia : miranda, stella : clara, forma : corrupta* etc. Bei Adam von S. Victor *verbum : sponsum* 2, 28, *gratia : natura* 29, und in der Nachahmung des Laetabundus (1, 246) *ista : conviva, fragra : vincla*. Andere Belege gewähren noch Daniel 5, 209. 320. Morel nr. 17. 225.

Wenn der Reim nur auf der letzten Silbe ruht, wird hier noch strenger als bei den älteren Sequenzen Gleichheit der Reimsilbe erfordert: Ausnahmen kommen wenige vor: *dominus : gazophylacium* Mone 1084, 39, *putredine : pulchritudinem* 679, 9, *mulier : Ezechiel* 372, 38, *climata : Achaiam* 668, 8, *devicerat : ecclesiam* 15, *consilii : virginis : deficit : mirabilis* 827, 7, *saeculi : oculis* Adam 2, 482, *melodia : debitas* 1, 175. Noch seltener bei paroxytonischem Schlusse, *postulamus : perfruamur* Mone 679, 25; *vita : vias* Adam 1, 246, *coenat : commissa, matrona : firmas, nostra : vota* 1, 247.

Reimt die vorhergehende Silbe mit, so kann, wie bei den älteren Sequenzen, dieselbe ungenau oder genau gereimt sein. Die Ungenauigkeit ist wieder doppelter Natur.

Consonantische Ungenauigkeit bei gleichem Vocale: *vident : nitent* Mone 1023, 13 ist kaum eine Ungenauigkeit, denn man findet *renidet* geschrieben Morel 278, 13. Wohl aber *solem : florem : prolem* Mone 538, 35, *praesta : sequestra : dextra* Wackernagel 1, 138, *Hermolaus : Menelaus : canus : profanus* als vierfacher Reim Mone 738, 7, *rogantum : sanctum* 1035, 45, wie *sacrosanctae : triumphante* 950, 1, *sanctus : tantus* 910, 16, *canta : sancta* Morel 138, 4, ist wohl überall *santus* auszusprechen. Ferner *processit : obstupescit* 773, 3 kann *obstupessit* gesprochen worden sein, wie man auch *ss* geschrieben findet. Noch andere Belege vgl. bei Mone 372, 24. 521, 3. 19. 37. 53. 67. 731, 4. 10. 773, 40. 854, 5. 977, 4. 992, 31. 1210, 13. 31. 61. 64. Daniel 2, 192. 239. 240. Morel 75, 62. 138, 37. 57. 161, 21. Adam 2, 322. 408.

Die Vocale sind verschieden: *convertisti : superasti* Mone 1007, 3, wo aber wahrscheinlich *converteras : superas* zu lesen ist; *dedit : infudit* 372, 10, *pugil : vigil* 946, 7, *electa : facta* 355, 3, *tui : dei* Daniel 2, 240, *ista : festa* 2, 239, *tractat : affectat* 5, 289; ein **paarmal** auch bei Adam *mendicanti : languescenti* 2, 175, *veneremus :*

habeamus 2, 177, *exardescit : poscit* 2, 404, *abscondi : profundi* 1, 308, *longe : junge* 2, 205, *mundus : pondus* 2, 298, doch hilft in den drei letzten Beispielen die Aussprache nach.

Bei der Masse weiblicher Reime verschwindet jedoch die kleine Zahl ungenauer. Das Gefallen an dem Reimklange führte über den genauen zweisilbigen Reim hinaus zum dreisilbigen, nach deutscher Weise dem gleitenden Reime. Auch dieser kann ungenau und genau sein, und die Ungenauigkeit wiederum doppelter Natur. Der Vocal der drittletzten Silbe ist derselbe, der darauf folgende Consonant aber verschieden: *gloria : praeconia* Mone 531, 9, *misera : considera* 33, *civium : exilium* 45, *filium : nimium* 525, 22, *tenebris : celebris* 658, 53, *praesepio : regio* 28, 29, *marmoreum : oleum* 1094, 54, *odium : populum* 81, *credimus : legimus* 448, 29. *jacuit : latuit* 370, 23. Vgl. noch Adam 1, 54. 64. 132. 214. 215. 229. 292. 292. 306. 2, 19. 99. 229. 230. 242. 242. 247. 313. 365. 366. 408. 409.

Viel häufiger ist vocalische Verschiedenheit der drittletzten Silbe bei Gleichheit der folgenden Consonanten: *gloria : curia : desideria* Mone 880, 94, *gratiae : fiduciae* 525, 13, *gloriae : curiae* 525, 40. 878, 9, *floruit : maturuit* 525, 50, *lucidius : radius, solio : filio, filium : fidelium, filius : alius, curia : gloria, apparuit : floruit, flumina : crimina* Hymni et sequentie g iiij (Gaude Syon quod egressus, vgl. Mone 903). Ich will aus der grossen Masse nur noch ein paar Beispiele Adams anführen: *natalitia : gratia* 1, 19, *inquisitio : ratio* 26, *dominica : unica* 63, *interitu : spiritu* 83, *remedium : gaudium* 103, *efficaciam : nequitiam* 116, *criminum : hominum : luminum* 1, 132 und noch 1, 144. 292. 293. 2, 9. 14. 15. 40. 106. 116. 118. 135. 147. 176. 240. 284. 294. 312. 323 u. s. w.

Genauer Reim der drittletzten Silbe ist wiederum noch häufiger als die verschiedenen Arten des ungenauen. Auch hier aus der Menge nur einige Belege, *domini : homini* Mone 448, 1, *facie : gratiae* 9, *filium : gentilium* 13, *perfidia : invidia* 33, *unigenitus : penitus* 344, 2, *posteritas : veritas* 7, *domine : stabili : homine : mirabili* 11, *filia : consilio : reconcilia : filio* 15, *humilium : condoluit : filium : voluit* 19 etc., alle männlichen Reime dieses Gedichtes sind erweiterte. Auch bei Adam sehr oft, *humerum : numerum* 1, 11, *linea : virginea* 19, *conditio : initio* 63; vgl. 1, 64. 68. 69. 70. 74. 76. 83 u. s. w.

Wenn bei stumpfem Ausgange die drittletzte Silbe nicht mitreimt, so ist dies doch bei der vorletzten der Fall, indem gleicher

Anlaut der eigentlichen Reimsilbe und ausserdem Gleichheit des dem Anlaut vorausgehenden Vocales gesucht wird. So *peccatoribus: orantibus* Mone 2, 109, *clericus : laicus* ebenda, *mulieribus : hominibus* 2, 112, *justitiae : misericordiae* 2, 113 u. s. w. Diese Erweiterung des Reimes auf die vorhergehende unbetonte ist zumal in der Poesie der französischen Dichter ungemein beliebt. So *cenu : tenu, garder : tarder, plaisant : taisant, celer : bacheler* etc., welche Art seit dem Ende des 13. Jahrhunderts bei manchen Dichtern gradezu Regel wird.

Die paarweise Reimbindung innerhalb der Stollen ist das bei weitem übliche. So in der häufigsten Strophenform, der sechszeiligen,

a a b   c c b,

d. h. jeder Stollen besteht aus einem Paar von Reimen, der Schlussvers wird mit dem des andern Stollen gebunden. Diesen Gebrauch fanden wir auch bei den älteren Sequenzen sehr häufig, und wie dort, so ist auch bei den jüngeren der Ausgang in *a* sehr beliebt (S. 135). Sehr oft geht derselbe, ein Anklang an das *alleluja* und dessen letzte Silbe, durch die Schlüsse aller Stollen der Sequenz hindurch. So in der bekannten Sequenz *Laetabundus* (S. 223) schliessen alle Stollen mit *a* meist bei paroxytonischer Betonung; dasselbe in vielen Nachahmungen (S. 224). Ferner Mone 368. 518. 665. 743. 880. 977. Daniel 2, 215. 228. 242. 5, 210. 293. 320. 325. Morel nr. 187. 272. Adam 1, 323. 2, 270. 297. 321. 470. Der Zusammenhang mit dem Alleluja wird noch dadurch bezeugt, dass auch hier manche Sequenzen mit *alleluja* schliessen: so Adam 1, 241. 2, 174; ein paarmal auch ausserdem noch am Schlusse des ersten Stollen der ersten Strophe Adam 1, 174, Mone 832[1]).

Mitunter sind nur einzelne Strophenschlüsse von dem durchgehenden *a* ausgenommen: so bei Mone 668, wo die vierte auf *us* ausgeht; 1153 geht die erste auf *i* und die übrigbleibende Halbstrophe auf *im* aus. Mone 982 schliesst Strophe 7 (37—42) in *us*, die folgende in *e : ae*, alle andern auf *a*. Adam 1, 10 hat die eine dreitheilige Strophe (5) einen andern Reimausgang, in *um*. Die zweite Strophe geht in *i* aus 1, 252, bei Daniel 5, 289 eine Halbstrophe in *is*. Bei Adam 1, 144 reimen Strophe 5. 6 in *o*. Ein regelmässiger Wechsel von *a* und *o* bei Mone 530, 1 *gratia : fiducia*,

---
[1]) Vgl. Wolf, über die Lais S. 197.

2 *suffragio* : *desiderio*, 3 *gratia* : *nescia*, 4 *debito* : *merito*, 5 *debita* : *solita*.

Andere durchgehende Ausgangsreime sind äusserst selten: bei Mone 456 und 1041 schliessen alle Stollen in *um*. Ausser auf die Schlüsse der Absätze wird der Reim *a* auch auf andere Zeilen der Stollen ausgedehnt: so gehen fast alle Verse der Sequenz in *a* aus bei Daniel 2, 250; und wirklich alle bei Morel nr. 200.

Der Reim bindet nicht nur die Schlüsse der Stollen und der einzelnen Verse, aus denen jeder Stollen besteht, sondern wird auch als Schmuck für das Innere des Verses verwendet. Solche innere Reime haben wir schon oft zu erwähnen Gelegenheit gehabt und dabei bemerkt, dass die Herausgeber nicht selten sie zu Endreimen machen.

In keiner Versart ist die Anwendung des inneren Reimes verbreiteter als im achtsilbigen trochäischen Verse: er fällt alsdann nach der vierten Silbe, also mit der an dieser Stelle üblichen Cäsur zusammen (S. 188). Die Bindung des innern Reimes kann dabei auf verschiedene Weise geschehen. Die verschiedenen Arten findet man oft in ein- und derselben Sequenz zusammen, und das grade ist ein Beweis, dass alsdann innere Reime anzunehmen sind. Ein anderer Beweis ist seine Nichtdurchführung entweder in den entsprechenden Stollen oder in den gleichgebauten Strophen[1]).

Es lassen sich folgende Verschiedenheiten bemerken.

1. Die Schlüsse zweier Zeilen reimen aufeinander und ausserdem in der einen reimt die Mitte noch mit, gleichviel ob die erste oder zweite. So Mone 538, 19, wo man schreiben muss:

    Quod imundat,   quod fecundat
    pias mentes, quo redundat
    omnis boni copia.
    Cujus foetus   dulcis, laetus,
    quo fugatur dolor, metus[2]),
    pellitur inopia.

Hier in beiden Stollen gleichmässig: dagegen nur in dem einen: Adam 2, 167:

    Totus mundus   sit jocundus,
    nulli martyr hic secundus
    virtute vel praemio.

---

[1]) Vgl. meine Abhandlung über den inneren Reim in der höfischen Lyrik: Germania 12, 129—194.

[2]) Mone *meus*.

Und ebenso in der zweiten Stollenzeile: Adam 2, 373:

> Omnis homo omni hora
> ipsam ora et implora
> ejus patrocinia.

Vgl. noch in *Stabat mater* (Mone 446), V. 37. 47; ausserdem Mone 415, 5. 773, 15. 784, 17. 22. 977, 28. Morel 110, 10. Adam 1, 36. 90. 107. 115. 117. 124. 193. 2, 464. 465.

2. Wenn auch in der andern Zeile die Cäsur mitreimt, entsteht vierfacher Reim, wie im *Stabat mater* Mone 446, 10:

> quam moerebat et dolebat
> et tremebat dum videbat
> nati poenas inclyti;

die erste Halbstrophe entbehrt der inneren Reime. Nochmals V. 34. 35, und ferner Adam 1, 115, 13. 14. 1, 117, 59. 60. 2, 191, 34. 35.

3. Dasselbe findet statt wenn mehr als zwei Versausgänge durch einen Reim gebunden werden: so reimt bei dreifachem Schlussreime noch in einem Verse die Cäsur mit: Adam 2, 134:

> Ave virgo singularis,
> mater nostri salutaris,
> quae vocaris stella maris,
> stella non erratica.

Derselbe Fall Daniel 2, 233 (1, 7). Morel 110, 27. 43. 62. Adam 2, 41, V. 65.

Dasselbe bei zwei Versen: Mone 583, 21:

> Fidem dedit et obedit,
> verbo credit, verbum edit,
> mentem ventrem verbo cedit,
> grato gratum hospitium.

Eine Modification davon bei Morel nr. 201, 19—26.

4. Statt dass beide Cäsuren mit den beiden Versschlüssen reimen, können sie auch unter einander reimen. Mone 800, 39:

> Fit unguentum vulneratis,
> condimentum tribulatis,
> solvit a periculo,

wo im ersten Stollen die Reimbindung anders ist. Ebenso noch Mone 1061, 21. 1094, 68. Adam 1, 116, 22. 23. 25. 26. 53. 54. 71. 72. 1, 228, 1. 2. 4. 5. 1, 256, 19. 20. 2, 66, Strophe 11. 2, 114. 202. 246. 361. Morel 78, 10. 11. 110, 13. 123, 62. 63.

5. Derselbe Fall bei drei aufeinander reimenden Versausgängen: Morel 110, 93:

In sciendo omne sapit,
ambiendo cuncta capit,
diligendo corda sapit
et illata retinet,

nur in dem zweiten Stollen. Mit Beschränkung auf zwei innere Reime: Mone 583, 25. Adam 2, 343. Oder bei mehr als einem Paare in jedem Stollen: so bei drei Paaren, Adam 2, 204:

Imperatrix supernorum,
superatrix infernorum,
eligenda via coeli,
retinenda spe fideli,
separatos a te longe,
revocatos a te junge
tuorum collegio.

6. Beinahe der häufigste Fall ist aber der, dass jede Cäsur mit dem betreffenden Versschlusse gereimt wird: Mone 538, 9:

Maris stella, verbi cella,
porta poli, vero soli
per quam via patuit,

wo der Herausgeber viersilbige Verse statt der achtsilbigen mit Inreim hat. So noch Mone 297. 800. 946. 982. 988. 1032. Daniel 2, 239. 5, 237. 256. 286. 345. 346. Morel nr. 272. Adam 1, 116. 157. 170. 171. 348. 350. 2, 90. 114. 253. 335. 337. 471. In den entsprechenden Stollen findet hier sehr gewöhnlich eine Abweichung der Reimbindung statt.

7. Derselbe Fall bei mehr als zwei Versen: so bei dreien, Adam 1, 308, wo durch die Zerlegung in kleine Verse der Herausgeber den symmetrischen Bau zerstört hat:

En cadaver inhumatum
corpus servat illibatum
sicque sua sceleratum
frustratur intentio.
At profanus Datianus
quod consumi nequit humi
vult abscondi sub profundi
gurgitis silentio.

Ebenso Adam 2, 114. Und bei vier Versen, Adam 1, 354, wo ebenfalls die kurzen Zeilen paarweis zu verbinden sind.

8. Ein seltener Fall ist es, dass in der einen Zeile Mitte und Ende auf einander reimen, die zweite aber reimlos dasteht. Ich kenne nur Mone 946, 24. 25:

>   Ut mundati   et purgati
>   te ductore perducantur
>   ad coelestem gloriam.

9. Die beiden reimenden Zeilen folgen nicht unmittelbar auf einander, sondern ein anderes Paar von Reimen kreuzt sich damit (a b a b): statt der gewöhnlichen gekreuzten Reimordnung reimt die erste und dritte Zeile ihren Schluss mit der Cäsur. Mone 992, 31:

>   Pater scripsit   et indixit,
>   flamen scribens docuit,
>   natus scribens   atque libens
>   quam implere voluit,

wobei auch vierfacher Reim eintritt, so dass die Versausgänge nun wieder aneinander reimen: V. 39:

>   Gens quae saevit,   quae decrevit
>   regem lege solvere,
>   non delevit,   sed implevit,
>   quam venit evolvere.

Derselbe Fall Daniel 2, 205. 221. 5, 226. Morel nr. 198, 53. Adam 1, 40. 125. 155. 169. 2, 29.

Vereinzelt steht hier die Bindung von Cäsur mit Cäsur, Schluss mit Schluss: Wackernagel 370, 8:

>   Porta clausa   quam transivit
>   de Bosra formosus
>   Cujus pausa   te sancivit
>   ut flos fructuosus.

Die andern Versarten von trochäischem Rhythmus kommen im Vergleich zum achtsilbigen selten mit Inreim vor. Der sechssilbige hat einen Inreim nach der zweiten Silbe bei Mone 854, 5:

>   lupus   ut astutus.
>   polo   sine dolo.

Der siebensilbige nach der dritten, ebenfalls mit dem Schlusse reimend, Adam 1, 131, wo zu schreiben ist:

>   Spiritus   paraclitus,
>   procedens divinitus,
>   manet ante saecula;
>   Populis,   discipulis
>   ad salutem sedulis
>   pacis dedit escula.

Der neunsilbige nach der vierten Silbe, die Cäsuren zweier am Schlusse gepaarter Verse reimen aufeinander: Mone 1094, 71:

>   In hoc festo   tui praesulis,
>   nunc adesto   tuis famulis,

die zweite Strophenhälfte hat keine inneren Reime. Nach der fünften Silbe fällt der innere Reim: Mone 827, 35. 39.

Der trochäische Tetrameter hat seinen Inreim natürlich nach der achten Silbe: zum Theil auch zweifachen, wie bei Mone 731:

    Digni dignis   fulgent signis
    et florent virtutibus,
    illos semper   condecenter
    veneremur laudibus.

Von jambischen Versarten hat der achtsilbige Vers naturgemäss den Inreim nach der vierten Silbe: bei Adam 2, 457:

    Quem lacerat,   dum properat,
    ut de fonte aquam ferat
    leo diris morsibus;
    Mox attulit   qua pertulit
    manum canis et intulit
    ibi coram omnibus.

Die Zusammenfassung ergibt sich hier aus der Vergleichung mit Strophe 6.

Der neunsilbige Vers hat den Inreim nach der fünften Silbe Mone 1032, 35:

    O pastor bone,   dux, patrone,
    Uni precum purgatione
    nos aegros cura vitiis.

Der elfsilbige Vers kommt mit einer Cäsur nach der siebenten Silbe vor: Mone 554, 10:

    coeli terraeque gyro   dominaris
    materque sine viro   nuncuparis;

die letzte Strophe hat keinen innern Reim (V. 44. 46), daher die Zusammenfassung bewiesen ist.

In der deutschen Poesie versteht man unter Schlagreimen zwei in einem Verse unmittelbar auf einander folgende Reimwörter. Diese Art des Reimes findet man auch in den Sequenzen: so im achtsilbigen trochäischen Verse bei Mone 967, 20:

    jacet   tacet   ore muto.
    lavit   stravit   et eorum Adam 2, 465.

Am häufigsten bei Jacob von Müldorf, Wackernagel 1, 220, der von dem innern Reime sehr ausgedehnten Gebrauch macht:

    Engadina vitis   mitis
    forma que senile   yle.

Etwas abweichend bei Daniel 2, 192:

    fidelis   in coelis   coetus
    volenter   decenter   laetus.

Beim sechssilbigen Verse bei Mone 513, 25:

    Ave   lilium suave,
    nihil pave   grave.
    Ave   salutique fave,
    mundo cave,   ave.

Noch gehäufter bei Wackernagel 1, 220:

    nos ab Ade   clade.
    a letali   mali.
    pellicanus   sanus.
    mortis virgo   pirgo.
    Noemi sine mara   clara
    cara   guara   Sara.
    Orthodoxa firmata   nata
    grata   data   rata.

Bei demselben Dichter auch achtsilbige jambische Verse:

    Leonis vox   mox   suscitans.
    fenicis fos   mos   renovans.
    materia   qua   latuit.
    unicornis   vis   patuit,

und die eben miteitierten neunsilbigen.

Beim sechssilbigen Verse kommt auch jene Art vor, die wir beim achtsilbigen durch ein Beispiel belegen konnten: Wackernagel 245, 4:

    Tu floris   et roris
    panis et pastoris,

aber nicht im entsprechenden Stollen.

Dem Princip der Reimhäufung sind wir schon bei der Strophenbildung begegnet, wir fanden, dass nach dem Schlusse der Sequenz hin die Dichter statt gepaarter dreifache, vierfache, fünffache Reime eintreten lassen. Eine andere Art der Reimhäufung, die sich nicht auf den Schluss der Sequenz allein bezieht, ist die, dass während sonst im zweiten Stollen andere Reime einzutreten pflegen, die des ersten hindurchgehen. Am gewöhnlichsten bei der bekannten sechszeiligen Strophenform (wo statt a a b c c b die Reimverkettung ist a a b a a b). Mone 991, 7:

    Opes mentis praeelegit,
    quibus totam se subegit
    sub carnis victoria;
    Nexus mundi fortis fregit,
    nec cum mundo quiequam egit
    mundi carens gloria.

Ebenso noch Mone 355. 738. Adam 1, 348. 2, 153. 176 298. 321. 501. Daniel 5, 331, Str. 3—7. Morel 224, 1. 2. 4. 7; durch das ganze Gedicht Daniel 2, 220. 5, 284. 310. Dasselbe bei bloss männlichem Ausgange Mone 773, 1—6. Adam 1, 29. 74. 2, 240. 242. 246. 247. 500. Daniel 5, 73. 291; und bei bloss weiblichem Mone 773, 7—12. Bei zehn- und sechssilbigen jambischen Versen Daniel 5, 226; bei sieben- und sechssilbigen trochäischen 5, 186. Alle sechs Zeilen gehen auf denselben Reim aus (alle männlich) Adam 2, 247.

Auf mehrere Strophen dehnt sich die Übereinstimmung des Reimes in der 1. 2. 4. 5. Zeile der Stabatstrophe aus bei Mone 992, wo diese Zeilen in der 1—5 Strophe alle auf *ina* reimen, weil es eine Sequenz auf die heilige Katharina ist; auch in der abweichend geformten Schlussstrophe kehrt derselbe Reim viermal wieder und der Eingang wie der Schluss enthalten den Namen der Heiligen im Reime.

In der Erweiterung der sechszeiligen Form zur achtzeiligen dieselbe Reimhäufung, also statt a a a b c c c b die Ordnung a a a b a a a b. So bei Morel 110, 73. 81. 224, Str. 3. 5. 6. Daniel 2, 262. 5, 231, Str. 1, und eine ganze Sequenz in dieser Form 5, 127. Bei bloss männlichem Ausgange Adam 2, 481. Bei acht- und sechssilbigen Trochäen Mone 370, 1—8:

> Salve porta chrystallina,
> vivi panis officina,
> dirae mortis medicina,
> flos mundi Maria.
> Salve rosa carens spina,
> virga florens vi divina
> de qua nux amygdalina
> crevit vitae via.

Der gleiche Fall bei sieben- und sechssilbigen Trochäen Daniel 5, 331. Bei einer Strophe aus zehn- und viersilbigen Jamben Adam 1, 68, Str. 2; vgl. Daniel 5, 222.

Noch weiter ausgedehnt bei der zehnzeiligen Strophe, also achtfacher Reim: Adam 1, 229. 2, 20; Daniel 5, 331, Str. 12; ebenso bei bloss männlich ausgehenden Versen 2, 204. Bei sieben- und sechssilbigen trochäischen Versen: Daniel 5, 304 (604).

In der achtzeiligen Form von bloss gepaarter Reimordnung kommt diese Reimhäufung vor bei Morel nr. 201, wo die Schlussstrophe lautet:

> Porta templi speciosa,
> crescens ut de spina rosa

> de spinarum cumulo
> synagogae populo.
> Te laudantes in hac prosa,
> virgo mater gloriosa,
> de sponsali lectulo
> dicta pacis osculo.

Statt der gewöhnlichen Reimhäufung am Schlusse der Sequenz findet man ausnahmsweise die Modification, dass bei dreifachem Reime statt des drittten Reimes ein in sich gereimter Vers (mit Cäsurreim) steht. So bei Daniel 5, 289 in der letzten Strophe:

> Deprecemur ergo Christum
> ut et nos ad montem istum
> cito ducat et ostendat
> quae sint vera gaudia:
> Ut cum Petro commorari
> et patribus conregnari
> trinitatem speculari
> possimus per saecula.

Ebenso Morel nr. 201. Adam 2, 472.

Eine ähnliche Modification ist, wenn bei der Erweiterung zur zehnzeiligen Strophe in dem einen oder in beiden Stollen statt des vierfachen Reimes zwei Reimpaare stehen. Nur in einem Stollen: Adam 1, 351, Str. 13:

> Assistentes crucis laudi,
> consecrator crucis, audi
> atque servos tuae crucis
> post hanc vitam verae lucis
> transfer ad palatia;
> Quos tormento vis servire,
> fac tormenta non sentire;
> sed quum dies erit irae
> confer nobis et largire
> sempiterna gaudia.

Vgl. noch 2, 41, Str. 13. 2, 117, Str. 12. Mone 525, 13. Oder in beiden Stollen: Adam 1, 305. 2, 105. 242. 337. Mone 525, Str. 14.

Um ein Beispiel der allmäligen Anhäufung der Reime zu geben, wählen wir Adams Sequenz 1, 131. Sie beginnt mit sechszeiligen Strophen (mit innern Reimen), in den beiden ersten treten im zweiten Stollen neue Reime ein:

> spiritus : paraclitus : divinitus : saecula =
> populis : discipulis : sedulis : oscula;

in der dritten und den folgenden aber gehen die Reime durch beide Stollen hindurch:

> miscuit : aperuit : imbuit : refectio =
> irruit : mituit : docuit : magisterio.

Von 7—10 aber (V. 46—61) haben alle Strophen (Stollen) dieselben Reime, sie gehen auf *as : a* aus.

Das allmälige Schwellen der Empfindung, das immer mächtigere Jauchzen und Jubeln der Seele wird durch dies Anschwellen der Reimmassen am Schluss der Sequenz sinnvoll ausgedrückt.

10. Alliteration.

Neben dem Reim erscheint selten die Alliteration: von einzelnen alliterierenden Versen, die nicht selten sind, abgesehen, erscheint die Alliteration durchgehend nur in der Sequenz auf den Apostel Petrus bei Mone nr. 679, in welcher alle Worte mit *P* anfangen: die erste Strophe lautet:

> Plebs parentis pietatis,
> plausu plaude pravitatis
> putando propaginem,
> Petrum precare pastorem,
> peccatorum piscatorem,
> pacis plenitudinem.

In einer andern Sequenz (Mone 556) findet in allen Strophen, wenn auch nicht gleichmässig, Alliteration statt: am stärksten im Eingang:

> Veni virgo virginum,
> veni lumen luminum,
> veni vena veniae!

Im zweiten Stollen zwei *s*, im ersten der zweiten Strophe drei *r*, im ersten der dritten drei *r* und zwei *c*, im zweiten drei *p*, im ersten der vierten Strophe drei *m* und zwei *c*, im zweiten zwei *r*, im ersten der fünften Strophe drei *s*, darunter zwei *sp*, im zweiten drei *m*.

Auch des Acrostichons wollen wir hier erwähnen: in der Sequenz bei Wackernagel nr. 296 ergeben die Anfangsbuchstaben der Stollen die Worte *Ave Maria benedico te amen*. Daraus ist auch ersichtlich, dass jede Strophe in zwei Hälften zerfällt, die nach gleicher Melodie gesungen wurden. In einer andern Sequenz (Wackernagel 304) bilden die Anfangsbuchstaben die Worte *Salve felix Dorothea*; bei Morel nr. 488 *Margaretam* d. h. *Margareta martyr*. Endlich ist der ABC-Leich Jacobs von Müldorf (Wackernagel 370) zu erwähnen, wo jeder Stollen mit einem Buchstaben des Alphabetes beginnt: *u v w* fallen in einen Buchstaben zusammen, so bleibt am Schluss allein *z* übrig, daher ist der letzte Absatz nicht zweitheilig gebaut.

11. Refrän.

Wichtiger als diese Spielereien ist der Refrän, der in den jüngeren Sequenzenform häufiger ist als in den älteren (S. 140). Auf ein einziges am Schlusse jedes Stollen wiederholtes Wort beschränkt er sich bei Morel nr. 200, aus dem Worte *Maria* bestehend. Derselbe Fall bei Mone nr. 584, ebenfalls *Maria*.

Eine kurze Zeile am Schlusse jedes Stollen wiederholt: in zwei Nachahmungen des *Laetabundus*, in der einen *o Maria* (Mone 373), in der andern *o Bernharde* (Mone 846). In einer andern Sequenz (Mone 372) schliesst jeder Stollen mit *die ista*. Eine längere Zeile wiederholt bei Mone nr. 585: *audi nos o Mariá*.

Mehrere Zeilen bilden den Refrän: bei Daniel 2, 242 wird am Schlusse jedes Stollen repetiert:

> Virgo pura
> fac futura
> nos frui laetitia.

Vier kurze Zeilen bei Mone nr. 377:

> Per gratiam
> traditus
> est reditus
> ad patriam,

vier längere nr. 448:

> Pulchra facie,
> plena gratiae,
> congaudet virgo pia,
> θεοτόκος Maria.

Der erste Absatz einer Sequenz wird am Schlusse derselben wiederholt bei Daniel 5, 242.

Mehrfach refränartige Wiederholung in der Sequenz *Missus de caelis* (Mone 344), aber nicht dieselben Worte überall und auch nicht an bestimmter Stelle. So werden V. 11—14 nach V. 24 und 26, V. 25. 26 nach V. 32, 33—39 nach 41 und zugleich mit 40. 41 nach V. 47 und 55 wiederholt.

12. Weltliche Gedichte in jüngeren Sequenzenformen.

Wie im zehnten und elften Jahrhundert die alten Sequenzenformen zu weltlichen lateinischen Gedichten verwendet wurden, so geschah es auch mit diesen jüngeren Formen. Die Handschrift der *Carmina Burana* enthält Bl. 18[b] die Aufschrift *Incipiunt jubili* und dann eine Reihe weltlicher Dichtungen in Sequenzenform[1]). Jedoch fehlt ihnen zum grösseren Theil der streng durchgeführte zweitheilige Bau der Absätze. Auf sie hat ausser den lateinischen Sequenzenformen mehr noch die Form der deutschen Leiche eingewirkt, daher ihre Zergliederung im Einzelnen besser mit der Betrachtung der deutschen Leichformen verbunden wird. Eine regelmässige Sequenzenform hat aber ein anderes auf Bl. 75 der Handschrift stehendes Gedicht (Schmeller S. 59), welches ich mit der ihm zukommenden Abtheilung hersetzen will.

O decus, o Libye regnum, Carthaginis urbem,
o lacerandas fratris opes, o punica bella.

1 O dulces Phrygios,
o dulces advenas,
quos tanto tempore
dispersos equore
jam hyems septima
jactaverat   ob odium   Junonis,
scyllea rabies,
Cyclopum sanies,
Celeno pessima
transduxerat   ad solium   Didonis.
Quid me crudelibus
exercent odiis
arentis Libye,
post casum Phrygie
quos terre naufragos
exceperam?   me miseram,   quid feci,
que meis emulis,
ignotis populis
et genti barbare
Sidonios   ac Tyrios   subjeci!

2 Heu volant, heu volant,
jam volant carbasa,
jam nulla spes Didonis
de Tyriis colonis.

---

¹) In Schmellers Carmina Burana S. 115 ff.

Plangite Sidonii,
quod in ore gladii
deperii ob amorem
Phrygii predonis.

3 Eneas hospes Phrygius,
Iarbas hostis Tyrius
multo me temptant crimine,
sed vario discrimine.
Jam sitientis Libye
regina spreta linquitur,
et thalamos Lavinie
Trojanus hospes sequitur.
Quid agam misera!
Dido regnat altera!
heu vixi nimium,
    mors agat cetera.
Deserta siti regio
me gravi cingit prelio,
fratris me terret feritas
et Numidum crudelitas.
Insultant hoc proverbio:
Dido se fecit Helenam,
regina nostra gremio
Trojanum fovet advenam.
Gravis conditio,
furiosa ratio,
si mala perferam
    pro beneficio!

4 Anna vides, que sit fides
    deceptoris perfidi?
fraude ficta me relicta
    regna fugit punica:
nil sorori nisi mori,
    soror, restat, unica.
Sevit scylla nec tranquilla
    se promittunt equora.
solvit ratem, tempestatem
    nec abhorret Phrygius.
Dulcis soror, ut quid moror,
    aut quid cessat gladius?

5 Fulget sidus Orionis,
sevit hyems Aquilonis,
Scylla regnat equore;
tempestatis tempore,
Palinure, non secure
classem solvis littore.

Solvit tamen dux Trojanus,
solvat ensem nostra manus
in jactaram sanguinis,
vale flos Carthaginis!
hec Enea   fers trophea
tanti causa criminis.

6 O dulcis anima,
vite spes unica,
Phlegetontis,   Acherontis   latebras
ac tenebras   mox adeas   horroris,
nec pyreus[1]   te circulus   moretur.
Eneam sequere
nec suaves desere[2])
illecebras amoris,
nec dulces nodos Veneris   perdideris,
sis [nostri] conscia   et nuntia   doloris.

Diese letzte Strophe ist, wie schon der reimlose Vers *(moretur)* beweist, fehlerhaft und unvollständig überliefert. Im Übrigen besteht, von kleinen Unebenheiten abgesehen, die wohl auf Rechnung der Überlieferung kommen, das Gedicht aus einem Eingang (zwei Hexameter) und fünf zweitheiligen Strophen. Die sechste hat, soweit ihr Bau sich erkennen lässt, grosse Verwandtschaft mit der ersten.

13. Untergang der Sequenzen.

Seit im zwölften Jahrhundert die jüngere Sequenzenform Verbreitung gefunden hatte, nahm die Zahl der Sequenzen in sehr beträchtlichem Masse zu. Daneben wurden auch von den älteren viele beibehalten, und so gab es fast auf alle Heiligenfeste, auf einen Tag oft zwei, drei und mehr Sequenzen. Bis an den Schluss des Mittelalters fand man in dieser Fülle nichts anstössiges. Erst das sechszehnte Jahrhundert erklärte sie für eine entbehrliche Beigabe des Gottesdienstes. Die Synode von Köln (1536) begründete die Nothwendigkeit ihrer Verminderung dadurch, dass in den letzteren Zeiten manche *prosae indoctae* in die Missalbücher eingeführt worden seien[3]). Es ist begreiflich, dass das Jahrhundert, welches die Nachahmung antiker Kunstformen in der Poesie begünstigte,

---
[1]) pyre is.
[2]) desere suaves.
[3]) Wolf, über die Lais S. 302, Anm. 147.

ebensowenig die rhythmisch gebauten Reimverse der jüngeren Sequenzen als die zum Theil unrhythmischen Versikel der älteren schön fand.

Noch entschiedener trat gegen die Anwendung der Sequenzen das Tridentiner Concil auf: als in Folge seiner Beschlüsse 1568 eine neue Ausgabe des Breviarium romanum durch eine Commission von Gelehrten veranstaltet wurde, strich man alle Sequenzen daraus und nur die fünf bekannten, noch heute üblichen fanden Gnade[1]: sie hatten wohl schon zu fest sich eingebürgert, als dass ihre Beseitigung nicht auf grosse Schwierigkeit gestossen wäre.

Jene fünf Sequenzen, die Ostersequenz *Victimae paschali*, die Pfingstsequenz *Veni sancte spiritus*, die Fronleichnamssequenz *Lauda Sion salvatorem*, die Sequenz am Feste der sieben Schmerzen Mariä *Stabat mater dolorosa*, und endlich die bei Todtenmessen gesungene *Dies irae, dies illa*, die ihrem Inhalt wie ihrem musikalischen Charakter nach vielmehr ein Tractus ist (S. 183), bilden den spärlichen Rest einer Gattung christlicher Gesänge, die vom neunten bis ins sechszehnte Jahrhundert, namentlich in Deutschland und Frankreich, mit Liebe gepflegt worden war.

---

[1] a. a. O. S. 114.

www.ingramcontent.com/pod-product-compliance
Lightning Source LLC
Chambersburg PA
CBHW020756230426
43666CB00007B/726